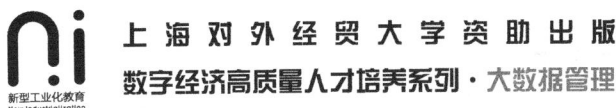

上海对外经贸大学资助出版

数字经济高质量人才培养系列·大数据管理

商务智能与数据可视化

分析基础

戴永辉 吴智仪 ◎ 编著

PRINCIPLES AND METHOD OF
BUSINESS INTELLIGENCE

电子工业出版社
Publishing House of Electronics Industry
北京·BEIJING

内 容 简 介

本书全面介绍商务智能与数据可视化分析的基本概念和操作，分为 9 章，内容包括商务智能与数据可视化概述、数据智能与数据库基础、数据分析基础之 Excel 篇、数据预处理之 Power BI 篇、数据可视化之 Power BI 篇、数据可视化之词云图篇、数据可视化之数据看板篇、数据可视化之 Matplotlib 篇、数据可视化分析之实战篇。

本书可以满足工商管理、市场营销、商务智能、数据科学与大数据技术、数字经济等专业的教师和学生（含专 / 本科学生、研究生）的教学与自学需要，可作为高等学校各专业"商务智能与数据可视化分析"相关课程的教材，也可供对商务智能与数据可视化分析感兴趣的广大读者阅读。

未经许可，不得以任何方式复制或抄袭本书之部分或全部内容。
版权所有，侵权必究。

图书在版编目（CIP）数据

商务智能与数据可视化分析基础 / 戴永辉，吴智仪编著．—北京：电子工业出版社，2024.2
ISBN 978-7-121-47320-3

Ⅰ．①商… Ⅱ．①戴… ②吴… Ⅲ．①电子商务②可视化软件 Ⅳ．①F713.36②TP31

中国国家版本馆 CIP 数据核字（2024）第 039551 号

责任编辑：刘　璞　　　　特约编辑：田学清
印　　刷：北京捷迅佳彩印刷有限公司
装　　订：北京捷迅佳彩印刷有限公司
出版发行：电子工业出版社
　　　　　北京市海淀区万寿路 173 信箱　　邮编：100036
开　　本：787×1092　 1/16　 印张：11.75　 字数：301 千字
版　　次：2024 年 2 月第 1 版
印　　次：2025 年 1 月第 2 次印刷
定　　价：49.80 元

凡所购买电子工业出版社图书有缺损问题，请向购买书店调换。若书店售缺，请与本社发行部联系，联系及邮购电话：（010）88254888，88258888。
质量投诉请发邮件至 zlts@phei.com.cn，盗版侵权举报请发邮件至 dbqq@phei.com.cn。
本书咨询联系方式：liuy01@phei.com.cn。

前言

随着商业科技的发展，以及人工智能、大数据时代的到来，企业对商务智能与数据可视化分析人才的需求激增，上述人才已成为就业市场的刚需。为更好地满足社会和就业市场对商务智能与数据可视化分析人才的需求，编著者根据十多年的商务智能与数据可视化工作和教学基础，总结经验，完成了本书的编写。

本书旨在使学生了解商务智能与数据可视化的基本原理和流程，初步学习并掌握商务智能所需的基本语言和工具，帮助学生了解商务智能与数据处理流程，为学生今后从事商务智能与数据可视化分析奠定基础。

本书主要特点如下。

（1）通俗易懂：本书定位于商务智能与数据可视化分析，面向各专业的学生，以通俗易懂的案例与工具界面注解，介绍商务智能与数据可视化的相关技术。

（2）理论与实践结合：本书对商务智能与数据可视化的相关基本概念，以及数据的获取、处理、分析和可视化呈现进行介绍与示例分析，帮助学生从理论到实践，理解商务智能与数据可视化。

（3）强实操性：本书基于数据可视化分析工具，一步步地详细指导学生搭建商业数据看板，在实操中帮助学生厘清商务智能与数据可视化分析的思路。

本书提供教学大纲、电子课件、习题解答等资源，读者可登录华信教育资源网（www.hxedu.com.cn）免费下载。

在本书的编著过程中，汤文雪、侯一茹、胡婉莹、刘莹、王祎璠、刘璐瑶、张雨晨等为本书的素材收集、文档整理付出了大量的时间和精力，特此感谢！

本书参考了大量的参考文献和教研成果，特此说明并向相关专家致谢。由于编著者水平有限，书中难免存在疏漏和不足之处，敬请读者批评指正！

编著者

目 录
CONTENTS

第1章 商务智能与数据可视化概述 1
- 1.1 商务智能概述 1
  - 1.1.1 商务智能的定义与本质 1
  - 1.1.2 商务智能的发展与技术 4
  - 1.1.3 商务智能的应用与实施 8
- 1.2 数据可视化概述 11
  - 1.2.1 数据可视化的相关概念 11
  - 1.2.2 数据可视化的应用领域 12
  - 1.2.3 数据可视化的主流工具 13
- 1.3 思考题 16

第2章 数据智能与数据库基础 17
- 2.1 数据智能的相关概念 17
  - 2.1.1 信息化、数字化与数智化 18
  - 2.1.2 大数据、人工神经网络与人工智能 18
  - 2.1.3 数据决策、智能决策与决策支持系统 20
- 2.2 数据库的基础知识 21
  - 2.2.1 数据库系统 21
  - 2.2.2 数据体系结构 22
  - 2.2.3 数据模型 23
  - 2.2.4 数据库范式 25
  - 2.2.5 概念模型 26
- 2.3 思考题 28

第3章 数据分析基础之 Excel 篇 29
- 3.1 数据透视表 29
  - 3.1.1 数据透视表的创建 29
  - 3.1.2 数据透视表的修改 32
  - 3.1.3 数据透视表的可视化 33
- 3.2 Excel 中的统计分析 34
  - 3.2.1 常用统计分析函数 34
  - 3.2.2 数据分析工具 38
  - 3.2.3 描述性统计分析 39

3.2.4 相关分析 40
 3.2.5 预测分析 42
3.3 Excel 中的图表类型与展示 46
 3.3.1 主要图表类型 46
 3.3.2 主要图表展示 47
3.4 思考题 53

第 4 章 数据预处理之 Power BI 篇 54
4.1 Power BI Desktop 的主页 54
4.2 Power BI 抓取网页数据 55
4.3 Power BI 数据预处理 62
 4.3.1 数据导入 62
 4.3.2 数据填充与筛选 64
 4.3.3 添加列 65
 4.3.4 数据的追加与合并查询 68
4.4 思考题 70

第 5 章 数据可视化之 Power BI 篇 71
5.1 数据源连接与数据处理 71
 5.1.1 Excel 和 MySQL 的连接 71
 5.1.2 基于 Python 的数据处理 76
 5.1.3 基于 Power BI 的数据处理 77
 5.1.4 数据库中表与表的关系 81
5.2 建立基础视觉对象 82
 5.2.1 制作柱形图和树状图 84
 5.2.2 地图可视化 87
 5.2.3 楼盘主标签词云图 88
 5.2.4 切片器与筛选器的应用 88
5.3 制作数据看板 89
 5.3.1 页面背景及布局设计 89
 5.3.2 数据看板的上传与发布 90
 5.3.3 数据图表的交互 92
 5.3.4 在线分享图表数据的方式 92
5.4 思考题 93

第 6 章 数据可视化之词云图篇 94
6.1 词云图与分词算法 94
 6.1.1 词云图 94
 6.1.2 分词算法 94
 6.1.3 中文分词的难点 95

- 6.2　Excel 实现中文分词 ... 96
- 6.3　Python 实现中文分词 ... 101
- 6.4　数据可视化第三方插件 ... 103
- 6.5　词云图与词云看板的实现 ... 104
  - 6.5.1　Excel 分词结果展示 ... 104
  - 6.5.2　Python 分词结果展示 ... 107
  - 6.5.3　背景制作与看板美化 ... 108
- 6.6　思考题 ... 111

第 7 章　数据可视化之数据看板篇 ... 112
- 7.1　一维表和二维表 ... 112
- 7.2　页面导航按钮 ... 114
  - 7.2.1　创建按钮 ... 114
  - 7.2.2　自定义按钮 ... 115
  - 7.2.3　设置按钮状态 ... 117
  - 7.2.4　选择按钮操作 ... 118
  - 7.2.5　创建页导航 ... 119
  - 7.2.6　设置页导航 ... 120
  - 7.2.7　设置导航图像 ... 121
- 7.3　看板导航书签 ... 121
  - 7.3.1　创建书签 ... 122
  - 7.3.2　创建报表书签 ... 123
  - 7.3.3　排列书签 ... 124
  - 7.3.4　使用"选择"窗格 ... 125
  - 7.3.5　向按钮分配书签 ... 126
  - 7.3.6　创建书签组 ... 126
- 7.4　切片器 ... 127
  - 7.4.1　使用切片器的场合 ... 128
  - 7.4.2　创建切片器 ... 128
  - 7.4.3　控制切片器交互 ... 128
  - 7.4.4　同步切片器 ... 129
  - 7.4.5　筛选切片器 ... 130
  - 7.4.6　切片器选项 ... 130
- 7.5　利润分析数据看板 ... 131
- 7.6　数据发布与报表下载 ... 133
  - 7.6.1　重新发布或替换数据集 ... 133
  - 7.6.2　报表下载 ... 134
- 7.7　使用指标报表 ... 135
  - 7.7.1　查看使用指标报表 ... 136

        7.7.2 使用情况指标说明 137
        7.7.3 创建使用情况指标报表 138
    7.8 脱机工作与注意事项 139
    7.9 思考题 139
第 8 章 数据可视化之 Matplotlib 篇 140
    8.1 Matplotlib 概述 140
    8.2 Matplotlib 安装与使用 140
    8.3 Matplotlib 绘制线形图 142
    8.4 Matplotlib 绘制散点图 145
    8.5 Matplotlib 绘制等高线图 149
    8.6 Matplotlib 绘制三维图 151
    8.7 思考题 155
第 9 章 数据可视化分析之实战篇 156
    9.1 系统概述与分析 156
        9.1.1 系统概述 156
        9.1.2 业务用例图 157
        9.1.3 数据库表结构 157
    9.2 数据加载与布局设计 158
        9.2.1 数据加载与建模 158
        9.2.2 仪表板布局设计 160
    9.3 数据可视化设计与呈现 160
        9.3.1 仪表板背景设计 160
        9.3.2 标题区搭建 161
        9.3.3 切片器区搭建 161
        9.3.4 数据展示区搭建 163
        9.3.5 导航区搭建 167
        9.3.6 仪表板最终呈现 173
    9.4 思考题 175
附录 A Power BI 常见问题解答 176
参考文献 178

第 1 章
商务智能与数据可视化概述

课程思政

本章首先介绍商务智能的定义与本质,接着分析商务智能的发展与技术,然后探讨商务智能的应用与实施中容易出现的问题,最后介绍数据可视化的相关概念、应用场景和主流工具。

1.1 商务智能概述

1.1.1 商务智能的定义与本质

1. 商务智能的定义

商务智能(Business Intelligence,BI),也称为商务智能或商业智慧。早在 1996 年,加特纳集团(Gartner Group)就给出了商务智能的定义,其认为"商务智能描述了一系列概念和方法,通过应用基于事实的支持系统来辅助商业决策的制定。商务智能技术为企业提供能够迅速地分析数据的技术和方法,包括收集、管理和分析数据,先将这些数据转化为有用的信息,再将其分发到企业各处。"从该定义来看,"基于数据获得知识,辅助决策"是商务智能的目的。围绕目的衍生出的商务智能的内涵主要包括输入、方法与技术、产物、目的四方面。商务智能通过对输入的数据和关系进行数据挖掘,运用数据清洗与存储、数据分析、数据预测及数据可视化等方法与技术,形成有价值的商务信息、可视化报表和决策方案等产物,从而达到优化运营管理和辅助科学决策的目的,如图 1-1 所示。

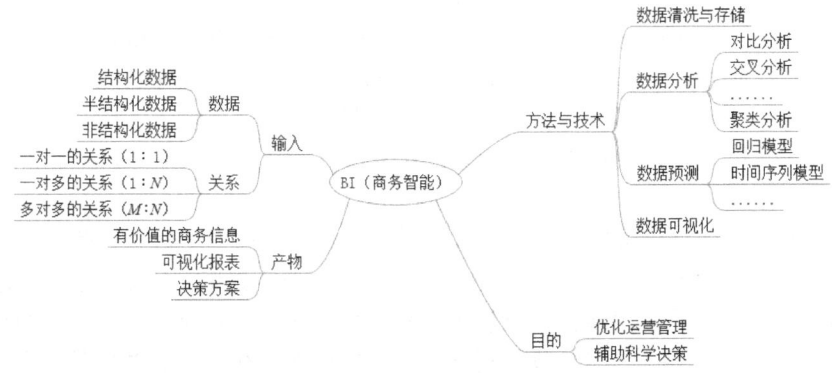

图 1-1 商务智能的内涵

除了 Gartner Group 所给的定义，其他研究机构、企业和学者还从不同视角对商务智能进行了定义，其中比较具有代表性的商务智能定义如表 1-1 所示。

表 1-1 比较有代表性的商务智能定义

来源	定义
IBM（International Business Machines Corporation）	商务智能是一系列技术支持的简化信息收集、分析的策略结合，它应该包括企业需要收集的信息、谁需要访问这些数据，以及如何将原始数据转化为最终的战略性决策、客户服务和供应链管理
Microsoft	商务智能尝试获取、分析企业数据，以便更清楚地了解市场和客户，改进企业流程，更有效地参与竞争。在正确的时间为决策者提供正确的信息，商务智能使企业能够用更短的时间做出更好的决策
Data Warehouse Institute	商务智能是将数据转化为知识、将知识转化为商业运营的获取收益的过程
Oracle	商务智能是一种商务战略，能够持续不断地对企业经营理念、组织结构和业务流程进行重组，实现以顾客为中心的自动化管理
SAP (System Applications and Products in Data Processing)	商务智能是通过收集、存储、分析和访问数据，帮助企业更好地决策的技术
IDC (International Data Corporation)	商务智能是以下软件、工具的集合：终端用户查询和报告工具、联机分析处理工具、数据挖掘软件、数据集市和数据仓库产品、主管信息系统
Teradata	商务智能的目的是帮助决策者制定消息灵通的选择。因此，现代商务智能系统必须能够处理海量的、详细的、全异的数据，并快速将其转化为有意义的、准确的、决策者可以放心执行的信息
帆软	商务智能是在打通企业数据孤岛、实现数据集成和统一管理的基础上，利用数据仓库、数据可视化与分析技术，将指定的数据转化为信息和知识的解决方案，其价值体现在满足企业中的不同人群对数据查询、分析和探索的需求，从而为管理和业务提供数据依据及决策支持
赵卫东	商务智能是融合了先进信息技术与创新管理理念的结合体，集成了企业内外的数据，经过加工并从中提取能够创造商业价值的信息，面向企业战略并服务于管理层、业务层，指导企业经营决策，提升企业竞争力，涉及企业战略、管理思想、业务整合和技术体系等层面，促进从信息到知识再到利润的转变，从而实现更好的绩效

2．商务智能的本质

商务智能的产生可以归结为商务活动信息处理的需要。早期的企业管理信息系统，如办公自动化（Office Automation，OA）、客户关系管理（Customer Relationship Management，CRM）、供应链管理（Supply Chain Management，SCM）等，完成了大量数据的积累，为"数据→信息→知识→价值"的转换和智能科学决策提供了基础，也揭示了商务智能的本质，即"从数据中有效地提取信息，从信息中及时地发现知识，从而可以为商务决策和战略提供服务"，如图 1-2 所示。

由图 1-2 可知，数据到价值的转换过程可描述为数据经过加工转化为信息，信息经过提炼升级为知识，知识经过进一步挖掘升华成价值，各类 BI 技术和工具贯穿于上述过程中。因此，商务智能的核心是利用现代信息技术来辅助企业决策，完成数据到价值的转换。由于价值的发现与智慧密切相关，因此数据到价值的转换过程往往蕴涵着"数据→信息→知识→智慧"的加工过程，四者的相互关系如图 1-3 所示。

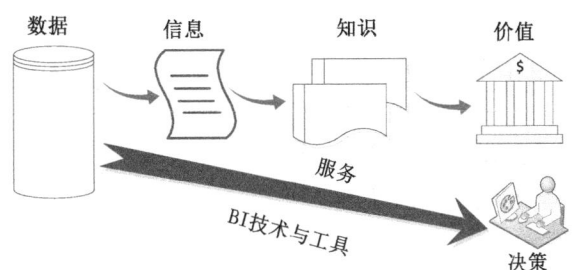

图 1-2　商务智能的本质

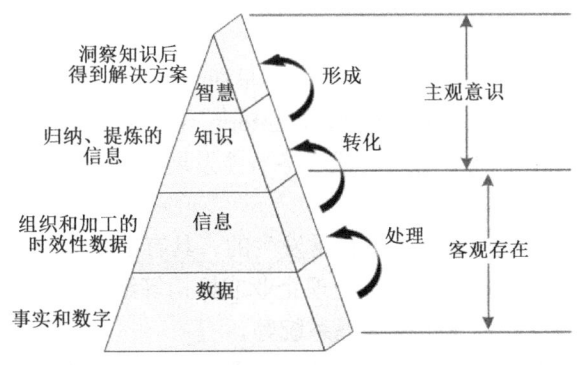

图 1-3　数据、信息、知识和智慧的相互关系

- **数据**：是指对现实中客观事物的数量、属性、位置等特征抽象化表示的事实和数字，可以很方便地进行保存、传递和处理。数据的形式既包括常见的符号数据、文字数据，也包括声音数据、图像数据、视频数据等尚未加工过的初始素材，如数字 2000。
- **信息**：是指一种经过组织和加工的时效性数据，它融入了人们对现实客观事物的数量、属性、位置等特征的认识，具有时效性，如"今日小米手机的价格为 2000 元"这一信息。
- **知识**：是指对信息进行归纳，经过演绎、比较、加工、提炼得出的抽象描述的信息，它来源于信息，并对信息进行了挖掘，以便发现隐藏的趋势。它与已有的知识体系结合，描述的是客观事物的发展变化和运动状态变化的规律，具有系统性、规律性和可预测性的特点。

例如，美国沃尔玛百货有限公司对售出的物品进行关联规则分析，发现尿布与啤酒经常在同一个购物篮中。在进一步地实际调查和分析之后，发现了发生这种情况的主要群体是年轻的父亲。婴儿的父亲在买完尿布后，往往会顺便将自己喜欢喝的啤酒放进购物篮。人们通过对尿布与啤酒这两种看似毫不相干的商品数据挖掘后，发现了二者隐藏的联系，从而形成了知识。

知识可看作人类对信息的抽象化的总结和概括，平常人们提到的经验知识主要表现为显性知识和隐性知识，前者是能够以明确的方式进行表述的，如各种制度规范和已明确的规律；后者是很难以明确的方式进行把握和表述的，其存在于大量的案例和事实中，主要通过案例规律查找、数据挖掘等方式来发现。

- **智慧**：人类作为高智慧生物，具有在已有的知识和获得的信息的基础上，针对客观物质世界中产生的问题进行分析、对比、演绎，从而得到解决方案的能力。

数据、信息、知识和智慧的具体示例如下。

数据：年龄 18 岁，其中 18 岁就是典型的数据。

信息：今年 18 岁。

知识：大一学生的平均年龄是 18 岁。

智慧：大一学生的年龄大约是 18 岁。

1.1.2 商务智能的发展与技术

1. 商务智能的发展

商务智能的发展与信息系统的发展密切相关。早期的事务处理系统（Transaction Processing System，TPS）、管理信息系统（Management Information System，MIS）和决策支持系统（Decision Support System，DSS）等可看成商务智能发展的前身。与商务智能发展相关的概念和词语主要如下。

- **事务**：是指企业或机构等组织中日常发生的、具有重复性的基本业务活动。
- **事务处理系统**：是指帮助操作者处理企业或机构等组织中日常事务的系统，如入库登记事务处理系统、订单事务处理系统等。
- **管理信息系统**：是指以人为主导、利用计算机设备和信息处理手段、管理信息的系统，如客户关系管理信息系统、生产管理信息系统等。
- **决策支持系统**：是指辅助决策者通过数据、模型和知识，以人机交互的方式进行半结构化或非结构化决策的计算机应用系统，如物流调度决策支持系统、临床决策支持系统等。

BI 发展至今，已经具有典型的多学科交叉特性，是计算机、管理学、统计等多学科交叉融合的产物，BI 相关的产品和技术也已经逐步成熟，在各行业中基于 BI 的辅助决策正逐渐成为常态化。随着大数据时代的来临，BI 的作用会更加凸显出来，其在银行、交通、医疗、物流、电力、零售、互联网等众多行业的成功应用，使得未来 BI 的应用更智能、更广泛。

从 BI 的发展历程来看，大致可划分为传统 BI、敏捷 BI 和智能 BI 三个阶段。

- **传统 BI 阶段**：此阶段的 BI 为第一代 BI，其特点是对使用者的信息技术（Information Technology，IT）技能要求高，对业务数据的挖掘能力较弱，与业务匹配的智能程度低，以报表平台的方式为使用者提供服务。
- **敏捷 BI 阶段**：此阶段的 BI 对使用者的 IT 技能要求比传统 BI 阶段的低，可以为具有一定 IT 技能的业务人员提供服务，融入了业务匹配功能。虽然智能程度一般，但已经具有一定的业务数据挖掘能力，并且主要以自助式数据分析平台的方式为使用者提供服务。
- **智能 BI 阶段**：此阶段的 BI 对使用者的 IT 技能要求低，可以为业务人员提供服务，业务匹配智能程度高，具有很强的业务数据挖掘能力，以"人工智能+BI 数据分析平台"的方式为使用者提供服务。该阶段的服务面向全体业务人员，帮助业务人员在理解业务的基础上，轻松发现数据的价值，并且将 IT 人员解放出来，让他们专注于数据挖掘技术与智能解决方案，实现由 IT 驱动业务发展的模式走向数据驱动业务发展的模式。

BI 发展各阶段的特点，归纳后如表 1-2 所示。

表 1-2 BI 发展各阶段的特点

阶段	数据挖掘能力	业务匹配智能程度	使用者的IT 技能	主导方	服务对象	服务方式
传统 BI	较弱	低	高	IT 主导	以 IT 人员为中心	报表平台
敏捷 BI	中	中	中	半业务主导	以具有一定 IT 技能的业务人员为中心	自助式数据分析平台
智能 BI	强	高	低	全业务主导	以业务人员为中心	数据分析平台

2. 商务智能的技术

商务智能的实现体现了从原始数据到知识产生的过程，该过程的实现与技术密切相关。下面从技术架构和具体的核心技术来介绍商务智能。

从技术架构上来看，商务智能采用的是分层的架构，包括数据底层、数据分析层和数据展示层，如图 1-4 所示。

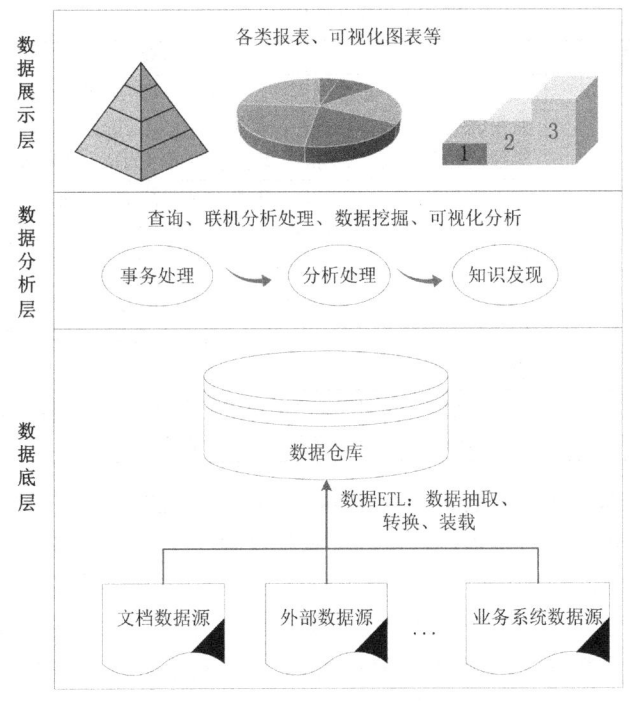

图 1-4 商务智能的技术架构

- **数据底层**：负责管理数据，包括数据采集，数据抽取、转换、装载（Extract Transform Load，ETL），以及数据仓库构建等环节，其中数据仓库的构建极为关键，它将所有相关的原始文档数据、业务系统运营数据、外部环境数据等海量数据进行采集、清洗、整理并载入自身的数据库管理系统中，为此后的数据分析和辅助决策提供坚实的基础。
- **数据分析层**：通过查询、联机分析处理、数据挖掘及可视化等方法抽取数据仓库中的数据，并进行分析，形成有价值的信息和知识，其中联机分析处理是一种建立多维度的数据方法，它从立体化的视角将数据分解成多个维度和度量值，以旋转、切片等方式进行数据展现，提高数据展现的灵活性和直观性。通过联机分析处理，用户能够对数据进行横向与纵向的观察，以便更好地洞察隐藏的规律。
- **数据展示层**：丰富的报表和图表数据以可视化的方式呈现，用户可以通过电脑、手机、平板等媒介上安装的浏览器来直观浏览，从而能够更好地决策。

商务智能的核心技术包括数据仓库技术、联机分析处理技术、数据挖掘、大数据技术和可视化技术等。
- **数据仓库（Data Warehouse，DW）**：数据仓库技术与一般的数据库管理技术的不同之处在于数据仓库技术可以处理海量的数据，并且能够采用ETL技术加工，对来自不同数据源的分散数据进行集成、规范且系统的处理，能够有效地解决不同源数据之间的不一致性。数据仓库是一个面向主题的、集成的、相对稳定的、反映历史变化的数据集合，它能够为商务智能分析提供信息来源。用户对数据仓库的常用操作是查询、定期更新与加载。因此，数据仓库的构建是否合理，对商务智能效率的影响极大。数据仓库技术的特点如表1-3所示。

表1-3　数据仓库技术的特点

序号	特点	内容
1	面向主题	数据仓库并不是数据库，它是按照一定的数据分析主题进行组织，对各业务系统数据库中的数据进一步挖掘、整合而成的。不同主题对应不同的分析领域，对数据的需求也是不同的，数据仓库可以为特定主题提供简明的数据集合
2	效率高	传统数据分析以周、月、年等为时间粒度，缺乏时效性。数据仓库除了能以"天"为时间粒度来集成、处理内外部数据，还能以更小的时间粒度"小时"来进行划分，使时效性大大提高，为决策效率的提高奠定了良好的基础
3	数据质量高	数据分析需要以真实、准确的原始数据为基础，数据仓库对不同来源、不同格式的数据进行抽取、转换，剔除无关数据、脏数据带来的影响，保证数据质量
4	扩展性高	数据仓库的设计考虑了扩展性，能够支持在不断增加数据情形下的稳定运行，从而应对用户单位以指数级增长的数据趋势，保证正常工作

- **联机分析处理（Online Analytical Processing，OLAP）**：联机分析处理是一种用于组织大型业务数据库的技术，它可以用来执行复杂的分析查询，并且不会对事务系统产生负面影响。OLAP建立在多维数据集的基础上，将多维数据分为维度与度量，从不同维度对数据进行切片、切块、钻取、旋转等。联机分析处理技术使分析人员能够全面地把握数据逻辑规律，根据分析需求，从不同角度对数据进行全维度的描述与展现。联机分析处理技术的特点如表1-4所示。

表1-4　联机分析处理技术的特点

序号	特点	内容
1	快速性	联机分析处理技术能够及时对多维分析操作做出反应，在较短的时间内给出结果，以满足数据分析的时效性要求
2	易用性	联机分析处理技术提供友好的界面，操作人员通过简单的单击就能完成分析，而不需要进行复杂的编程。联机分析处理可使操作人员能够对数据集和需求进行快速的切换，整个分析操作过程简便
3	共享性	联机分析处理技术支持多用户并发访问，当多个用户操作数据时，不出错，操作不受影响

续表

序号	特点	内容
4	多维性	联机分析处理技术能够对数据进行横向、纵向、旋转等多个维度、多个层次的分析，满足不同分析人员的分析需求，展现不同的数据内涵
5	信息性	联机分析处理技术支持对信息的及时获取、导出与载入

- **数据挖掘（Data Mining，DM）**：数据挖掘技术以统计学为基础理论，通过使用计算机技术从大量、杂乱的数据中发现隐藏的、有价值的信息，是一种决策支持过程。根据机器学习的任务分类，数据挖掘的主要方法包括监督学习和无监督学习，监督学习方法是对一个特定属性的描述，包括分类、回归、预测等；无监督学习方法是在所有属性中寻找某种关系，包括聚类、关联规则等。数据挖掘技术的特点如表 1-5 所示。

表 1-5 数据挖掘技术的特点

序号	特点	内容
1	数据量大	由于大量数据往往能够反映事物的一般特征,因此数据挖掘的前提是基于大量数据
2	非平凡性	数据挖掘的结果是获得新知识、新发现、新规律，帮助企业洞察问题，而不是对已有的规律进行验证
3	隐含性	数据挖掘是发现隐含在数据深层次或内部中的知识，而不是数据表面展现出的信息
4	价值性	数据挖掘发现的规律是有价值的，能够帮助企业优化业务或提升效率，为企业带来利益

- **大数据（Big Data，BD）**：大数据技术是指无法在一定时间范围内使用常规软件工具进行捕捉、管理和处理的数据集合，是指需要新处理模式才能具有更强的决策力、洞察发现力和流程优化能力的海量、高增长率和多样化的信息资产。大数据具有 5V 特点，即 Volume（规模量）、Variety（多样性）、Velocity（高速流转）、Value（价值性）、Veracity（真实性）。顾名思义，大数据技术就是对大数据进行收集、存储、处理、分析的相关技术。将 BI 引入大数据技术，旨在从大数据中快速获取价值。
- **数据可视化（Data Visualization，DV）**：数据可视化技术是指借助图形化手段，以交互、清晰的方式呈现数据特征的一种信息技术，它在计算机图形技术上结合人们对图形的认知能力，将枯燥、杂乱的信息美化成图形，使信息以更加直观的方式呈现，实现用户对数据的深入了解，具有信息传递快速、可理解性强、交互简洁等特点。优秀的数据可视化作品往往是建立在美学和艺术学基础上的。

BI 的目标是要将数据转化为信息并辅助决策。在进行 BI 选型时，需要注意 BI 产品功能与新兴信息技术的融合，根据企业自身实际情况，从企业信息化水平和自身需求出发，选择和实施 BI。通过对大量的企业进行调研与研究，企业对 BI 未来技术趋势的关注如图 1-5 所示。

由图 1-5 可知，企业当前主要关注的是数据挖掘技术，这与当前很多企业尚处 BI 尝试阶段的实情较吻合。未来 5 年，企业较关注的技术主要集中在预测分析、自然语言分析、大数据发现等方面。其中，预测分析作为一种高级分析技术，与传统分析不同。传统分析着重于历史的回顾，给出的是"已经发生的分析"；而预测分析则着重于将来的发展，给出的是

"未来可能发生的分析",它是根据当前收集到的数据,给出将来发展的趋势和结果。随着社交媒体的广泛使用,以及大数据时代的到来,与自然语言分析和大数据发现相关的 BI 技术毫无疑问将成为 BI 未来应用的热点。

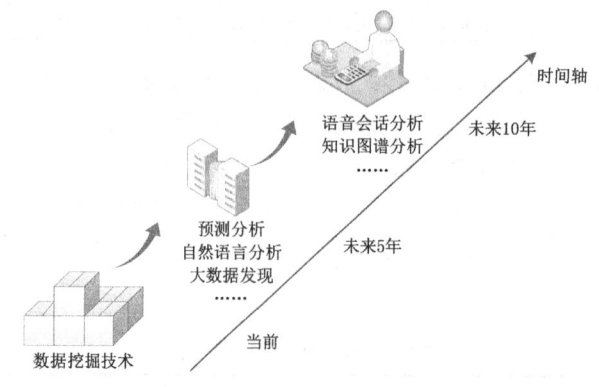

图 1-5 企业对 BI 未来技术趋势的关注

长期来看,在信息科技高速发展的背景下,数据的获取与存储将更加便捷。由于使用语音信息交流具有便捷性,语音交流正逐渐成为企业和客户进行沟通的首选,大量语音信息数据将被收集和应用于 BI 中,因此语音会话分析相关的技术将成为 BI 未来热门技术之一。此外,随着将数据转化为知识和智慧的需求大量增加,融合了知识建模、知识抽取、智能计算、模糊推理的知识图谱分析技术也将"大展宏图"。

1.1.3 商务智能的应用与实施

1. 商务智能的应用领域

商务智能的应用领域非常广,金融、零售、服装、制造、游戏等行业都对其有需求,如图 1-6 所示。

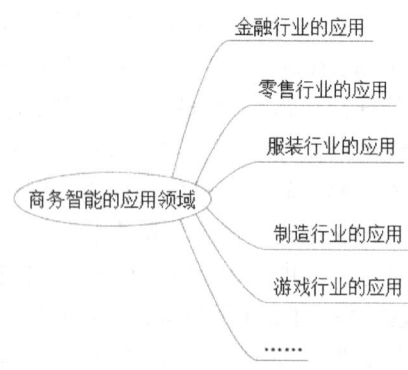

图 1-6 商务智能的应用领域

- **金融行业的应用**:金融行业的商务智能可以在评价客户商业信用、提高金融行业的风险管理,以及为企业发掘有竞争力的金融产品等方面发挥重要的作用。例如,商业银行通过实施商务智能中的数据仓库系统能够实现账户、客户和交易数据的集中与统一,从而帮助银行建立以客户为中心的金融服务体系;通过建立以财务分析为核心的经营管理体系，大大提高了银行在风险控制、金融预测和资产处置等方面的能力，可以更好地加深用户对银行的服务依赖度，达到提升银行综合竞争力的目的。随着商务智能技术的不断发展，商务智能在金融行业的应用除了在客户关系管理、数据资产管理方面发挥作用，还在风险管理、预测方面大有"用武之地"。

- **零售行业的应用**：目前在零售行业中，商务智能的应用主要体现在对收集到的商品销售数量、物料库存、门店信息及用户画像等相关数据进行分析和挖掘，深入地了解消费者的需求和消费习惯，从而帮助企业管理者做出更科学的决策，来提高企业的经营效率。例如，商家利用数据挖掘中的分类分析方法对顾客忠诚度和商品购物篮进行分析，从而了解不同分类的人群的消费偏好，并采取相应的营销策略。沃尔玛百货有限公司成长为零售行业的巨头，其成功离不开商务智能技术的运用。有报道显示，沃尔玛百货有限公司的数据仓库中的某表格存有 50 多亿条的记录，容纳了 4000 多家分店近一年的销售数据和库存数据，其中每个分店有 5 万~8 万个商品品种。凭借其强大的数据仓库，沃尔玛百货有限公司在进行销售预测、营销效果分析及降低库存成本等方面有突出的竞争优势。

- **服装行业的应用**：基于商务智能技术，服装行业的企业可以构建数字化和可视化管理平台，进行销售、库存、人力资源规划、财务、成本等多方面的数据指标分析，从而提高企业的整体管理水平，节约人力成本。其应用形式包括应用商务智能中的选购模块，来帮助企业选择最佳的供应商及选购策略，确保选购工作的高质量、高效率和低成本；利用 RFM（Recency Frequency Monetary）模型对客户进行分析、分群和精准营销，了解客户的消费习性，从而为重点客户提供更好的服务等。

- **制造行业的应用**：制造行业具有大量生产设备、运行监控、物料管理等与生产资源相关的数据，因此，应用商务智能技术对这些数据进行整合、管理及分析，从而为企业提供基于事实的决策支持依据是十分必要的。商务智能在制造行业的应用主要体现在生产计划优化、决策支持、质量控制、售后服务等方面。例如，利用运输和仓储管理系统帮助企业监控物流状况，实时跟踪运输进程，降低物流成本及精细化库存管理；利用生产计划优化系统推算出最佳的生产计划，从而降低库存成本，提高企业利润等。

- **游戏行业的应用**：商务智能在游戏行业的应用随着商家对玩家行为的记录和分析细化而逐渐深入。商家收集到游戏的公测数据、开服信息、合服信息、资料片阅读量等重要运营活动的数据，以及日活跃、日充值、新增用户、流失用户等基础数据后，应用商务智能技术对上述数据和日志数据进行分析，就可以获得玩家的行为特征，并根据分析来推出特定的、个性化的游戏活动，进而提高玩家的游戏体验，提升用户留存率；商家还可通过商务智能技术对玩家的异常行为进行及时分析和有效反馈。例如，分析某充值玩家两周没有上线或突然退出游戏的原因，以便维持用户稳定，并拉动游戏收入。

2. 商务智能实施的益处

随着乌卡时代（Volatile，Uncertain，Complex，Ambiguous，VUCA）的来临，在具有不确定性、突变性的商业市场环境下，企业为了生存与发展，需要在复杂多变的情况下做出迅速的反应才能赢得先机，因此实施决策智能化，将数据转换为价值，已成为企业发展的必然选择。从企业层面来看，商务智能一旦实施成功，企业将获得如下益处。

（1）决策依据更科学，管理水平得到提升。

在传统的粗放式的管理模式下，企业在进行决策时较主观，往往依靠经验，这样决策形成的效果大多依赖于运气，大有"听天由命"的感觉。因此，基于商务智能分析数据，能够及时预测市场变化，更好地发现问题并做出反应，使决策依据更科学，帮助管理者更理性地决策，可以有效避免盲目决策的弊端，提升管理水平。

（2）业务分析更精准，业务优化有的放矢。

在集团公司或大型企业的发展过程中，由于历史原因沉淀下来的多个业务系统的历史数据，会使业务分析的难度和复杂性大大增加。面对来源迥异、数据维度和粒度不一的数据，业务分析需要耗费大量的精力，往往需要专业的 IT 部门人员的帮助才能完成。商务智能建立在数据仓库基础上，可以屏蔽不同业务系统的数据维度、粒度、格式等不一致性，分析人员只需专注于业务的本身，业务分析的目标也更明确与聚焦，在业务优化上能更好地"有的放矢"，业务分析的效率也更高。

（3）打通数据壁垒，共享数据价值。

"数据孤岛"是很多企业会遇到的问题，企业在发展过程中很难一次性地规划好自己的信息系统，大部分企业根据自身发展的需要不断完善信息化建设，逐步上线业务信息系统，因此数据经常分散于各业务系统中。由于各业务系统的接口不一、格式标准不同等，导致数据无法共享。为了完成业务分析，仅在数据整合上的开销就很多。已经完成数据清洗、抽取的商务智能，提供了接口，方便地实现了数据共享，打通了企业各业务系统之间的数据壁垒，使各部门都能共享数据。

3. 商务智能实施常见的问题

商务智能从提出到应用已经过了几十年，商务智能在我国的金融、电信、保险、医疗、物流等传统数据密集型行业和大型生产制造行业得到了实践与应用，为上述行业企业的快速发展立下"汗马功劳"。但是在商务智能的实施中，也有一些具有普遍共性的问题需要引起重视，主要有如下七点。

（1）企业在商务智能实施中，缺乏系统性思维。

企业在实施商务智能时的一个误区就是把商务智能系统作为独立软件来看待，但商务智能的实施需要一个或多个整合步骤，从需求分析到系统实施是一系列的过程，需要有系统性思维。

（2）企业自身需求和业务功能不清晰。

商务智能系统战略的实施需要先确定企业整体的经营战略，再考虑组织和业务流程，确定各业务部门的信息化需求，制定全局的信息技术战略。商务智能系统根据企业需要解决的问题，帮助企业建立相应的分析主题和分析指标，从业务系统的基础数据库中抽取需要的数据，按预先建立的业务模型进行分析决策。然而，如果企业自身的需求和业务功能不够清晰，将影响整个商务智能系统战略的实施。

（3）IT 部门参与太多。

IT 部门是商务智能实施的核心部门，但事事都让 IT 部门参与只会加重该部门的任务负担，降低组织的工作效率。IT 部门应该尽量把注意力放在稳定性、可扩展性、安全性等问题上，平台采购、市场分析等工作可以由相应部门的专业人员来进行，这样效率会更高。

(4)商务智能专业人才缺乏。

在商务智能实施过程中,最常见的是缺乏既懂商务智能技术,又熟悉企业业务的综合性人才。人才是企业最重要的资源,正如企业的信息化建设一样,商务智能缺乏的是复合型人才,而不是单一的技术或业务人员,缺乏专业人员往往会导致在系统实施过程中出现一些混乱现象。

(5)基础数据的质量不高。

"商务智能是数据驱动的应用",高质量的基础数据是商务智能建设的核心。商务智能的实施需要一定数量的历史数据积累,更需要保证数据的质量。商务智能的核心功能是数据分析,而数据分析的前提是原始数据的完整性、精确性和准时性。很多时候,由于信息系统不健全,在数据仓库建立时,没有足够的数据来进行大规模的分析,数据源头输入的数据不完整、数据错误、标识不统一、输入延迟,以及不同系统间的数据统计维度不全,数据质量不高、存在大量无用的数据等现象,不仅增加了商务智能实施过程中数据抽取、转换、清洗、装载的成本,还直接影响商务智能分析结果的质量。

(6)系统的扩容性、友好性不足。

商务智能系统的使用者往往是高层管理者和业务管理者,他们需要面临复杂多变的环境,还需要处理一些需求不断变化的事物,或者面临一些新增的需求,因此在系统设计时要充分考虑到上述需求,进行系统扩容性和友好性的设计,才能灵活地适应需求的变化,使商务智能在企业中被广泛应用。

(7)实施团队实力有限。

商务智能项目的需求比一般应用系统更复杂、更难以把握,这对实施团队各方面的要求较高,需要其拥有业务技能、信息技术技能和分析技能,并熟悉整个商务系统才可能成功满足项目需求,否则商务智能很难在企业中落实。

1.2 数据可视化概述

1.2.1 数据可视化的相关概念

数据可视化是指通过图形、动画等更形象、更清晰的方法,将相对复杂、抽象的数据可视化的方法,以人们更容易理解的形式展示出来的一系列手段,它在阐释数据间的关系和趋势的同时,使数据分析后得出的结果更容易被使用和理解。通俗来说,数据可视化是以图形的方式呈现结构化或非结构化数据,从而将隐藏在数据中的信息直接呈现给人们。数据可视化相关的概念主要如下。

- **结构化数据**:是指以关系型数据库表形式管理的数据。例如,商品信息表如表 1-6 所示。

表 1-6 商品信息表

商品 ID	商品名称	商品品牌	商品类别
A001	华为 Nova 10 SE	华为	手机
A002	小米 Redmi K60	小米	手机
B001	液晶平板电视机	海信	电视机
B002	超薄液晶电视	创维	电视机

- **非结构化数据**：是指数据结构不规则或不完整，没有预定义的数据模型，不方便使用数据库二维逻辑表来表现的数据，如文本数据、文档、图片、各类报表、音频、视频数据等。
- **数据空间**：是指由 n 维属性和 m 个元素组成的数据集构成的多维信息空间。
- **数据开发**：是指利用一定的算法和工具对数据进行定量的推演和计算。
- **数据分析**：是指对多维数据进行切片、切块、旋转等动作剖析数据，从而可以多角度、多侧面地观察数据。
- **信息可视化**：是指在研究大规模非数值型信息资源的视觉呈现，它处理的对象主要是非结构化、非几何的抽象数据，如文本信息的可视化、城市平面地图、网络信息可视化等。
- **科学可视化**：是指在研究科学和工程领域数据，如三维空间坐标数据、医学影像数据等，重点探索如何以几何、拓扑和形状特征来呈现立体空间数据中蕴含的规律。

1.2.2 数据可视化的应用领域

随着大数据时代的来临，数据可视化的应用领域越来越广，无论是企业还是政府与公共事业单位，均有数据可视化的需求，如图1-7所示。

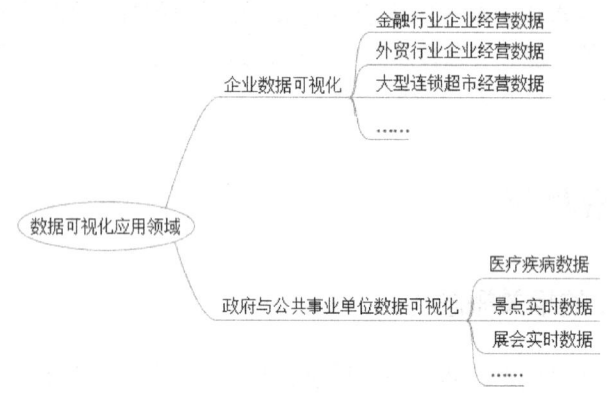

图1-7 数据可视化的应用领域

- **金融行业企业经营数据可视化应用**：在金融行业，数据可视化的应用非常广泛。应用数据可视化既可以展示企业的财务状况、投入产出效率，也可以展示用户画像、客户风险等级、数据运行趋势等信息。例如，通过数据可视化分析，能够实时监测股票、期货等金融市场的变化，预测市场趋势及分析投资组合等，从而可以快速地了解行情和风险，以便做出合理的投资决策。
- **外贸行业企业经营数据可视化应用**：在外贸行业，数据可视化的应用主要包括货物和服务出口量、出口市场的区域分布、出口市场结构、主要出口国的政策变化等方面的内容。通过数据可视化分析，企业不仅可以实时查看出口的主要市场动态，对市场需求进行有效分析，还可以及时地察觉到可能出现的潜在风险并及时地做出反应，提高决策效率。

- **大型连锁超市经营数据可视化应用**：大型连锁超市可对商品信息、会员购买情况、区域销售情况、超市门店收入和成本支出等内容进行数据可视化分析。通过数据可视化分析，超市管理层人员能够迅速掌握近段时间内的经营情况，并实时监控销售数据，以便根据销售变化来及时调整商品采购结构、运营策略和营销策略，从而提高销售量并提升销售利润。
- **医疗疾病数据可视化应用**：医院可对每日就诊人数、医生门诊信息、药品用量、住院信息等内容进行数据可视化分析。通过数据可视化分析开展医疗评估工作，医院可以更好地进行医疗资源配置，实现患者与医务人员、医疗设备之间的互动，不仅可以有效提高诊疗效率，降低看病成本，还可以分析出人们当前易发疾病种类，以及预测下一个流行病的高峰期时点，从而提醒广大群众提前进行防范，有助于相关医疗部门及时部署医疗卫生资源。
- **景点实时数据可视化应用**：景点利用数据可视化技术可实时地对客流总数、历史客流、各时段客流人数、游客停留时长等内容进行数据可视化展示与分析，通过数据可视化分析，景区管理者可以对重点景点的客流量进行实时监测和预警处理，从而提高危机处置能力，并提高管理者的决策指挥效率。
- **展会实时数据可视化应用**：展会数据管理方可对展会人流量、展台人流量、观众行为轨迹、观众兴趣点等信息使用数据可视化技术进行直观显示，不仅可以使展会管理者了解参观者的消费习惯和消费行为，从而实施精准营销，提升展览的展示效果，而且能够为展会现场的管理、安保等工作提供依据，以便管理者做出更加准确、高效的决策。

1.2.3 数据可视化的主流工具

从整个数据领域来看，数据可视化工具作为大数据领域下一个细分领域，与 BI 工具、数据挖掘工具同处于分析工具子领域中，因此数据可视化工具与 BI 工具、数据挖掘工具的功能存在交集。例如，一些数据可视化工具已经具备数据挖掘功能，三者之间的联系如图 1-8 所示。

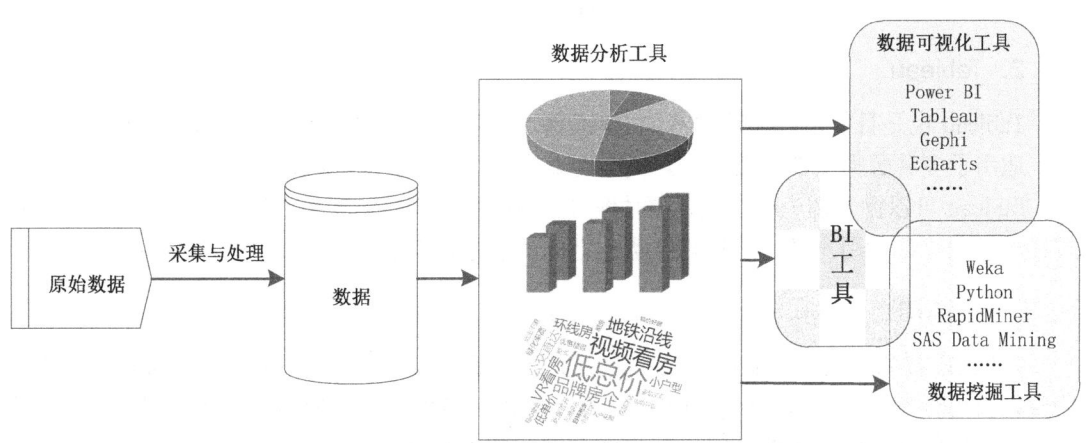

图 1-8 三类数据分析工具的联系

数据挖掘工具专门用于从大型数据集中发现数据间的联系与规律，如 Weka、Python、SPSS Modeler 等。BI 工具则专门用于为智能决策服务。数据可视化工具则专门用于让数据更炫、更精美地展示。三种工具相互渗透，各有侧重。以下选取商务智能与数据可视化分析从业者使用的数据可视化主流工具进行介绍。

1. Power BI

微软公司对于 Power BI 的定义是"用于分析数据和共享见解的一套业务分析工具"，它的操作与 Excel 类似，也是基于菜单进行操作，但是它比 Excel 展现的图表更丰富。Power BI 可以使用第三方插件来实现多层饼图、词云图、热力地图、流向地图等功能，并且支持用户自定义图表样式属性的设置。Power BI 看板示例如图 1-9 所示。

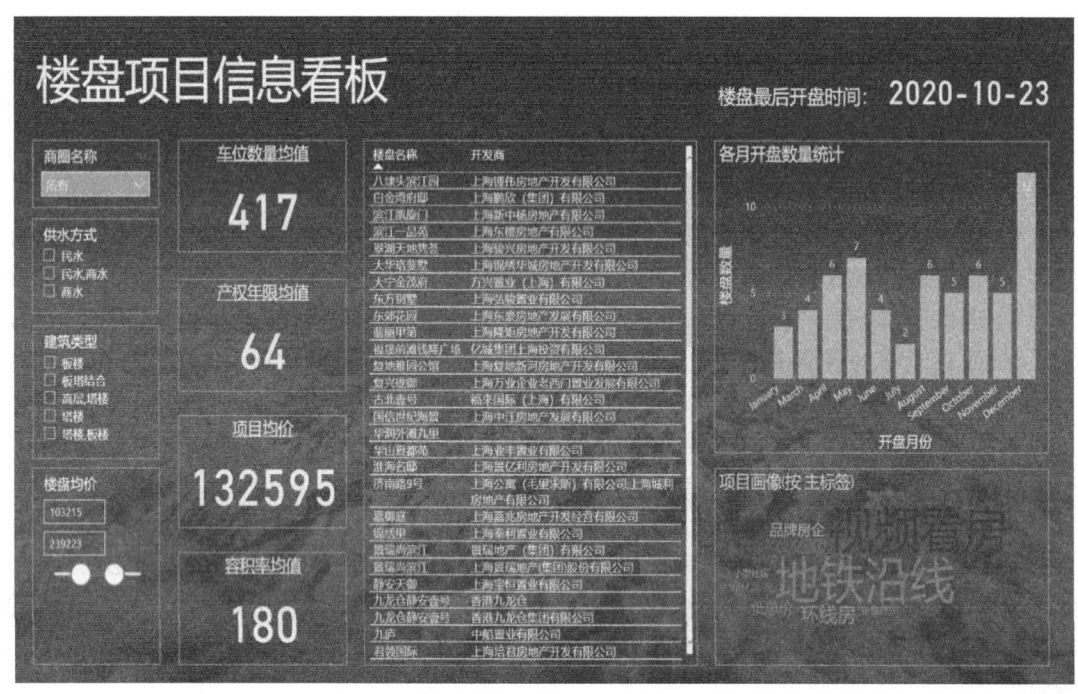

图 1-9　Power BI 看板示例

2. Tableau

Tableau 也是目前市面上较主流的 BI 工具。它采用拖放式界面，操作简单，数据兼容性强，适用于多种数据文件与数据库，同时也兼容多平台，Windows、Mac 平台均可使用。同时，Tableau 可以抛开图表构建器，实时地进行可视化分析，实现随心所欲的数据探索。交互式仪表板能够帮助用户及时发现隐藏数据之间的联系，其界面示例如图 1-10 所示。

3. 帆软 BI

帆软 BI 提供免费试用版和商用版，免费试用版可到帆软官网下载，商用版可联系帆软业务人员进行购买。帆软 BI 作为国产软件，提供了多种图表方便用户选择，同时还提供给用户较友好的智能图表推荐功能，其界面示例如图 1-11 所示。

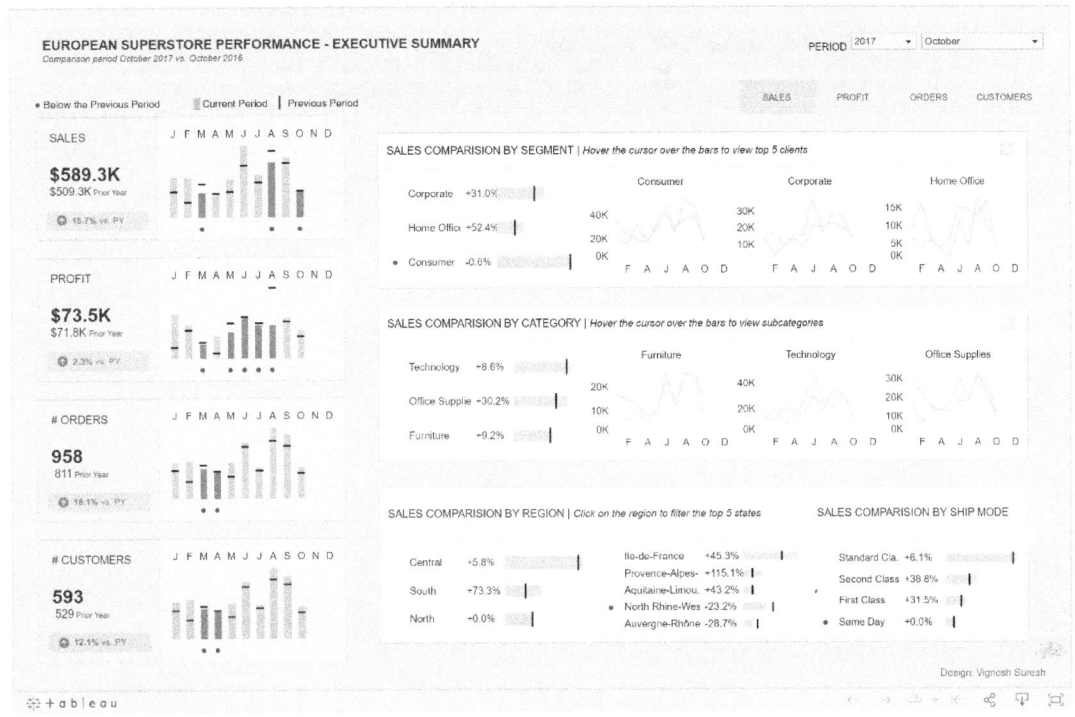

图 1-10　Tableau 界面示例

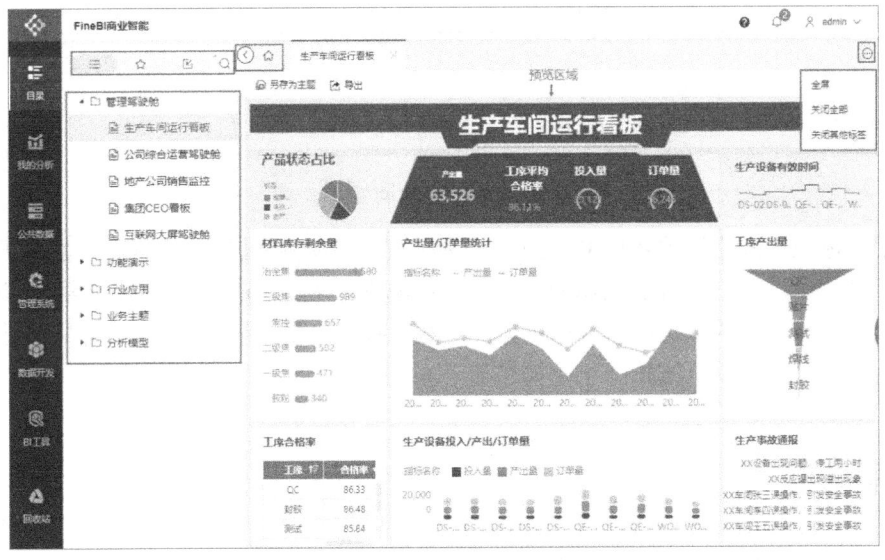

图 1-11　帆软 BI 界面示例

4．SPSS Moderler

SPSS Moderler 是专门用于数据挖掘的软件，支持平面文件、电子表格、主流关系型数据库，以及决策树、神经网络、支持向量机和回归模型等机器学习算法，并且可以进行文本分析操作，能够有效帮助用户从网络文本、客户反馈和社交媒体评论中获取信息，发现并挖掘隐藏的价值，其界面示例如图 1-12 所示。

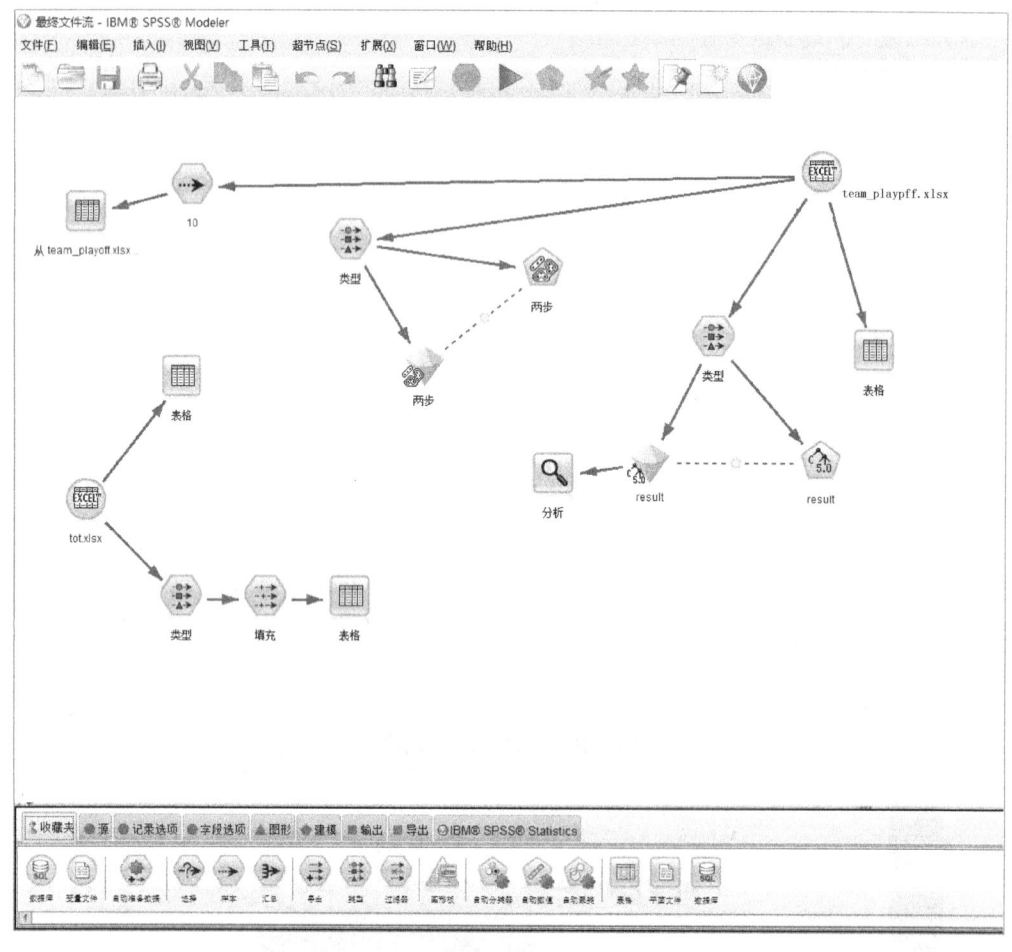

图 1-12 SPSS Moderler 界面示例

除了上述应用较广泛的数据 BI 工具，一些企业和机构还推出了自行研发的基于 Web 服务的轻量型 BI 工具，如腾讯公司推出的 Banber 和网易公司推出的网易有数 BI 等。如果业务场景无须大规模的数据库或复杂的数据建模，那么上述轻量型 BI 工具将是不错的选择，它们具有敏捷开发、易于维护、上手简单等一系列优势。

1.3 思考题

（1）商务智能可以从哪几方面来理解？
（2）简单阐述商务智能的发展历程。
（3）商务智能的核心技术有哪些？请谈谈你对它的理解。
（4）结合实际谈谈商务智能对企业的价值。
（5）主流的数据可视化工具有哪些？

第 2 章
数据智能与数据库基础

课程思政

本章主要介绍数据智能与数据库基础，包括信息化、数字化、数智化、大数据、人工神经网络、人工智能、数据决策、智能决策、决策支持系统等与数据智能相关的概念，以及数据库系统、数据体系结构、数据模型、数据库范式、概念模型等与数据库相关的基础知识。

2.1 数据智能的相关概念

随着大数据时代的来临，越来越多的企业依托大数据开展分析，进行智能决策，数据智能（Data Intelligence，DI）一词应运而生。从字面上看，数据智能可以被理解为大数据（Big Data）与人工智能（Artificial Intelligence，AI）相加的结果，如图 2-1 所示。

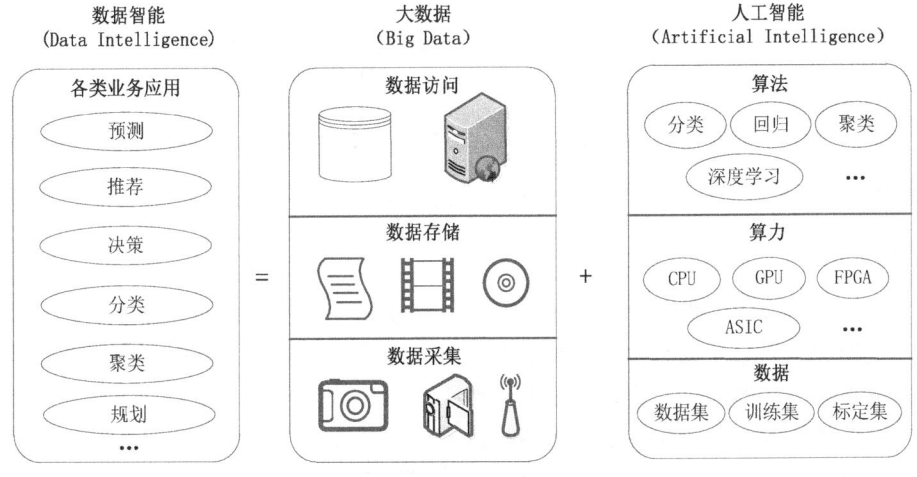

图 2-1 数据智能

数据智能是"基于大数据引擎，通过大规模机器学习和深度学习等技术，对海量数据进行处理、分析和挖掘，提取数据中包含的有价值的信息和知识，使数据具有智能，并通过建立模型寻求现有问题的解决方案及实现预测等"的技术。数据智能的相关概念主要有信息化、数字化、数智化、大数据、人工神经网络、人工智能、数据决策、智能决策与决策支持系统等。

2.1.1 信息化、数字化与数智化

1. 信息化

信息化就是通过将物理世界的信息和数据转换为计算机能读懂的信息，以供计算机调用的过程。信息化的核心和本质是运用计算机、数据库等信息技术，实现企业的业务流程数据管理。

例如，将客户信息、商品信息等物理世界的信息转变为数字世界的结构性描述，以供用户查阅和决策，达到提高效率、降低成本的目的。

2. 数字化

从字面上理解，数字化就是对信息进行数字表示的过程，即利用数字技术将文字、图像等一些复杂的信息转变为可以度量的数字与数据，并基于上述数据建立数字化模型，以供用户使用。企业数字化则是指对企业运营系统中的业务数据进行数学建模与优化的过程，通过企业管理经验模型化的方式，帮助企业更好地运营。企业在进行数字化过程中，往往需要领导、领域专家、专业 IT 人员和数据分析专家等进行深度合作，才能建立合适的数字化系统。在当前市场竞争日益加剧的情况下，企业通过数字技术来改变传统商业模式，进行数字化转型已成为趋势。

数字化的核心是运用数据分析、云计算等技术，实现企业的业务创新，其重点关注的是"数据驱动业务"。信息化与数字化的对比如图 2-2 所示。

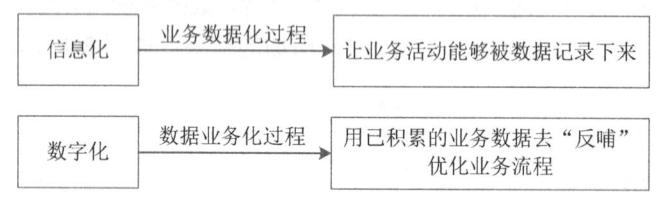

图 2-2　信息化与数字化的对比

从总体来看信息化和数字化的关系，信息化是数字化的基础，数字化是信息化的进阶阶段。

3. 数智化

数字化是技术概念，强调的是通过计算机、移动通信、人工智能、大数据等技术将业务过程中产生的信息以数字或数据的形式采集、处理、存储、传输、分析和应用的过程。而数智化侧重于数字技术的应用，强调的是利用数字技术、数据分析来改善业务流程、决策和绩效，进行智能决策服务。它以科技创新和数据驱动为基础，通过各种数字技术和工具实现企业各项业务与流程的智能化和自动化，从而提高绩效和竞争力。

2.1.2 大数据、人工神经网络与人工智能

1. 大数据

大数据最典型的是它的 5V 特点，即 Volume（规模量）、Variety（多样性）、Value（价值性）、Velocity（高速流转）、Veracity（真实性），如图 2-3 所示。

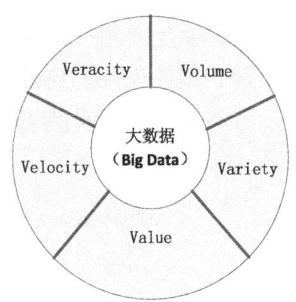

图 2-3　大数据的 5V 特点

Volume：数据规模量足够大，包括采集、存储和计算的量都足够大。大数据的起始计量单位往往是以 PB（1000TB）、EB（100 万 TB）或 ZB（10 亿 TB）来衡量的。

Variety：数据的种类和来源多样化，涉及结构化、半结构化和非结构化数据，具体表现为数字、文本、图片、音频、视频、日志文件、地理位置信息等，上述不同类型的数据使数据处理的难度提升，因此对数据的处理能力要求更高。

Value：数据价值密度相对较低，由于数据价值是隐藏在海量信息中的，要求具有足够强的数据挖掘能力，方能"大浪淘沙始见金"。

Velocity：数据能够快速流转，对时效性的要求高。例如，视频点播需要实时为用户播放点播的视频数据文件；网上搜索引擎需要迅速向用户反馈搜索结果，快速流转与时效性是大数据区别于传统数据挖掘的显著特征。

Veracity：数据的真实性和准确性。

2．人工神经网络

人工神经网络是由大量处理单元互联组成的非线性、自适应信息处理系统，它是人脑的抽象、简化，通过模拟大脑神经网络进行决策。人工神经网络的三要素指的是神经元模型、网络模型、网络的学习规则。人工神经网络由输入层、隐含层和输出层组成，典型的三层架构的人工神经网络如图 2-4 所示。

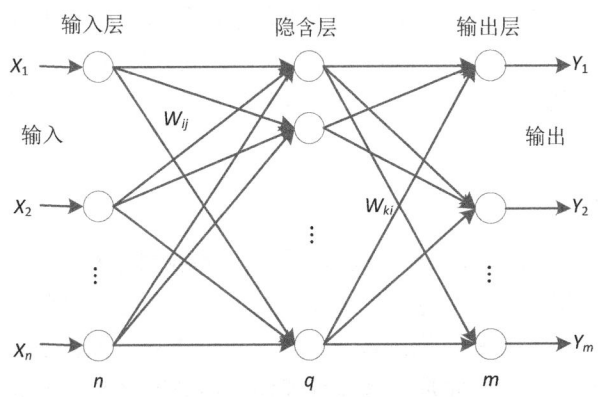

图 2-4　三层架构的人工神经网络

3．人工智能

人工智能是研究用于模拟、延伸和扩展人的智能的理论、方法、技术及应用系统的一门新的技术科学。它试图了解智能的实质，并生产出一种新的、能以与人类智能相似的方式做出反应的智能机器。机器人、语言识别、图像识别、自然语言处理等均属于其研究范畴。根据人工智能与人脑的智能程度对比，可将人工智能分为弱人工智能、强人工智能和超人工智能，如图2-5所示。

图2-5 人工智能的分类

2.1.3 数据决策、智能决策与决策支持系统

1. 数据决策

与传统的经验决策不同，数据决策（Data Decision Making）是指企业运用数据分析手段，对数据资源进行挖掘和分析，从而形成决策建议与实施方案，为探索未知、求解问题提供思维方法。企业凭借数据决策往往能够更有效地发现问题和解决问题，其决策效果通常比传统的基于少量样本而进行的经验决策更好。

2. 智能决策

智能决策（Intelligent Decision）是组织或个人综合利用多种智能技术和工具，基于既定目标，对相关数据进行建模、分析并得到决策的过程。该过程综合了约束条件、策略、偏好、不确定性等因素，可自动实现最优决策，以解决复杂的生产、生活问题。智能决策的本质是对决策的质量和速度进行优化。

3. 决策支持系统

决策支持系统（Decision Support System）是基于数据模型和领域专业知识建立起来的，以信息技术为手段，采用人机交互方式完成非结构化、半结构化的系统，通常包括数据库系统、数据仓库、模型库系统、知识推理系统、用户接口系统，如图2-6所示。

决策支持系统的运行，一方面是从其他管理信息系统数据库中提取各类数据，然后通过数据抽取、转换与装载后存储在数据库仓库中，经过数据挖掘与知识获取实现对数据的分析并获得经验知识，存入知识库。另一方面是用户通过人机接口界面提交问题，决策支持系统根据对问题的分解和求解策略，调用相应的应用功能组件，完成对问题的求解，从而实现决策支持系统的各项功能。

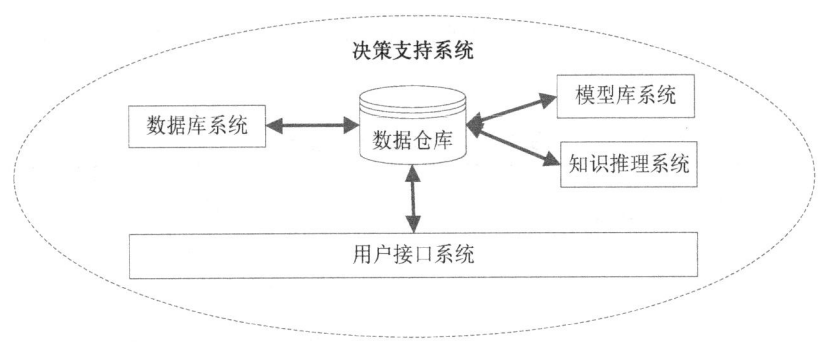

图 2-6　决策支持系统的组成

2.2　数据库的基础知识

2.2.1　数据库系统

数据库系统是指带有数据库并利用数据库技术进行数据存储、管理、处理和维护的系统，它通常由数据库、数据库管理系统、应用程序、数据库管理员和用户构成，如图 2-7 所示。

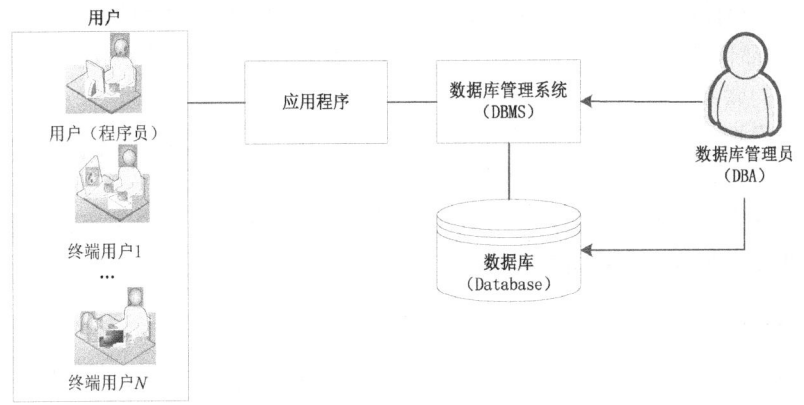

图 2-7　数据库系统

1．数据库

数据库是按照数据结构来组织、存储和管理数据的仓库，是一个长期存储在计算机内的、有组织的、可共享的、统一管理的大量数据的集合。

2．数据库管理系统

数据库管理系统（Database Management System，DBMS）是一种操纵和管理数据库的软件，用于建立、使用和维护数据库。它对数据库进行统一的管理和控制，以保证数据库的安全性和完整性，其主要功能包括数据的定义，数据的操作，数据库的运行管理，数据的组织、存储与管理，数据库的维护，事务运行管理等。常用的数据库管理系统有 Access、SQL Server、MySQL、Oracle、PostgreSQL、DB2 等。

数据的定义：DBMS 提供数据定义语言（Data Definition Language，DDL），供用户定义

21

数据库的三级模式结构、两级映像及完整性约束、保密限制等。DDL 主要用于建立、修改数据库的库结构，常用的 DDL 语句如表 2-1 所示。

表 2-1　常用的 DDL 语句

序号	语句	用途
1	CREATE DATABASE	创建数据库
2	CREATE TABLE	创建数据库表格
3	ALTER TABLE	修改数据库表格
4	DROP TABLE	删除数据库表格
5	CREATE VIEW	创建查询视图
6	ALTER VIEW	修改查询视图
7	DROP VIEW	删除查询视图
8	TRUNCATE TABLE	删除数据表内容

数据的操作：DBMS 提供数据操作语言（Data Manipulation Language，DML），供用户实现对数据的添加、删除、更新、查询等操作，上述操作对应的语言指令分别为 Insert、Delete、Update、Select 等。

数据库的运行管理：DBMS 的运行控制、管理功能包括多用户环境下的并发控制、安全性检查和存取权限控制、完整性检查、备份、运行日志管理、事务管理和自动恢复等。

数据组织、存储与管理：DBMS 在分类组织、存储和管理各种数据的数据字典、用户数据、存取路径等时，需要确定以何种文件结构和存取方式在存储上组织这些数据，以及如何实现数据之间的联系。

数据库的维护：为数据库管理员提供软件支持，包括数据安全控制、完整性保障、数据库备份、数据库重组及性能监控等维护工具。

事务运行管理：提供事务运行管理及运行日志，事务运行的安全性监控和数据完整性检查，事务的并发控制及系统恢复等功能。

3．应用程序

将包含访问数据库语句的应用程序，编译成在 DBMS 支持下可运行的目标程序。

4．数据库管理员和用户

数据库管理员：通常由计算机水平较高、经验较丰富的资深人员担任。

用户：DBMS 的用户包括程序员和操作终端的用户。

2.2.2　数据体系结构

数据库的数据体系结构由外模式、模式、内模式三级构成，其间存在外模式/模式映像、模式/内模式映像这两级映像，数据库通过三级结构和两级映像，保证了数据库中的数据具有较高的逻辑独立性和物理独立性，如图 2-8 所示。

- **外模式**：又称子模式或用户模式，是数据库用户能见到的局部数据的逻辑结构和特征的描述，是单个用户要处理的数据集合，应用程序只与外模式进行交互。
- **模式**：又称逻辑模式，是数据库中全体数据的逻辑结构和特征的描述，是所有用户的数据视图，包括数据之间的联系、数据的约束与安全性要求等。
- **内模式**：又称存储模式，是对数据物理结构和存储方式的描述，是文件、索引和其他一些存储结构的汇集，是数据在数据库内部的组织方式。一个数据库只有一个内模式。
- **外模式/模式映像**：当模式改变时，由数据库管理员对外模式/模式映像进行相应改变，可以使外模式保持不变。应用程序是依据数据的外模式编写的，因此应用程序不必修改，这保证了数据和程序的逻辑独立性，简称数据的逻辑独立性。
- **模式/内模式映像**：当数据库的存储结构改变时，由数据库管理员对模式/内模式映像进行相应改变，可以使模式保持不变，因此应用程序也不必改变。这保证了数据与程序的物理独立性，简称数据的物理独立性。
- **数据的逻辑独立性**：修改表结构（模式），只需要修改外模式和模式之间的映像，而不需要修改用户程序。
- **数据的物理独立性**：修改数据的物理存储方式，而表结构（模式）保持不变。

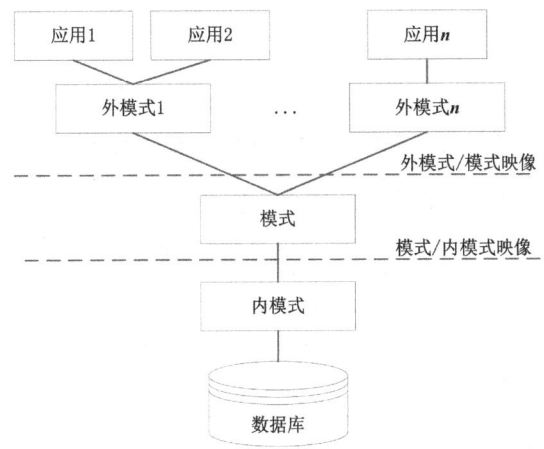

图 2-8　数据库的数据体系结构

2.2.3　数据模型

数据模型是信息模型在数据世界中的表示形式，它是对现实世界数据特征的抽象。数据模型分为三类：层次模型、网状模型和关系模型。

1. 层次模型

层次模型是一种使用树形结构描述实体及实体间联系的数据模型。在这种结构中，每个记录类型都是用节点表示的，记录类型之间的联系则用节点之间的有向线段来表示。每个双亲节点可以有多个子节点，但是每个子节点只能有一个双亲节点。层次模型只能处理一对多的实体联系，如图 2-9 所示。

2. 网状模型

网状模型允许一个节点同时拥有多个双亲节点和子节点。它与层次模型相比，更具有普遍性，能够直接地描述现实世界的实体。也可以认为层次模型是网状模型的一个特例，网状模型如图 2-10 所示。

23

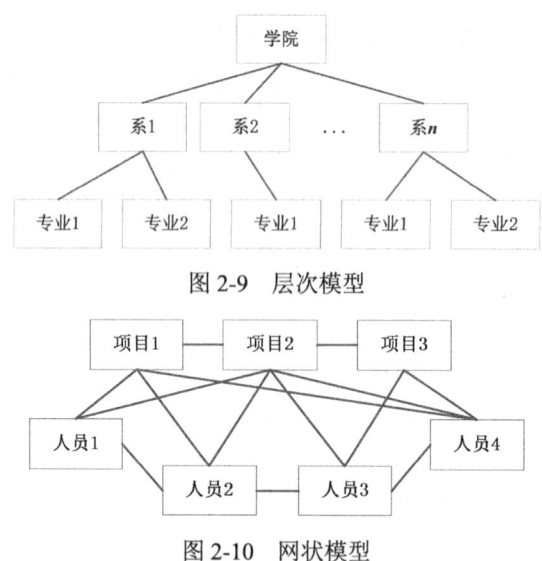

图 2-9 层次模型

图 2-10 网状模型

3. 关系模型

关系模型采用二维表的形式表示实体和实体间联系的数据模型，是建立在严格的数学概念基础上的。示例的学生基本信息表如表 2-2 所示。

表 2-2 学生基本信息表

学号	姓名	性别	籍贯	出生日期
2020011001	李××	男	浙江省	2003-11-01
2020011002	李××	男	江苏省	2003-09-03
2020011003	李××	男	湖北省	2003-03-06

与关系模型相关的基本概念如下。

- **元组**：二维表中的一行，称为一个元组。
- **笛卡儿积**：简单说就是两个集合相乘的结果。设 A、B 为集合，将 A 中元素作为第一元素，B 中元素作为第二元素构成有序对，所有这样的有序对组成的集合被称为 A 与 B 的笛卡儿积，记作 $A \times B$。用数学公式可表示为：

$$A \times B = \{(x, y) | x \in A \land y \in B\}$$

例如，$R \times S$ 的笛卡儿积如图 2-11 所示。

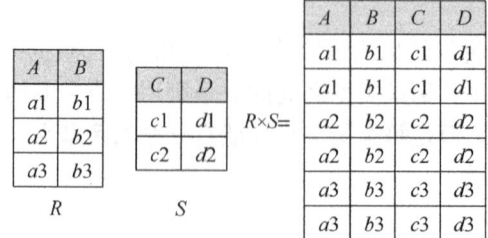

图 2-11 $R \times S$ 的笛卡儿积

- **关系操作**：包括查询和更新两大类操作，其中常用的查询操作有选择、投影、连接、并、差、交、笛卡儿积等；更新操作有增加、删除、修改等。

关系模型允许定义三类完整性的约束：实体完整性、参照完整性和用户定义完整性。

- **实体完整性**：实体完整性规则是"如果属性 A 是基本关系 R 的主属性，则属性 A 不能为空值"。该规则规定基本关系的所有主属性都不能为空值，而不仅是主码不能为空值。
- **参照完整性**：如果属性集 K 是关系模式 R1 的主键，K 也是关系模式 R2 的外键，则在 R2 中，K 的取值只允许两种可能，即为空值，或者等于 R1 的关系中某个主键值。
- **用户定义完整性**：用户自己定义的约束条件，用以保证关系中的数据取值是合理的。例如，月份的取值范围为 1～12。

2.2.4 数据库范式

数据库范式，简单来说就是为了消除重复数据，减少冗余数据，让数据库内的数据被更好地组织，使磁盘空间得到更有效利用的一种标准化规范。在关系数据库设计中，范式主要有第一范式（1NF）、第二范式（2NF）、第三范式（3NF）、巴斯-科德范式（BCNF）、第四范式（4NF）和第五范式（5NF，又称完美范式）。满足高等级范式的先决条件是满足低等级范式。在数据库设计中，通常只需满足第三范式，第四范式和第五范式很少被采用，在此不进行介绍。

1. 第一范式

第一范式关系中的所有分量不可再分，即数据库表中的字段都是单一属性的，不可再分。在任何一个关系数据库中，第一范式是对关系模式的基本要求，不满足第一范式的数据库不是关系数据库。第一范式化前后的表如图 2-12 所示。

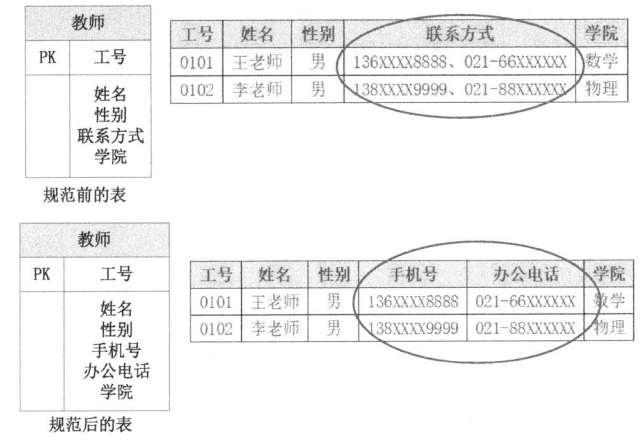

图 2-12 第一范式化前后的表

2. 第二范式

如果关系模式中的所有非主属性都完全依赖于任意一个候选码，则称关系满足第二范式，即表中的属性必须完全依赖于全部主键。第二范式化前的选课表的主键为组合键（学号，课程号），如图 2-13 所示，由于学分只依赖于部分主键"课程号"就可以确定了，因此违反了第二范式的要求。解决方法是将其分成两个关系模式。

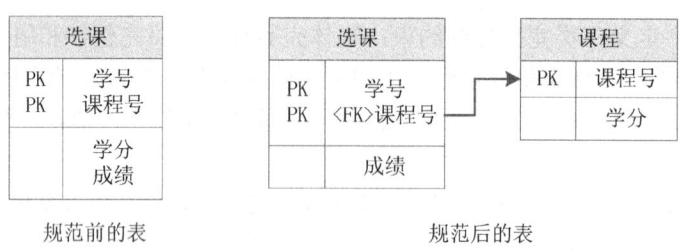

图 2-13 第二范式化前后的表

3. 第三范式

数据库中不能存在传递依赖关系。第三范式是指存在一个属性，它依赖的属性既不是主码也不是候选码。从第三范式化前的表中可以看到工号、姓名、性别、学院、学院地址之间存在传递依赖关系，如图 2-14 所示，因此违反了第三范式。解决方法是将其分为两个关系。

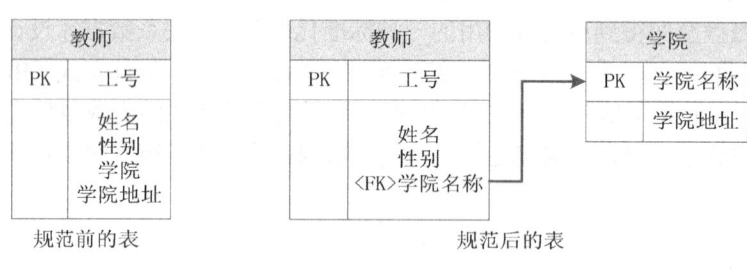

图 2-14 第三范式化前后的表

4. BCNF 范式

在第三范式的基础上，任何非主属性不能依赖于主键子集，BCNF 范式是第三范式的一个子集。在 BCNF 范式化前的表中，如图 2-15 所示，工号为主码，登录 ID 为候选码，因为每个教师的登录 ID 均不相同。而登录密码依赖于登录 ID 而不依赖于工号，此表不符合 BCNF 范式。

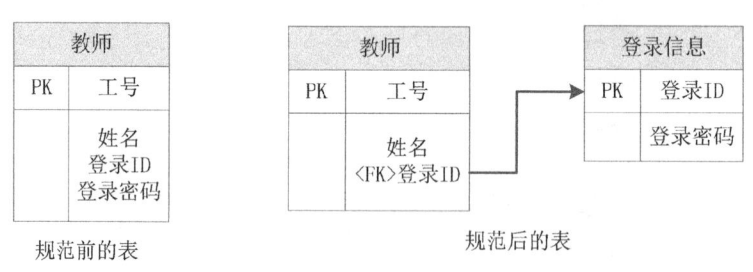

图 2-15 BCNF 范式化前后的表

2.2.5 概念模型

- **实体**：客观存在并可以相互区别的事物，实体可以是具体的人、事、物，也可以是抽象的概念或联系。
- **实体型**：使用实体名及其属性名的集合来抽象和刻画同类实体。
- **属性**：属性是实体具有的特性，与二维表中的列对应，一个实体可以由若干个属性刻画。属性的个数被称为关系的元或度，列中的值被称为属性值。
- **联系**：在信息世界中，联系反映为实体型内部的联系，以及实体型之间的联系，实体型内部的联系是指组成实体型的各属性之间的联系，实体型之间的联系是指不同实体集之间的联系。两个实体型之间的联系可以分为三类：一对一联系（1∶1）、一对多联系（1∶n）和多对多联系（m∶n），如图 2-16 所示。

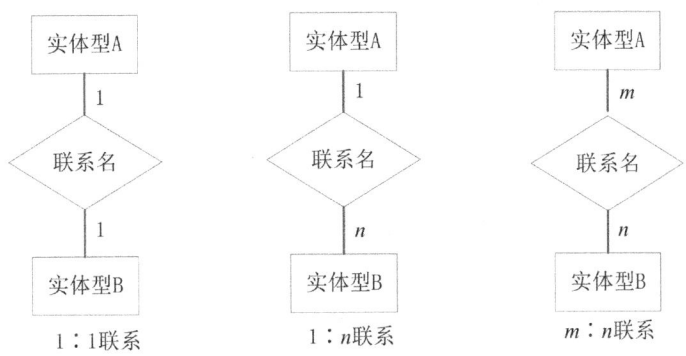

图 2-16　实体型之间的三种联系

- **域**：属性的取值范围，如性别的域={男,女}。
- **候选键（码）**：在关系的所有属性中，可以唯一确定一个元组的某一属性或某几个属性的组合，如学生的学号、身份证号。
- **主键（码）**：在一个关系的若干候选键中指定一个用来唯一标识该关系的元组，则这个被指定的候选键被称为主关键字，或者被简称为主键、关键字、主码。每个关系有且只有一个主键。
- **外键（码）**：表中的某个属性组，虽然不是主键，但可以与另一个表中的主键对应，如学生选课表中的课程编号，虽然不是主键，但它可以与课程表中的主键——课程编号对应，因此，学生选课表中的课程编号属性就是课程表的外键。
- **实体－联系（Entity-Relationship，E-R）方法**：该方法直接从现实世界中抽象出实体与实体之间的联系，再使用 E-R 图来表示数据模型。在 E-R 图中，实体使用方框表示；联系使用菱形表示，同时用线将其与相应的实体连接起来，并在线上标注联系的类型；属性使用椭圆表示，并且用线将其与相应的实体连接起来。
- **绘制 E-R 图的步骤**：①确定实体；②确定各实体的属性；③确定实体间联系；④确定各联系的属性。

例如，一个教学管理系统中有如下信息。

学生：学号，姓名，性别，年龄。

课程：课程号，课程名，学分。

班级：班级名，班主任。

教师：工号，姓名。

其中约定：一个学生属于一个班级，一个班级包括多个学生；一个学生可选修多门课程，一门课程可由多个学生选修，学生选修的每门课程均有相应的成绩；一个教师可教授多门课程，一门课程仅由一个教师教授。根据上述信息，该教学系统的 E-R 图如图 2-17 所示。

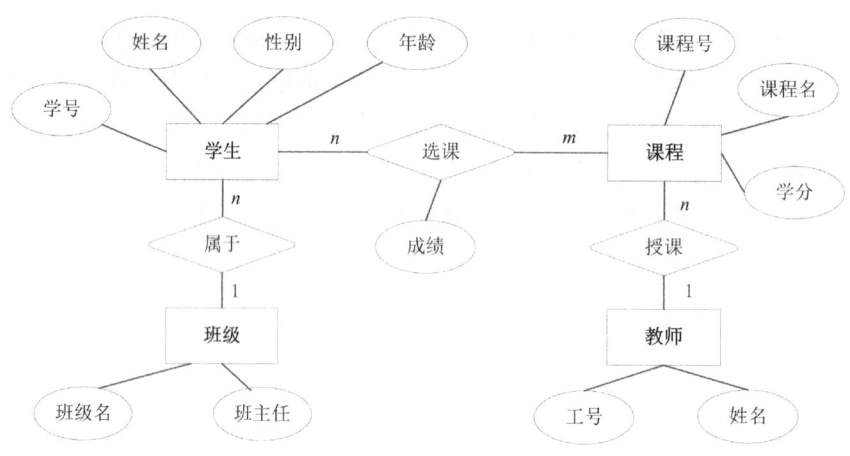

图 2-17　E-R 图

2.3　思考题

（1）请谈谈你对大数据 5V 特点的理解。

（2）数据安全管理常用的实现方式有哪些？结合实例来说明。

（3）目前数据库中有一个待修改的学生表，该表包含的字段有学号、姓名、性别、年龄、所在学院、学院地址、学院联系电话。如何修改该表，使其符合数据库范式的第三范式？

（4）某商业集团的销售管理系统数据库中有如下信息。

商店：商店编号，商店名，地址。

商品：商品编号，商品名，规格，单价。

职工：工号，姓名，性别，业绩。

其中约定：一个商店可销售多种商品，一种商品可在多个商店销售，每个商店对销售的每种商品按月进行销量统计；一个商店有多个职工，一个职工仅在一个商店任职，商店聘用职工并向其支付月薪。根据以上情况，完成下述设计。

① 设计系统的 E-R 图。

② 将 E-R 图转换为关系模式，并指定其中的主键和外键。

第 3 章
数据分析基础之 Excel 篇

课程思政

Excel 作为一个功能强大、使用方便的电子数据表软件，是办公人员常用的工具软件。本章以 Excel 2016 版本为例，介绍数据透视表、统计分析函数和 Excel 图表的基础操作。

3.1 数据透视表

Excel 中的数据透视表是一种可以快速汇总、分析和处理大量数据的交互式表，它可以从不同角度对相同的数据进行处理和分析，以查看不同层面的数据结果，从而得到需要的数据信息。数据透视表就像一个万花筒，旋转这个特别的万花筒，可以从中获得数据的不同视图展现，但是原始的数据本身其实并未发生变化。虽然 Excel 中的数据透视表可以用于快速地分析、汇总、处理数据，但它并不适用于任何情境，那么究竟在什么情境下适合使用它呢？

当表格中的数据有上万条时，要想对这些数据进行汇总分析，就可以考虑使用 Excel 中的数据透视表。虽然在 Excel 中使用函数也可以对数据进行汇总分析，但是其运行的速度不如数据透视表，而且对上万条数据来说，使用函数进行汇总会降低工作效率。

当表格中的数据结构不断变化时，可以考虑使用 Excel 中的数据透视表。在数据分析的过程中，用户的需求并不是一成不变的，而是随着实际情况不断发生变化的。例如，当某公司的某个领导要求查看本月的销售金额汇总情况，而另一个领导要求查看某个城市的销售金额汇总情况时，如果分别制作两个汇总表格，将耗费很多时间，而使用数据透视表就能够快速且完美地满足上述要求。

当源数据与分析结果的更新需要保持一致时，可以考虑使用 Excel 中的数据透视表。在实际工作中，用户并不能保证录入的数据完整、准确。例如，有可能将属于华东的城市（如上海）数据录入属于华北的城市中，或者将销售 A 分部的销售人员的数据录入销售 B 分部中。在这种情况下，修改源数据并重新制作汇总表格，会大大降低工作效率，而使用数据透视表的刷新功能则可以快速得到新数据源下的透视效果。

3.1.1 数据透视表的创建

在 Excel 中使用数据透视表分析数据，首先需要创建数据透视表，创建完成后可以根据实际的工作情况，对其进行移动和删除操作。如果对数据透视表的数据来源不满意，则可以对其进行更改。

在 Excel 中创建数据透视表的方法有多种，通常情况下可以使用推荐的数据透视表功能进行快速创建，或者以手动方式创建适合用户需要的数据透视表。下面主要介绍如何以手动方式创建数据透视表。

步骤 1：插入数据透视表。打开配套素材文件"3.1.1_data.xlsx"，并切换到"Sheet1"工作表中，可以看到该工作表中的源数据。单击"插入"→"数据透视表"按钮，弹出"来自表格或区域的数据透视表"对话框，如图 3-1 所示。

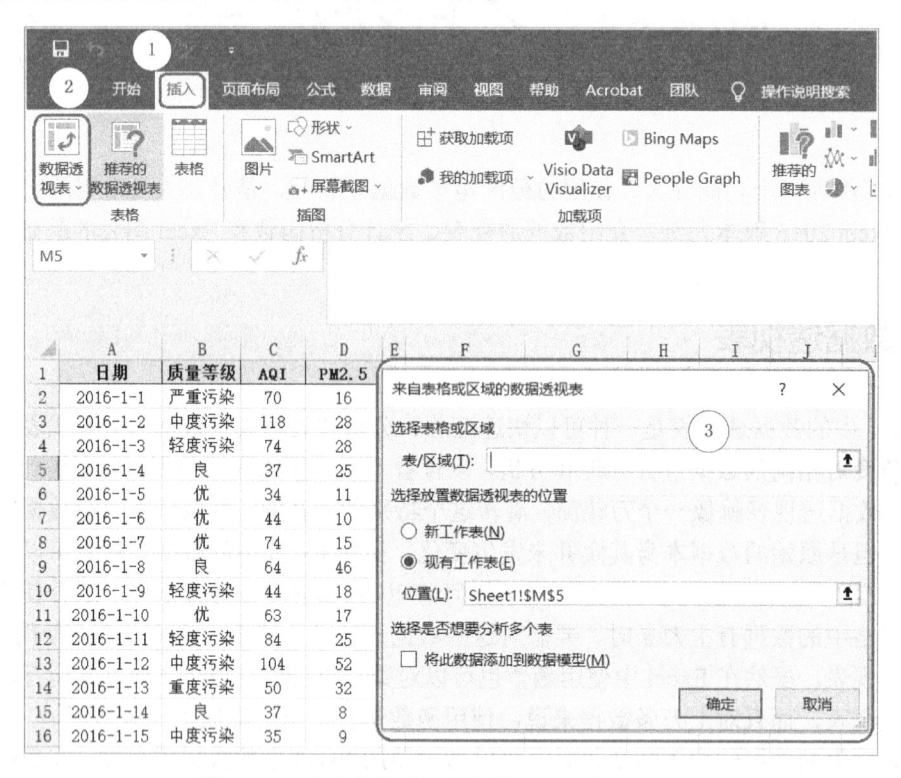

图 3-1 "来自表格或区域的数据透视表"对话框

步骤 2：在"表/区域"输入框中选择数据源所在的单元格区域。长按鼠标左键并拖曳选中 A 列至 D 列单元格，在"表/区域"输入框中显示"Sheet1!$A:$D"，如图 3-2 所示。

图 3-2 选中单元格区域

步骤3：选中"现有工作表"单选按钮，单击"位置"输入框，让鼠标指针停留在该输入框中，并清空该框中的文本。使用鼠标单击任意非数据源区域中的单元格，如单击"F2"单元格，在输入框中将自动填入"Sheet1!$F$2"，之后单击"确定"按钮，如图 3-3 所示。将出现"数据透视表字段"任务窗格，如图 3-4 所示。

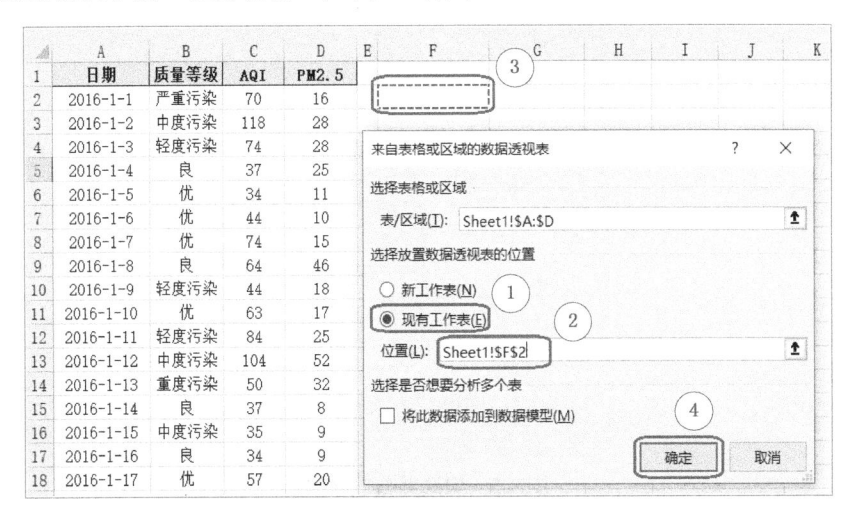

图 3-3　选择位置

图 3-4　"数据透视表字段"任务窗格

步骤4：添加字段到数据透视表中。在"数据透视表字段"任务窗格中勾选"日期"、"质量等级"和"年"三个复选框，并且将"日期"字段拖放至"值"区域，"年"字段拖放至"列"区域，"质量等级"字段拖放至"行"区域，如图 3-5 所示。

步骤5：查看数据透视表报表。在之前选择的"F2"单元格处显示了添加字段后的数据透视表报表，如图 3-6 所示，可以看到不同质量等级在不同年份的分布。

图 3-5 勾选并拖放字段

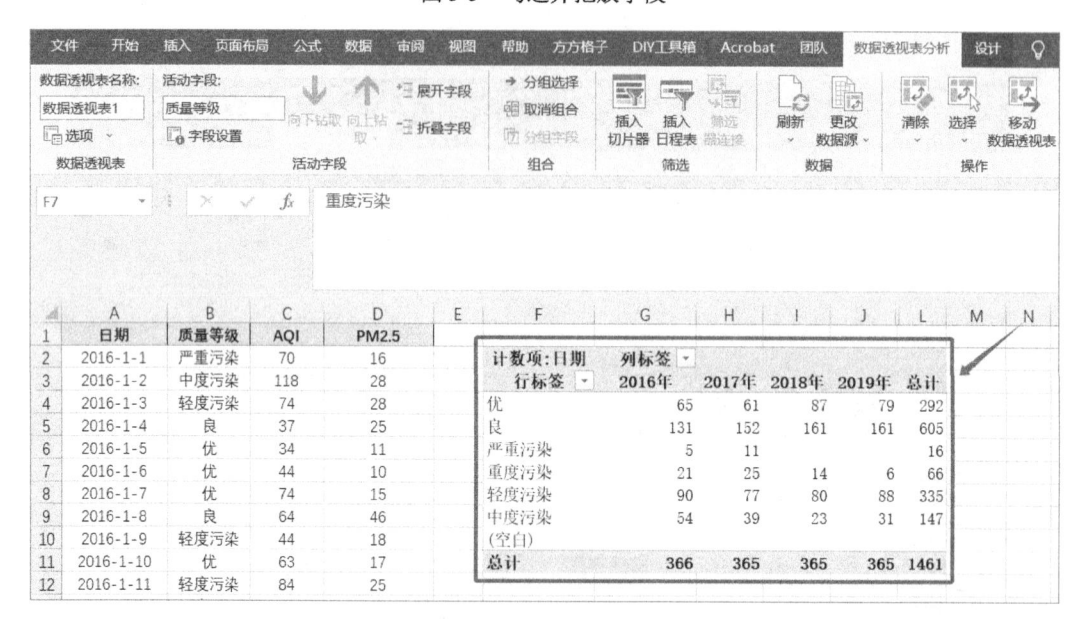

图 3-6 查看数据透视表报表

3.1.2 数据透视表的修改

1. 透视表中行的拖动

在默认情况下，数据透视表中的数值是按照该字段值的升序方式进行排序的，用户如果对这种方式不满意，则可以重新设置排序方式。在数据透视表中，可以通过快捷菜单中的命令进行排序方式的设置，还可以采用手动、自定义等方式。用户需要根据实际的情况使用不同的排序方式。

以如图 3-6 所示的透视表为例，选中要移动的字段"中度污染"，将鼠标指针移至该单元格的下边框线上，此时可看到鼠标指针变为十字形状；接着勾选该字段的复选框。按住鼠标左键，将该字段拖放至"严重污染"字段单元格的上边框线上，如图 3-7 所示。

图 3-7　透视表中行的拖动

2．透视表中列的排序

除了可以对行进行拖动，还可以对某列的数值进行排序，例如，需要将 2017 年的分布数据降序排列，则使用鼠标右击"2017 年"列中的任意单元格，在弹出的快捷菜单中选择"排序"→"降序"命令即可，如图 3-8 所示。

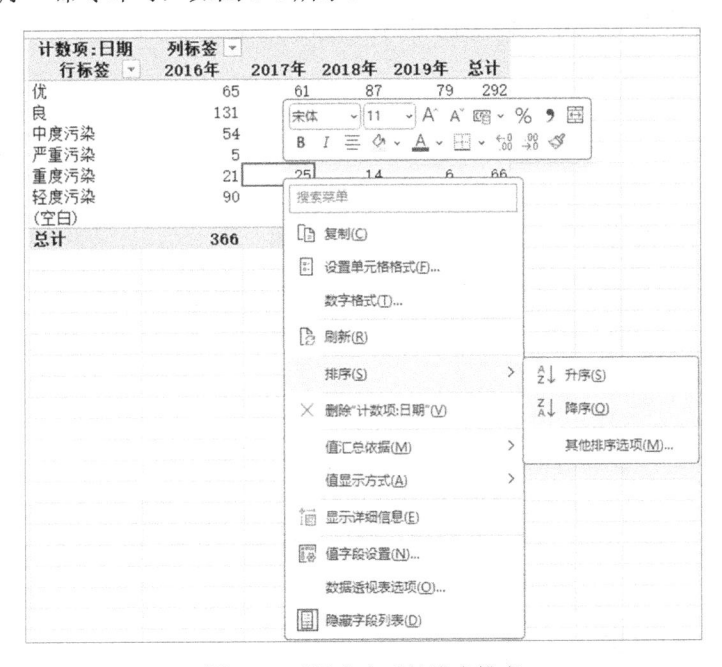

图 3-8　透视表中列的降序排序

3.1.3　数据透视表的可视化

使用数据透视表虽然可以从不同的角度查看和分析数据，但当数据较多时，容易让人眼花缭乱，此时可以创建数据透视图来实现数据内容的可视化，以便快速地分析表格数据。

在 Excel 中创建数据透视图的方法很简单，具体的操作步骤如下：首先选中之前创建的如图 3-6 所示的数据透视表，然后单击"数据透视表分析"→"数据透视图"按钮，如图 3-9 所示。

图 3-9　单击"数据透视图"按钮

接着选择一种合适的图表（此处选择簇状柱形图），单击"确定"按钮，即可将数据透视表转换为对应的簇状柱形图，如图 3-10 所示。

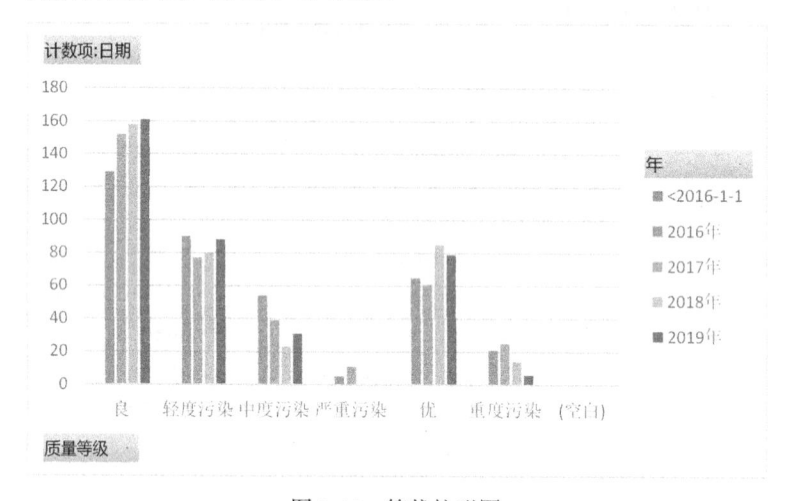

图 3-10　簇状柱形图

3.2　Excel 中的统计分析

3.2.1　常用统计分析函数

在统计学中对原始数据进行一定的运算，得出某些具有代表性的数值，以反映数据某些方面的特征，这种数值被称为统计量。常见的统计量如下。

- 总数：在一组数据中，所有数值的合计数。
- 最大值：在一组数据中，数值的最大值。

- 最小值：在一组数据中，数值变量的最小值。
- 极差：在一组数据中，数值变量的最大值与最小值的差值。
- 算术平均值：反映出一组数据的数学期望值。

算术平均值的计算公式如下：

$$\overline{X} = \frac{1}{n}\sum_{i=1}^{n} X_i$$

- 中位数：又称中值，是按顺序排列的一组数据中居于中间位置的数值，代表一个样本、种群或概率分布中的一个数值，将数值集合（简称数据集）分为相等的上下两部分。对于有限的数据集，可以在将所有数值进行从高到低的排序后，找出正中间的一个数值作为中位数。如果数值数量是偶数，则通常取最中间的两个数值的平均数作为中位数。
- 众数：在样本数据中，选择出现次数最多的数值。从统计分布上看，它是具有明显集中趋势的数值，代表数据的一般水平。一组数据中可以有多个众数，也可以没有众数。如果一组数据中有重复出现的数，则有众数；如果没有重复出现的数，则没有众数。
- 方差：用来度量随机变量和其数学期望（均值）之间的偏离程度。

方差的计算公式如下：

$$\sigma^2 = \frac{\left[\sum_{i=1}^{n}(X_i - \mu)\right]^2}{N}$$

其中，σ^2 为总体方差，X_i 为序号 i 变量的值，μ 为总体均值，N 为总体个数。

样本方差：在现实中，由于总体数值较难获取，只能抽出一定数量的、有限的样本。通过有限的样本来计算得到的方差，被称为样本方差。

样本方差的计算公式如下：

$$S^2 = \frac{\left[\sum_{i=1}^{n}(X_i - \overline{X})\right]^2}{n-1}$$

其中，S^2 为样本方差，X_i 为序号 i 变量的值，$\overline{X}$ 为样本均值，n 为样本个数。

- 标准差：方差的算术平方根，标准差能反映一个数据集的离散程度。标准差较大，代表大部分数值和其算术平均值之间的差异较大；标准差较小，代表这些数值较接近算术平均值。

总体标准差的计算公式如下：

$$\sigma = \sqrt{\frac{\left[\sum_{i=1}^{n}(X_i - \mu)\right]^2}{N}}$$

样本标准差的计算公式如下：

$$S = \sqrt{\frac{\left[\sum_{i=1}^{n}(X_i - \overline{X})\right]^2}{n-1}}$$

- 偏度：又称偏态、偏态系数，是统计数据分布偏斜方向和程度的度量，是统计数据分布非对称程度的数字特征。
- 峰度：又称峰态系数，用于表示概率密度分布曲线在平均值处的峰值高低的特征数。直观看来，峰度反映了峰部的尖度。

在 Excel 中，常用统计、分析函数如表 3-1 所示。

表 3-1 常用统计、分析函数

序号	函数名	功能	格式
1	COUNT	统计参数中包含数值的个数	COUNT(value1,[value2],...) 例如，COUNT(C2:C8)，如图 3-11（a）所示
2	COUNTIF	统计选取区域中满足指定条件的单元格个数	COUNTIF(range, criteria) 例如，COUNTIF(B2:B8,B2)，如图 3-11（b）所示
3	MAX	返回一组数据中的最大值	MAX(number1,[number2],...) 例如，MAX(C2:C8)，如图 3-12（a）所示
4	MIN	返回一组数据中的最小值	MIN(number1,[number2],...) 例如，MIN(C2:C8)，如图 3-12（b）所示
5	AVERAGE	返回一组数据中的算术平均值	AVERAGE(number1,[number2],...) 例如，AVERAGE(A2:A6)，如图 3-13（a）所示
6	MEDIAN	返回一组数据中的中间数值	MEDIAN(number1,[number2],...) 例如，MEDIAN(C2:C8)，如图 3-13（b）所示
7	MODE	返回一组数据中出现频率最高的数值	MODE(number1,[number2],...) 例如，MODE(C2:C9)，如图 3-14（a）所示
8	RANK	返回一个数值或一组数据中的排位	RANK(number,ref,[order]) 例如，RANK(C2,C2:C9)，如图 3-14（b）所示
9	VAR	计算基于给定样本的方差	VAR(number1,[number2],...) 例如，VAR(C2:C9)，如图 3-15（a）所示
10	STDEV.S	计算基于给定样本的标准偏差	STDEV.S(number1,[number2],...) 例如，STDEV.S(C2:C9)，如图 3-15（b）所示

基于配套素材文件"3.2.1_data.xlsx"，运行表 3-1 中的函数，得到的结果如图 3-11 至图 3-15 所示。

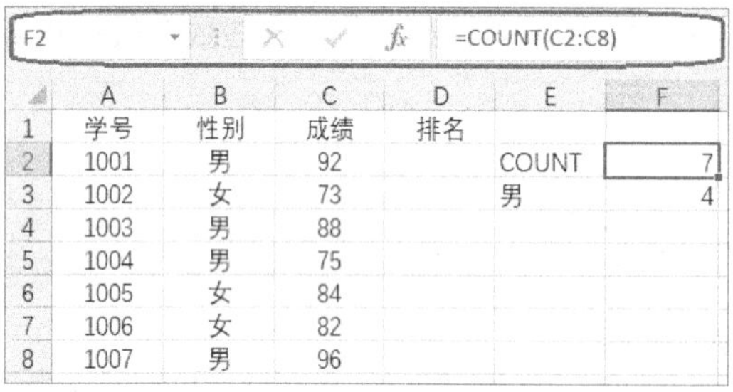

（a）COUNT 函数 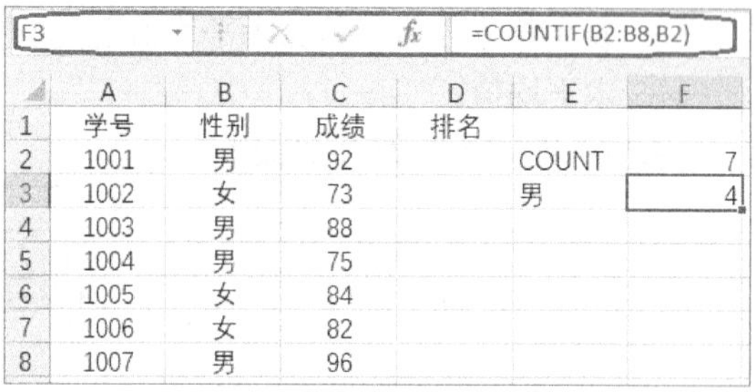　　　　　　　　　　（b）COUNTIF 函数

图 3-11　COUNT 函数、COUNTIF 函数的结果

/ 第3章 数据分析基础之 Excel 篇 /

（a）MAX 函数　　　　　　　　　　　　（b）MIN 函数

图 3-12　MAX 函数、MIN 函数的结果

（a）AVERAGE 函数　　　　　　　　　　（b）MEDIAN 函数

图 3-13　AVERAGE 函数、MEDIAN 函数的结果

（a）MODE 函数　　　　　　　　　　　（b）RANK 函数

图 3-14　MODE 函数、RANK 函数的结果

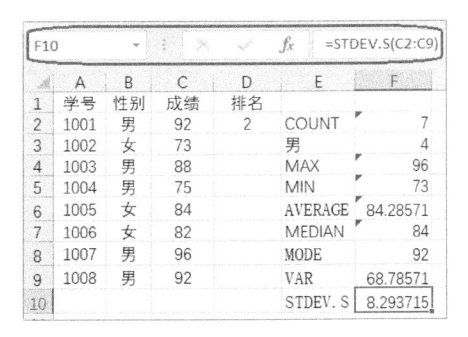

（a）VAR 函数　　　　　　　　　　　　（b）STDEV.S 函数

图 3-15　VAR 函数、STDEV.S 函数的结果

37

3.2.2 数据分析工具

Excel 中有专门用于数据分析的工具库，可以完成方差分析、相关系数分析、协方差分析、描述统计分析、移动平均分析等。弹出"数据分析"对话框的步骤如下。

步骤 1：在打开 Excel 文件后，单击"文件"菜单按钮，弹出如图 3-16 所示的菜单。

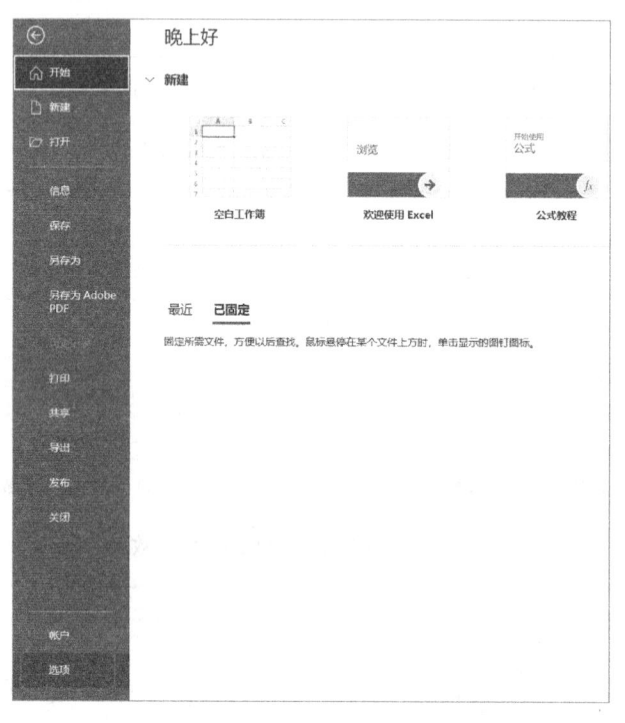

图 3-16　弹出菜单

在弹出的菜单中选择"选项"命令，弹出"Excel 选项"对话框，如图 3-17 所示。

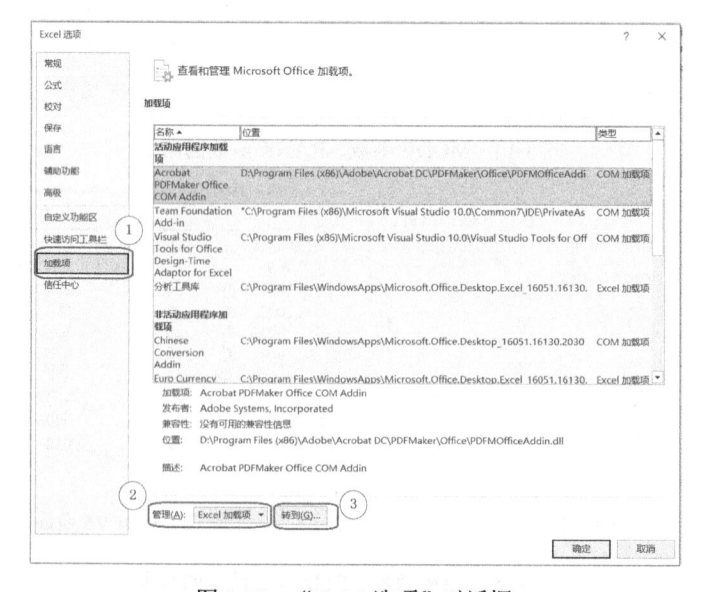

图 3-17　"Excel 选项"对话框

步骤 2：在弹出的"Excel 选项"对话框中，首先选择"加载项"选项，在"管理："下拉列表中选择"Excel 加载项"选项；然后单击"转到"按钮，弹出"加载项"对话框，如图 3-18 所示。

步骤 3：在弹出的"加载项"对话框中，勾选"分析工具库"复选框，并单击"确定"按钮，如图 3-19 所示。

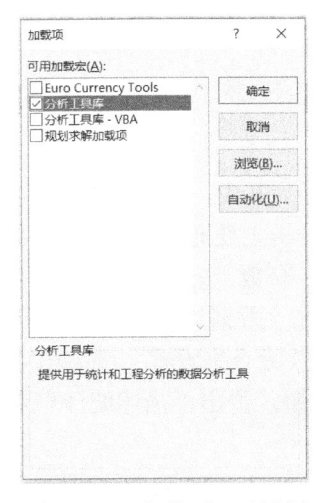

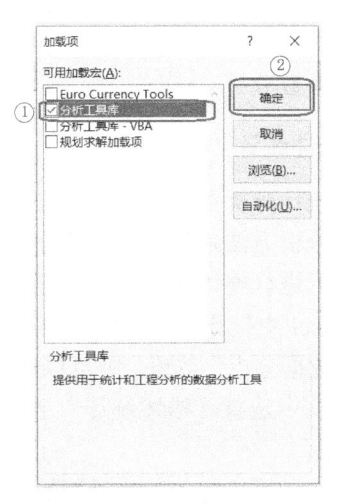

图 3-18 "加载项"对话框　　　　　图 3-19 设置分析工具库

步骤 4：打开 Excel 工作文档，单击"数据"→"数据分析"按钮，弹出"数据分析"对话框，如图 3-20 所示。

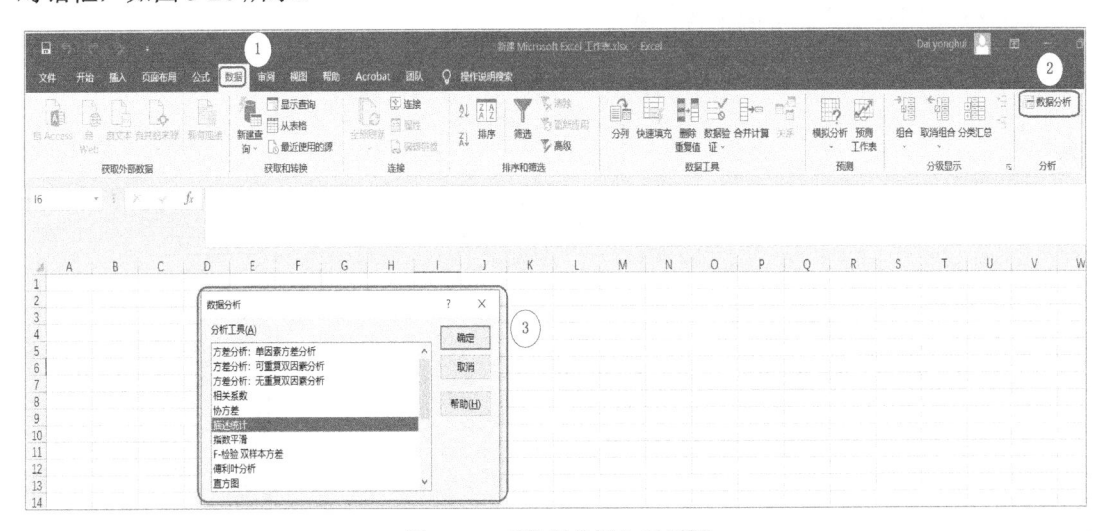

图 3-20 "数据分析"对话框

3.2.3 描述性统计分析

描述性统计分析是统计学中的基础内容，主要用于研究数据的基本统计特征，从而掌握数据的整体分布形态。它是对数据进行正确统计、推断的先决条件，分析结果对进一步的数据建模起到了关键性的指导和参考作用。

1. 频数分析

频数又称次数，是指同一数值在一组数据中出现的次数。使用该分析方法可以将零散、分散的数据进行有次序的整理，从而形成一系列能反映数据总体中各组之间的单位分布状况的数列。在变量分配数列中，频数表示对应的组标志值的作用程度，频数值越大，表示该组标志值对总体水平的作用越大，反之亦然。

单项式频率分析又称单项式分组的频数分析，它主要运用 Excel 中的 COUNTIF 函数对数据进行频数分析。

2. 描述统计

描述统计分析主要包括描述总体分析和分布形态分析。其中，分布形态分析主要通过偏度和峰度分析方法来分析数据的分布情况；而描述总体分析主要通过 Excel 中的描述分析工具，对数据进行整体的描述性分析，包括均值、中位数、众数、方差等。

在 Excel 中打开配套素材文件"3.2.3_data.xlsx"，单击"数据"→"数据分析"按钮（如果没有"数据分析"按钮，则可以通过"文件"→"选项"命令来设置），在弹出的"数据分析"对话框中选择"描述统计"选项，单击"确定"按钮，弹出"描述统计"对话框，如图 3-21 所示。

首先在"描述统计"对话框的"输入区域"输入框中输入"$C$2:$C$20"，并勾选"汇总统计""平均数置信度""第 K 大值""第 K 小值"复选框，然后单击"确定"按钮，显示描述统计分析结果，如图 3-22 所示。

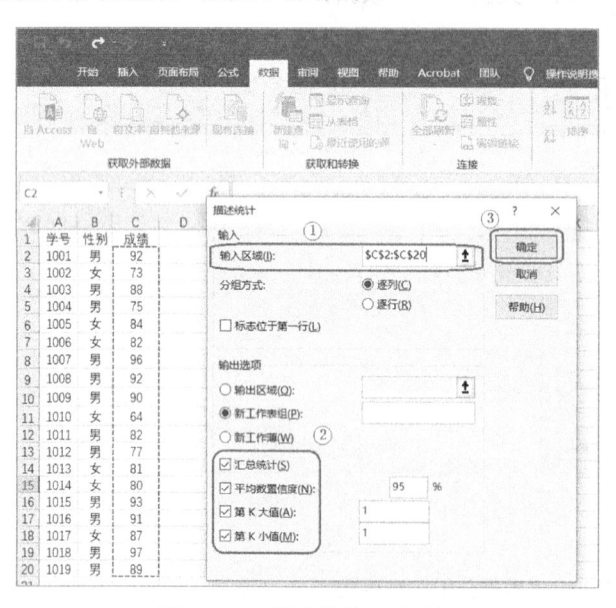

图 3-21 "描述统计"对话框   图 3-22 描述统计分析结果

3.2.4 相关分析

在统计学中，相关关系是一种确定性关系，可以使用相关分析方法来研究两个或多个随机变量之间的相关性，以确定变量之间的方向和密切程度。简单相关分析是对两个变量进行相关分析的一种相关分析方法,它主要通过计算两个变量之间的相关系数,来判断变量之间是否存在相关性。在实际分析中,相关关系可以按照不同的形态、不同的标准进行划分。例如,可以按相关程度、相关形式和相关关系涉及的因素进行划分。

1. 按相关程度划分

按相关程度划分,可以将相关关系分为完全相关、不完全相关和零相关三种类型,上述类型的含义如下。

- **完全相关**:完全相关关系是指变量之间的关系是一一对应的,即一个变量的数量发生变化完全是由另一个变量的数量变化决定的。该类型的相关关系为函数关系,是相关关系中的一种特例。
- **不完全相关**:不完全相关关系是指变量之间的关系并非一一对应的,即两个变量之间的关系介于完全相关和不相关之间。统计分析中一般的相关现象都是指这种不完全相关的关系,该相关关系是相关分析的主要研究对象。
- **零相关**:零相关关系又称不相关关系,是指两个变量之间彼此互不影响,其数量变化各自独立的关系。

在 Excel 中打开配套素材文件"3.2.4_data.xlsx",单击"F2"单元格,先输入"=CORREL(B:B,C:C)",再按回车键,得到 y 与 x1 的相关系数为 0.954,接近 1,表示这两个变量高度相关,如图 3-23 所示。

在 Excel 中,还可以使用数据分析工具来计算相关系数,具体操作步骤如下。打开配套素材文件"3.2.4_data.xlsx",单击"数据"→"数据分析"按钮。在弹出的"数据分析"对话框中选择"相关系数"选项,弹出"相关系数"对话框,在"输入区域"输入框中输入"$B$2:$D$12",并单击"确定"按钮,如图 3-24 所示。

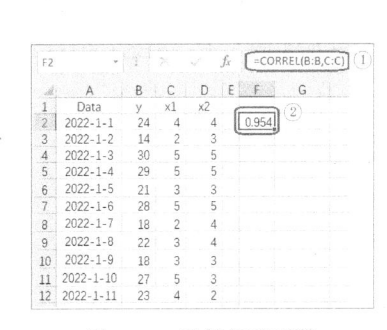

图 3-23　计算相关系数　　　　　　　图 3-24　相关系数分析

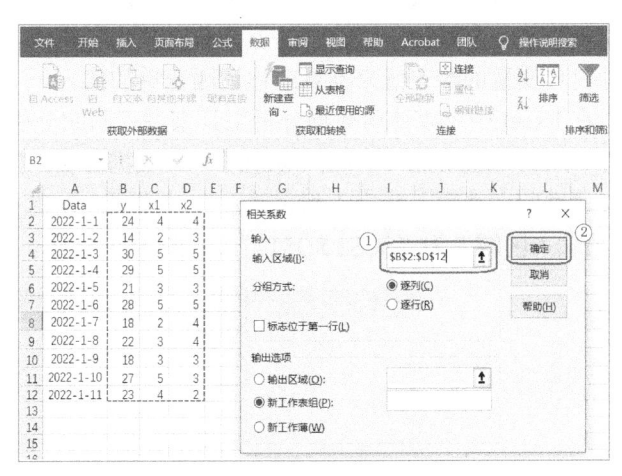

可以获得 y、x1、x2 变量之间的相关系数,如图 3-25 所示。

	A	B	C	D
1		列 1	列 2	列 3
2	列 1	1		
3	列 2	0.954326	1	
4	列 3	0.585108	0.431225	1

图 3-25　y、x1、x2 变量之间的相关系数

2. 按相关形式划分

按相关形式划分，可以将相关关系分为线性相关和非线性相关两种类型，两种类型的含义分别如下。

- **线性相关**：线性相关是指一个变量在增加或减少时，另一个变量随之发生大致均等的增加或减少变化，在其图形中表现的观测点会分布在某一条直线附近。
- **非线性相关**：非线性相关是指一个变量在增加或减少时，另一个变量随之发生不均等的增加或减少，在其图形中表现的观测点会分布在某一曲线附近。

3. 按相关关系涉及的因素划分

按相关关系涉及的因素划分，可以将相关关系分为单相关、复相关和偏相关三种类型，三种类型的含义分别如下。

- **单相关**：单相关又称一元相关，是指两个变量之间的相关关系，即仅限于一个变量与另一个变量之间的依存关系。
- **复相关**：复相关又称多元相关，是指三个或三个以上变量之间的相关关系。
- **偏相关**：偏相关是指某一变量和多个变量相关时，假定其他变量不变，其中两个变量的相关关系。

3.2.5 预测分析

1. 回归分析

回归分析通过最小二乘法拟合进行分析，主要用于确定一个或多个变量的变化对另一个变量的影响程度。运用统计学的方法获得其数学模型，以确定自变量与因变量之间的关系，并通过自变量的给定值来推算或估计因变量的值。

在 Excel 中可以使用数据分析工具来进行回归分析，具体操作步骤如下。打开配套素材文件"3.2.4_data.xlsx"，单击"数据"→"数据分析"按钮。在弹出的"数据分析"对话框中选择"回归"选项，弹出"相关系数"对话框，设置"Y 值输入区域"为"\$B\$2:\$B\$12"，"X 值输入区域"为"\$C\$2:\$D\$12"，如图 3-26 所示。

图 3-26 回归分析

单击"确定"按钮，可以获得 y 与 x1、x2 的回归分析结果，如图 3-27 所示。

图 3-27　回归分析结果

在 Excel 中还可以通过趋势线分析法进行回归分析，该分析法是建立在散点图表基础上的一种分析方法，通过为散点图添加趋势线的方法来达到一元线性回归分析的目的。Excel 中的散点图的趋势线包括对数、指数、多项式、线性等类型，不同类型的趋势线所使用的分析方法也不同，用户需要根据分析目的来选择相应的趋势线。具体操作步骤如下。

步骤 1：绘制散点图。打开配套素材文件"3.2.4_data.xlsx"，拖曳鼠标选中 B、C、D 列单元格，选择"插入"→"散点图"→"更多散点图"选项，在弹出的"插入图表"对话框中选择"XY 散点图"选项，并单击"确定"按钮，如图 3-28 所示。

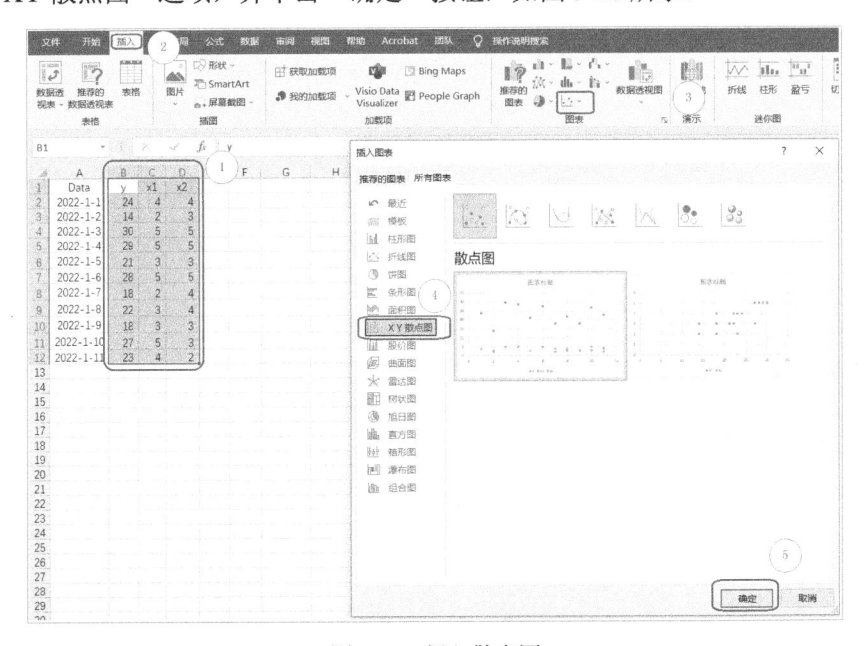

图 3-28　插入散点图

步骤 2：添加趋势线。选择"图表设计"→"添加图表元素"→"趋势线"→"线性预测"选项，在弹出的"添加趋势线"对话框中选择"x1"选项，单击"确定"按钮，如图 3-29 所示。

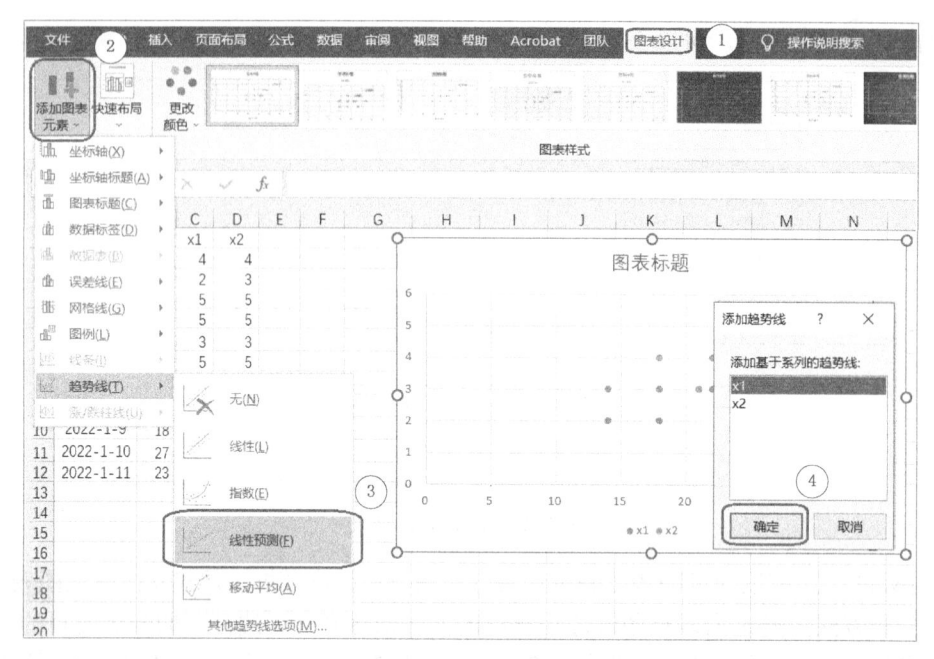

图 3-29 添加趋势线

步骤 3：设置趋势线格式。右击趋势线，在弹出的快捷菜单中选择"设置趋势线格式"命令，在工作表右侧弹出的"设置趋势线格式"窗格中，选中"线性"单选按钮，勾选"显示公式"和"显示 R 平方值"两个复选框，如图 3-30 所示。

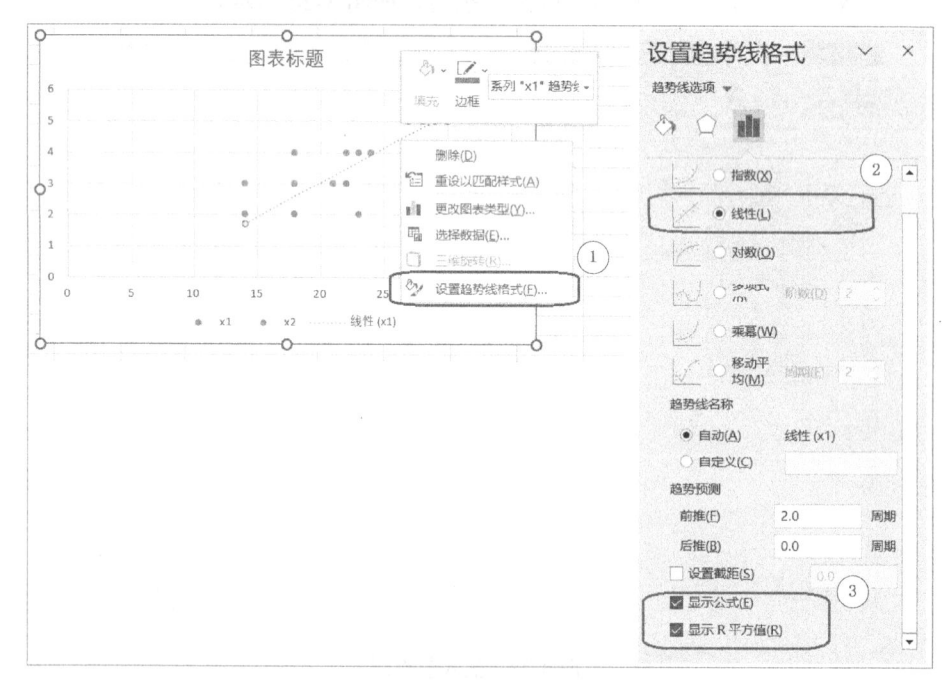

图 3-30 设置趋势线格式

步骤 4：显示预测分析结果。重复步骤 2，在弹出"添加趋势线"对话框中选择"x2"选项，继续执行步骤 3，得到预测分析结果，如图 3-31 所示。

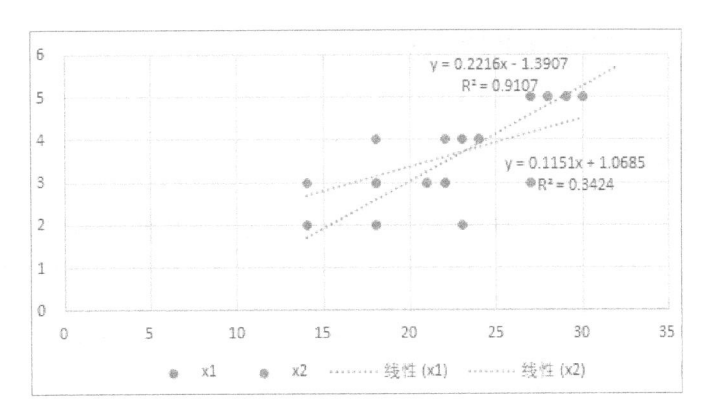

图 3-31　预测分析结果

2. 移动平均法

移动平均法是一种简单、平滑的预测技术，它的基本思想是根据时间序列资料、逐项推移，依次计算包含一定项数的序时平均值，以反映长期趋势。

打开配套素材文件"3.2.4_data.xlsx"，单击"数据"→"数据分析"按钮，在弹出的"数据分析"对话框中选择"移动平均"选项，弹出"移动平均"对话框，设置"输入区域"为"$B$2:$B$12"，"输出区域"为"$F$2"，勾选"图表输出"和"标准误差"两个复选框，并单击"确定"按钮，如图 3-32 所示。

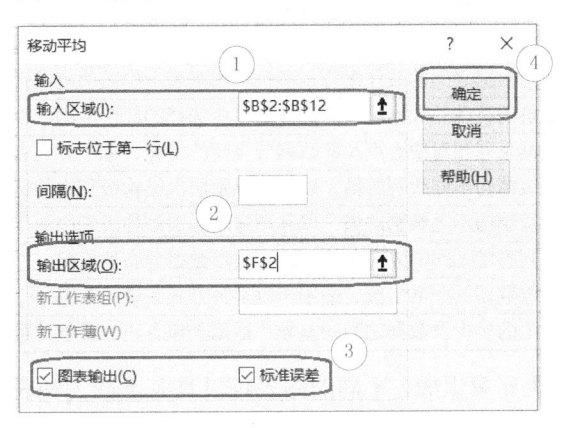

图 3-32　"移动平均"对话框

可以获得移动平均预测结果，如图 3-33 所示。

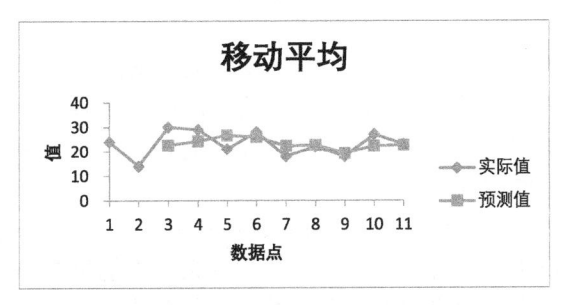

图 3-33　移动平均预测结果

3.3 Excel 中的图表类型与展示

3.3.1 主要图表类型

图表是指将数据以特定尺寸的图形元素绘制出来的一种数据呈现方式,可以直观地反映出数据自身的含义。Excel 提供了多种类型的图表,每种图表类型还包含一个或多个子类型。例如,柱形图包括簇状柱形图、堆积柱形图、百分比堆积柱形图、三维簇状柱形图、三维堆积柱形图、三维百分比堆积柱形图、三维柱形图等,其中百分比堆积柱形图适用于显示个体值占总和百分比的情况。Excel 中的主要图表类型及其说明如表 3-2 所示。

表 3-2 主要图表类型及其说明

图表名称	特点和用途
柱形图	显示数据之间的差异或一段时间内的数据变化情况
条形图	显示数据之间的对比,适用于连续时间的数据或横轴文本过长的情况
折线图	显示随时间变化的连续数据
XY 散点图	显示若干数据系列中各数值之间的关系,或者将两组数绘制为(x,y)坐标的一个系列
气泡图	显示三类数据之间的关系,使用 X 轴和 Y 轴的数据绘制气泡的位置,并使用第 3 列数据表示气泡的大小
饼图	显示一个数据系列中各项的大小与各项占总和的百分比
圆环图	与饼图类似,可以包含多个数据系列
面积图	显示部分与整体之间的关系或值的总和,主要用于强调数量随时间变化的程度
曲面图	找到两组数据之间的最佳组合,颜色和图案表示同数值范围区域
股价图	显示股价的波动,数据区域的选择要与所选择的股价图的子类型匹配
雷达图	显示数据系列相对中心点及各数据分类间的变化,每个分类有自己的坐标轴
树状图	比较层级结构不同级别的值,以矩形显示层次结构级别中的比例
旭日图	比较层级结构不同级别的值,以环形显示层次结构级别中的比例
直方图	以一系列高度不同的纵向条纹或线段表示数据分布的情况
箱形图	显示一组数据的分散情况,适用于以某种方式关联的数据
瀑布图	显示数据的多少及数据之间的差异,适用于包含正、负值的数据

一个图表由多个图表元素组成,不同的图表可以具有不同的图表元素。通常的图表元素主要有如下几种。

- **图表区**:图表区即整个图表区域,其他图表元素都位于图表区。选择图表区就选中了整个图表,图表被选中后四周会显示边框和 8 个控制点,可以使用鼠标拖曳控制点来调整图表区的大小。
- **图表标题**:图表顶部的文字,用于描述图表的含义。
- **图例**:图表标题下方带有色块的文字,用于标识不同的数据系列。
- **绘图区**:图中的浅灰色部分,作为数据系列的背景,数据系列、数据标签、网格线等图表元素位于绘图区。
- **数据系列**:图中位于绘图区的同一种颜色的所有矩形构成一个数据系列,每个数据系列对应数据源中的一行或一列数据。数据系列中的每个矩形代表一个数据点,对应数据源中的某个单元格的值。不同类型的图表具有不同形状的数据系列。
- **数据标签**:数据系列顶部的数字,用于标识数据点的值。

- **坐标轴及其标题**：坐标轴包括主要横坐标轴、主要纵坐标轴、次要横坐标轴、次要纵坐标轴四种。

3.3.2 主要图表展示

1. 柱形图、条形图、折线图

打开配套素材文件"3.3.2_data.xlsx"，切换到"柱形图"工作表。选中 A、B、C 三列单元格，单击"插入"→"推荐的图表"按钮，在弹出的"插入图表"对话框中选择"所有图表"→"柱形图"→"簇状柱形图"选项，单击"确定"按钮，插入并得到簇状柱形图，如图 3-34、图 3-35 所示。

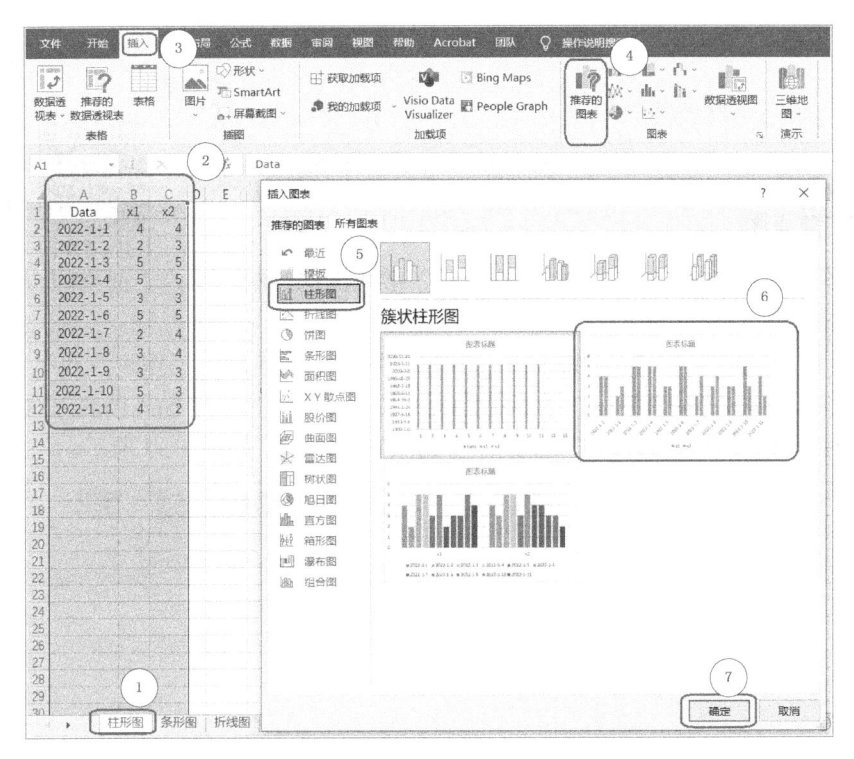

图 3-34　插入簇状柱形图

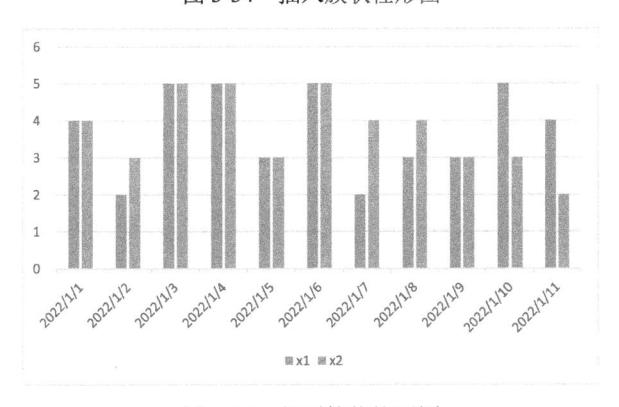

图 3-35　得到簇状柱形图

扫码看彩图

绘制条形图、折线图的操作与绘制柱形图的操作类似，只需在"所有图表"选项卡中选择"条形图"或"折线图"选项，并单击"确定"按钮即可，如图3-36所示。

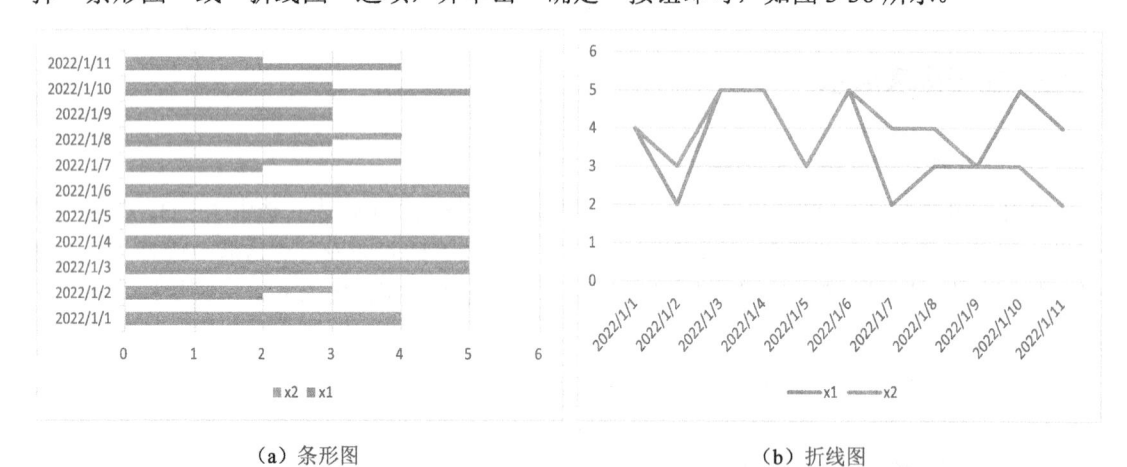

（a）条形图

（b）折线图

图 3-36　条形图、折线图

2．XY 散点图

在 3.2.5 节的回归分析中，已经简要介绍了散点图的绘制方法，下面将配合素材文件，介绍 XY 散点图的绘制步骤。

打开配套素材文件"3.3.2_data.xlsx"，切换到"XY 散点图"工作表。选中 A、B、C、D 四列单元格，单击"插入"→"推荐的图表"按钮，在弹出的"插入图表"对话框中选择"XY 散点图"选项，单击"确定"按钮，得到 XY 散点图，如图 3-37 所示。

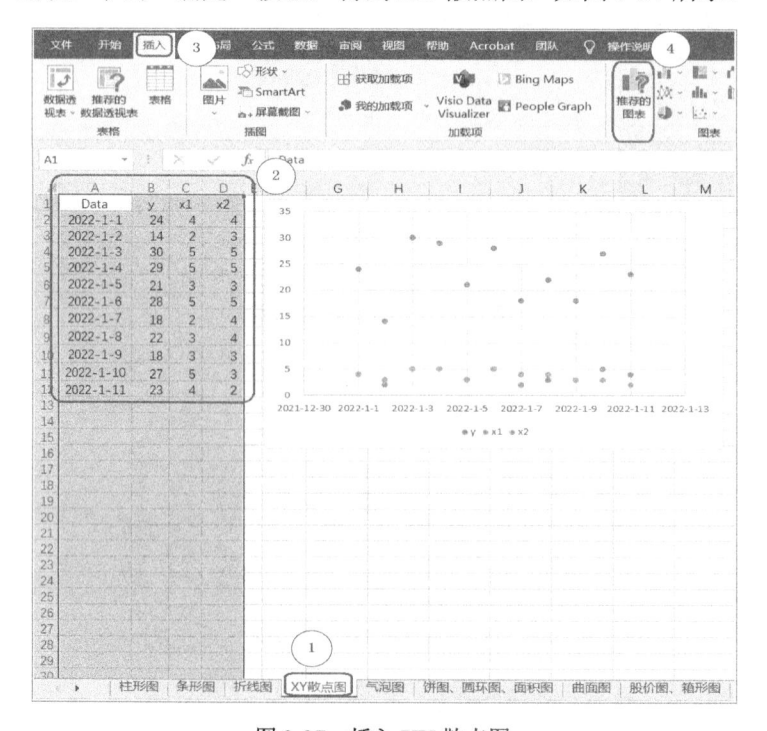

图 3-37　插入 XY 散点图

3．气泡图

步骤1：打开配套素材文件"3.3.2_data.xlsx"，切换到"气泡图"工作表。选中B2:D12区域，单击"插入"→"推荐的图表"按钮，在弹出的"插入图表"对话框中选择"气泡图"选项，单击"确定"按钮，得到初始气泡图，如图3-38所示。

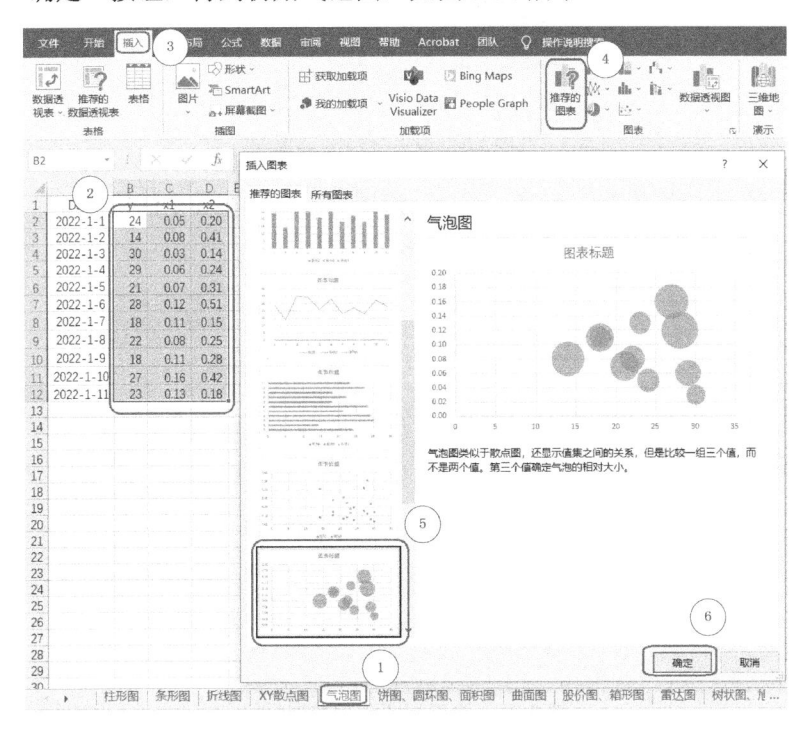

图3-38　插入初始气泡图

步骤2：编辑气泡图。选中气泡图，单击"图表设计"→"选择数据"按钮，在弹出的"选择数据源"对话框中单击"编辑"按钮，设置"X轴系列值"为"=气泡图!$B$2:$B$12"，"Y轴系列值"为"=气泡图!$D$2:$D$12"，"系列气泡大小"为"=气泡图!$C$2:$C$12"，最后单击"确定"按钮，如图3-39、图3-40所示。

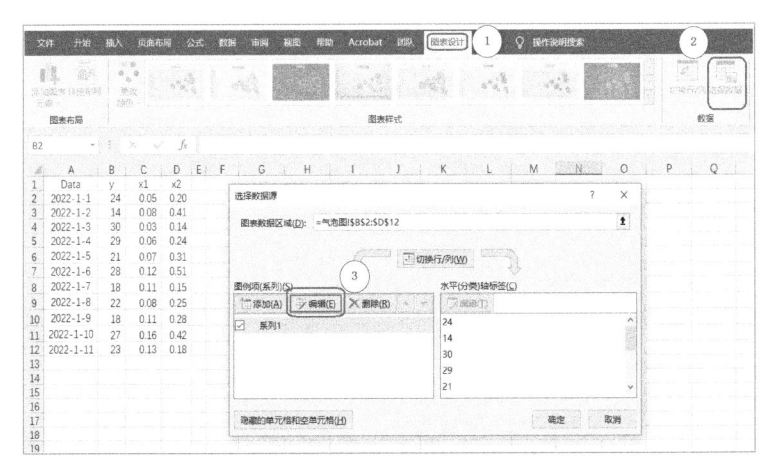

图3-39　编辑气泡图

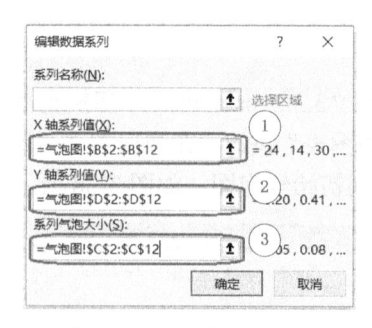

图 3-40　编辑气泡图数据

步骤 3：给气泡图添加数据标签。选中气泡图并右击，在弹出的快捷菜单中选择"添加数据标签"命令，得到有标签的气泡图，如图 3-41 所示。

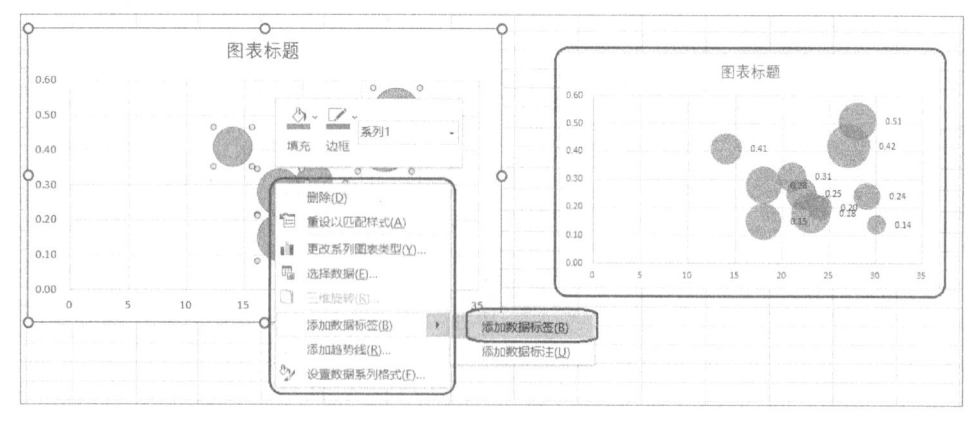

图 3-41　给气泡图添加数据标签

步骤 4：给气泡图设置数据标签格式。选中气泡图并右击，在弹出的快捷菜单中选择"设置数据标签格式"命令，在弹出的"设置数据标签格式"窗格中，将标签位置设置为"居中"，得到标签位置居中的气泡图，如图 3-42 所示。

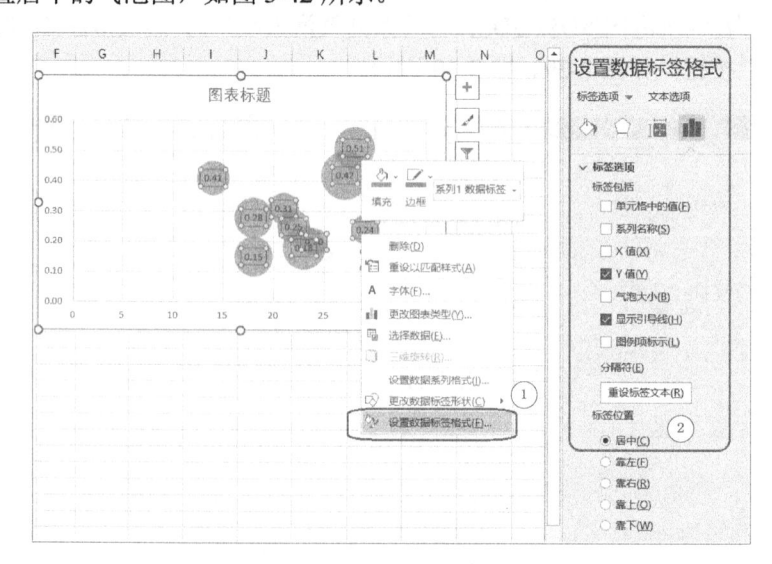

图 3-42　给气泡图设置数据标签格式

4．饼图、圆环图、面积图

打开配套素材文件"3.3.2_data.xlsx",切换到"饼图、圆环图、面积图"工作表。选中 C2:C12 区域,单击"插入"→"推荐的图表"按钮,在弹出的"插入图表"对话框中选择"饼图"选项,并单击"确定"按钮,得到饼图,如图 3-43 所示。

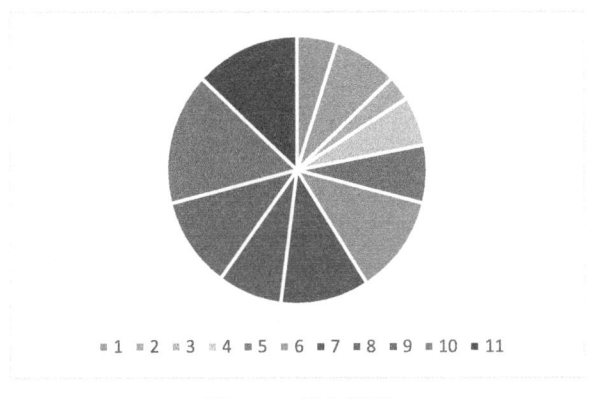

图 3-43　插入饼图

绘制圆环图、面积图的操作与绘制饼图的操作类似,在弹出的"插入图表"对话框中选择"圆环图"或"面积图"选项,即可插入相应的图,如图 3-44、图 3-45 所示。

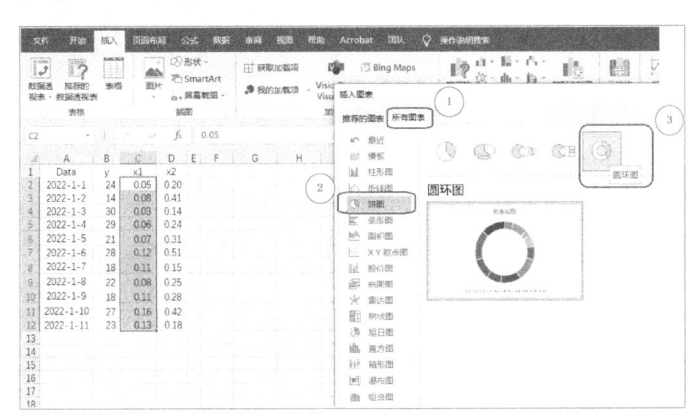

图 3-44　插入圆环图

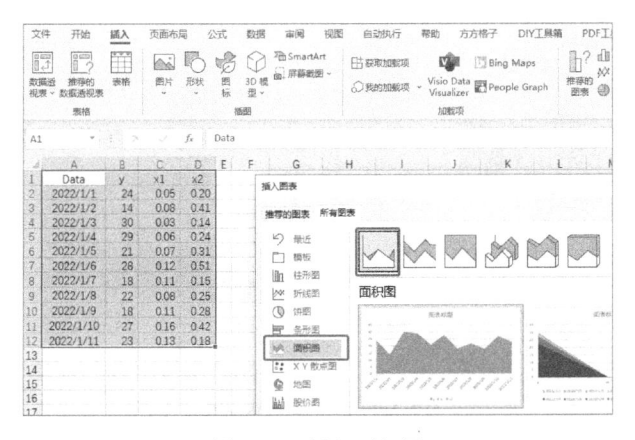

图 3-45　插入面积图

5．其他图表展示

绘制曲面图、股价图、雷达图、树状图、旭日图、直方图、箱形图、瀑布图等的操作与之前的操作类似，在此不再进行介绍，只展示图表，如图 3-46 所示。

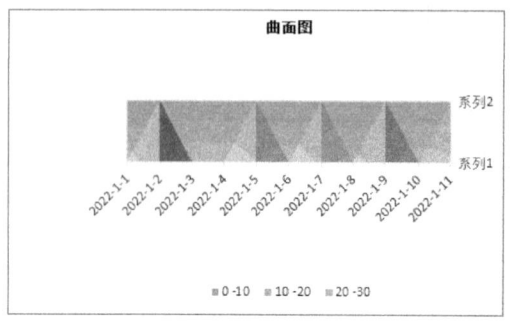

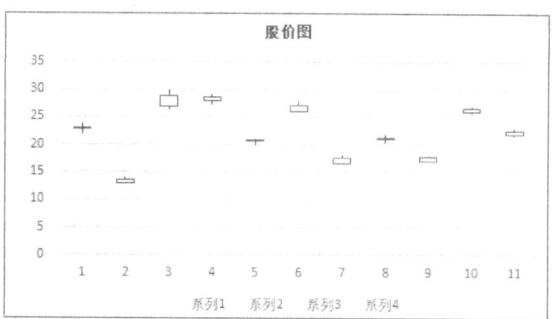

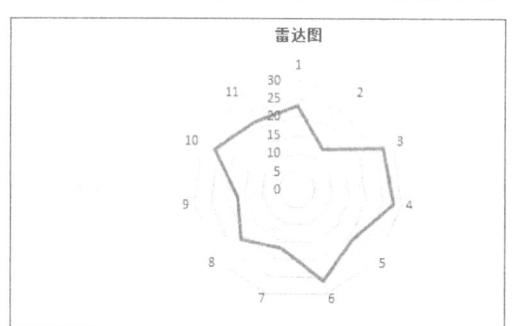

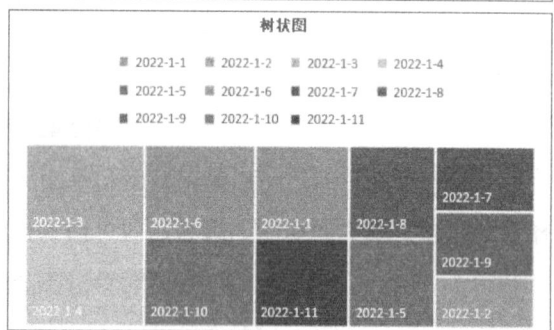

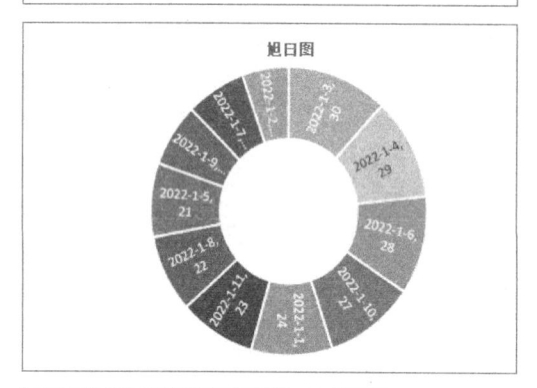

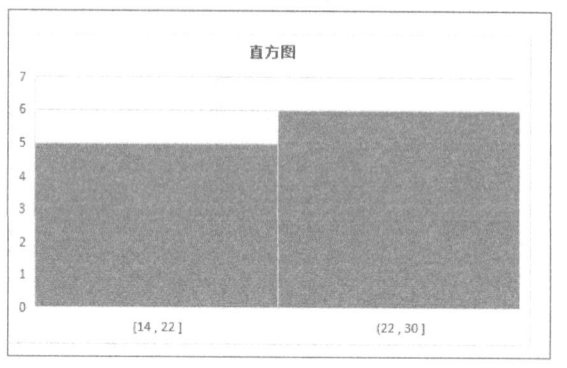

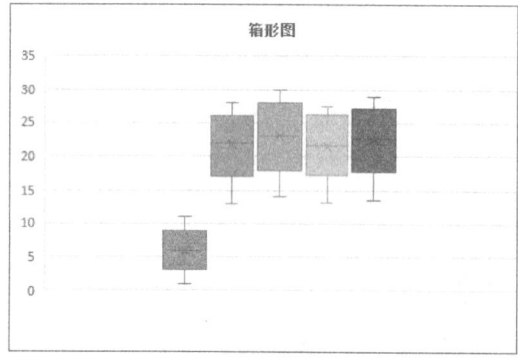

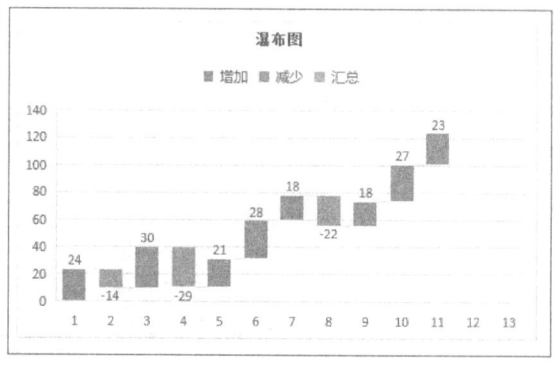

图 3-46　其他图表展示

6. 更改图表类型

在 Excel 中，可以随时更改现有图表的图表类型。右击图表的图表区，在弹出的快捷菜单中选择"更改图表类型"命令，弹出"更改图表类型"对话框，如图 3-47 所示。

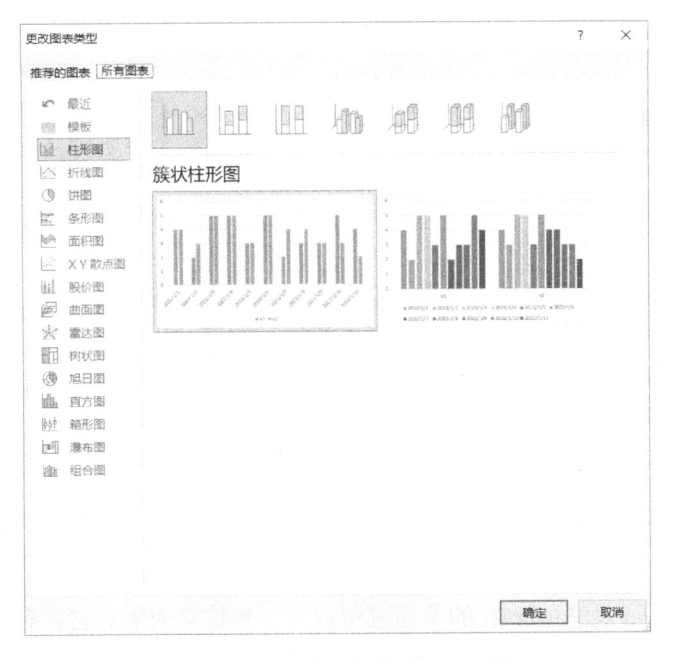

图 3-47 "更改图表类型"对话框

首先在"所有图表"选项卡中选择一种图表类型，然后在对话框右侧选择一种图表子类型，最后单击"确定"按钮即可。

3.4 思考题

（1）你曾经使用过 Excel 的数据透视图功能吗？请具体阐述下你是怎么做的。在学习本章内容后，你是否对数据透视图有了更多的了解？

（2）Excel 的数据可视化图表有许多类型，请简单列出其中的几种，并阐述其特点和用途。

（3）根据配套素材文件"3.4.1_data.xlsx"，请使用数据透视表汇总出"GPU"列的"TIME SPY-GPU"得分。

（4）根据配套素材文件"3.4.1_data.xlsx"，请使用相关分析得出"GPU-Average memory clock frequency(MHz)"列对于"TIME SPY-GPU"得分的影响。

（5）根据配套素材文件"3.4.1_data.xlsx"，请使用散点图来具体分析"CPU-Clock frequency(MHz)"列对于"TIME SPY-CPU"得分的趋势及相关系数。

第 4 章

数据预处理之 Power BI 篇

课程思政

Power BI 是微软公司提供的一种商业分析产品，它可以将静态数据报表转换为丰富的可视化报表，并且根据过滤条件，进行数据动态筛选和交互式展示。Power BI 受到了广大数据分析从业人员的青睐。本章将介绍在 Power BI 中如何抓取网页数据，以及如何进行数据导入、填充、追加等数据预处理操作。

4.1 Power BI Desktop 的主页

Power BI Desktop 是 Power BI 的桌面应用程序，也称桌面版。它具有良好的交互式可视化效果，以及内置数据查询和建模功能，可以创建报告并将报告发布到 Power BI 服务中。Power BI Desktop 目前是免费的，适合用于商务智能和数据分析。需要注意的是，为了顺利安装 Power BI Desktop，应尽量使用 Windows 10 及以上版本的操作系统。

Power BI Desktop 的主页如图 4-1 所示，它的布局与 Excel 类似，上方是各种功能的选项卡，右侧是一些 Power BI 自带的可视化对象，单击即可方便地调用。

图 4-1 Power BI Desktop 的主页

Power BI 的图表非常丰富，目前有 300 多种自定义图表可供用户免费下载和使用，而且其数量仍在不断增加中。为了使学生可以尽快掌握数据分析的方法，下面将利用一个示例来介绍 Power BI 是如何快速地获取网络在线数据的。

4.2 Power BI 抓取网页数据

在此以上海链家网站为例，介绍如何使用 Power BI 直接批量采集多个网页的数据，本示例中采集的数据是上海链家网站的二手房发布信息。以下是详细操作步骤。

1．分析网址结构

首先打开上海链家官网，直接搜索位于上海市的二手房数据，得到结果如图 4-2 所示。

图 4-2　搜索上海市的二手房数据的结果

使用鼠标将页面滚动到最下方，找到显示的页码，分别单击"第 2 页"、"第 3 页"和"第 4 页"按钮，观察网址变化，如图 4-3 所示。

图 4-3　网址对应的页码

观察网址，可知"pg"后面的一个数字就是页码 ID，是控制分页数据的变量。为了进一步确认，将网址中的"pg"后面的数字改为"1"，按回车键后确实能返回到第一页。

2. 采集第一页的数据

打开 Power BI Desktop，依次选择"主页"→"获取数据"→"Web"选项，如图 4-4 所示。

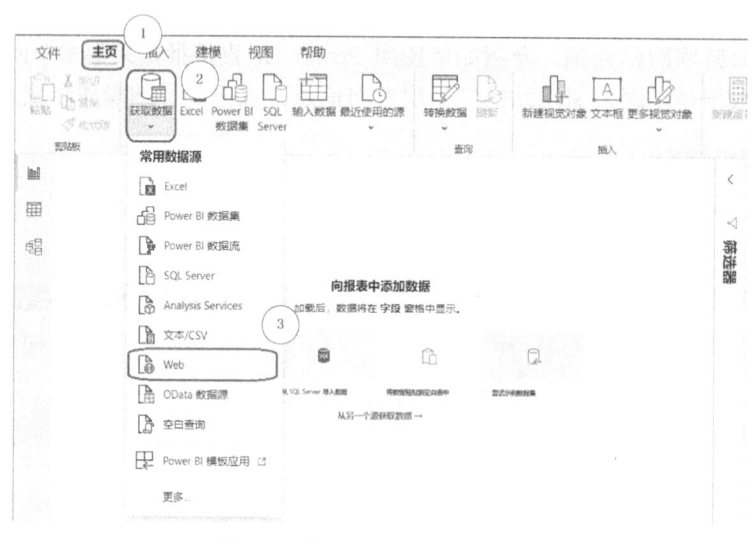

图 4-4　进入 Web 获取数据页面

从弹出的对话框中选中"高级"单选按钮，将之前分析的网址中的除页码 ID 外的网址输入"URL 部分"的第一行输入框中，将"1"输入第二行输入框中，将"rs 上海/"输入第三行输入框中，如图 4-5 所示。

图 4-5　Web 导入

在"URL 预览"输入框中可以看到，上面设置的三行的网址已经自动合并到一起，在"URL 部分"中分开输入只是为了更清晰地区分页码变量。单击"确定"按钮后，使用"匿名"方式访问，如图 4-6 所示。

图 4-6 匿名访问

单击"连接"按钮,等待运行一段时间后,自动进入"导航器"对话框,该对话框的左侧出现很多表。在对话框左侧的表中勾选某个表的复选框,在对话框右侧"表视图"区域中会显示其对应的数据。例如,勾选"表 4"复选框,在右侧"表视图"区域中会显示"表 4"的数据,如图 4-7 所示。

图 4-7 "导航器"对话框

单击"转换数据"按钮,等待运行一段时间后,进入"Power Query 编辑器"界面,数据展示如图 4-8 所示。

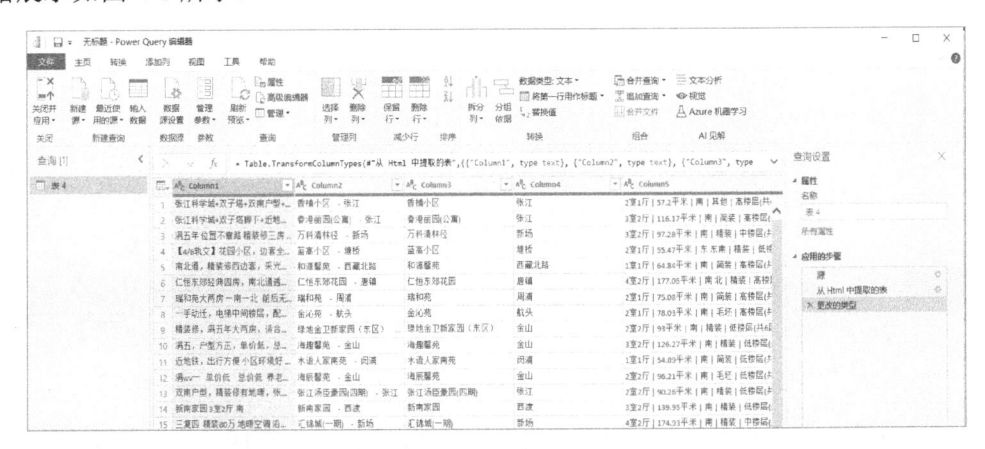

图 4-8 数据展示

通过上述操作，就可以完成第一页网页数据的采集。接下来对该页的数据进行整理，删除无用信息，并修改错误信息，就可以得到完整的房源信息表。

3．设置页码参数

在"Power Query 编辑器"界面中，选择"高级编辑器"选项，如图 4-9 所示。

图 4-9　选择"高级编辑器"选项

在弹出的"高级编辑器"窗口中，在"let"的上一行输入"(p as number) as table =>"，并在"let"的下一行的网址中，将"&"后面的"1"改为"Number.ToText(p)"。更改后为"源=Web.BrowserContents("https://sh.lianjia.com/ershoufang/pg" & Number.ToText(p) & "rs上海/")"，如图 4-10 所示。

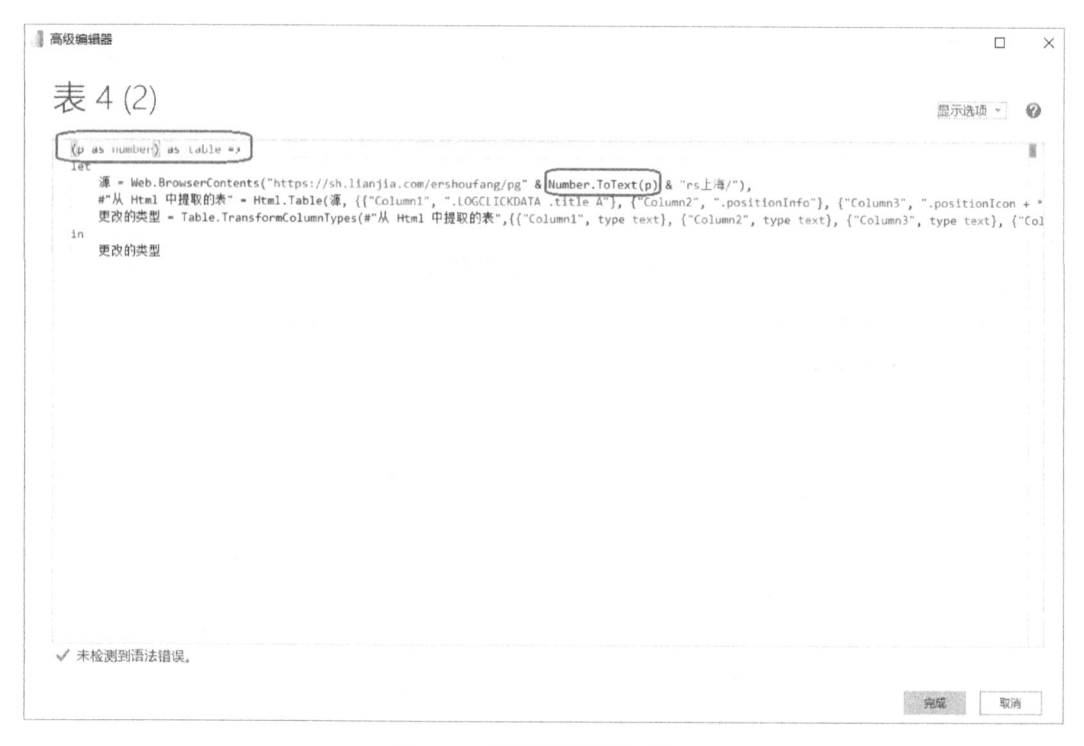

图 4-10　"高级编辑器"窗口

完成上述操作后，刚才第一页网页中的"数据查询"对话框变成了自定义函数的"输入参数"对话框，表格也变成了函数的样式。单击"高级编辑器"窗口中的"完成"按钮后，可得到一个输入参数调用函数的对话框,在"输入参数 p"输入框中输入"5",并单击"调用"按钮,如图 4-11 所示。至此完成了自定义函数设定。

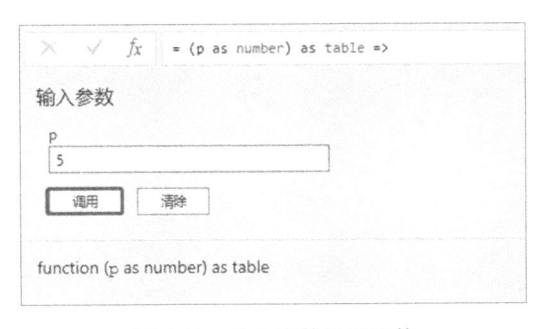

图 4-11　输入参数调用函数

4．批量调用页码函数

p 是该函数的参数,用于控制页码。例如,输入数字"5",调用页码函数抓取第 5 页的数据,如图 4-12 所示。

图 4-12　调用页码函数抓取数据

然而,在以上操作中,输入一次参数只能抓取一个网页中的数据,如果想批量抓取网页中的数据,则还需要批量调用该函数,因此需要执行以下步骤。

首先,选择"主页"→"新建源"→"空查询"选项,建立一个数字序列。例如,如果想抓取前 10 页的数据,需要建立从 1 到 10 的序列,在空查询中输入"={1..10}",按回车键后,建立从 1 到 10 的数字序列,如图 4-13 所示。

图 4-13　空查询建立一个数字序列

单击"转换"→"到表"按钮，如图 4-14 所示。

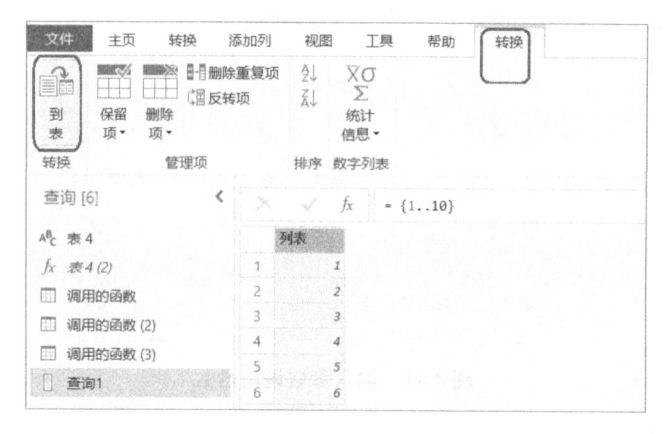

图 4-14 转换到表

在弹出的"到表"对话框中，设置"如何处理附加列"为"显示为错误"，并单击"确定"按钮，如图 4-15 所示。

图 4-15 "到表"对话框

接下来就是最关键的一步——调用自定义函数。在"Power Query 编辑器"界面中，单击"添加列"→"调用自定义函数"按钮，如图 4-16 所示。

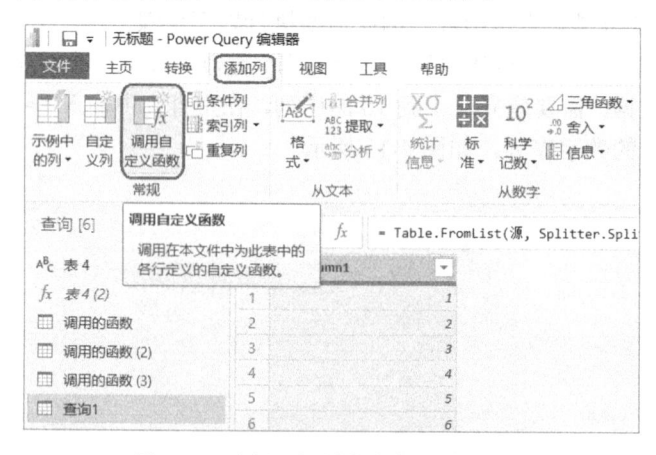

图 4-16 选择"调用自定义函数"选项

在弹出的"调用自定义函数"对话框中，在"新列名"输入框中输入"表 4"，设置"功能查询"为"表 4"，设置"p"为"Column1"，如图 4-17 所示。

图 4-17 "调用自定义函数"对话框

在单击"确定"按钮后,就开始批量抓取网页了,抓取 10 页的数据耗时大约几十秒,返回数据抓取结果,如图 4-18 所示。

图 4-18 返回数据抓取结果

单击对话框右上角的按钮,选中"展开"单选按钮,展开该表格,如图 4-19 所示。

图 4-19 展开表格

单击"确定"按钮后,则显示这 10 页的数据,如图 4-20 所示。

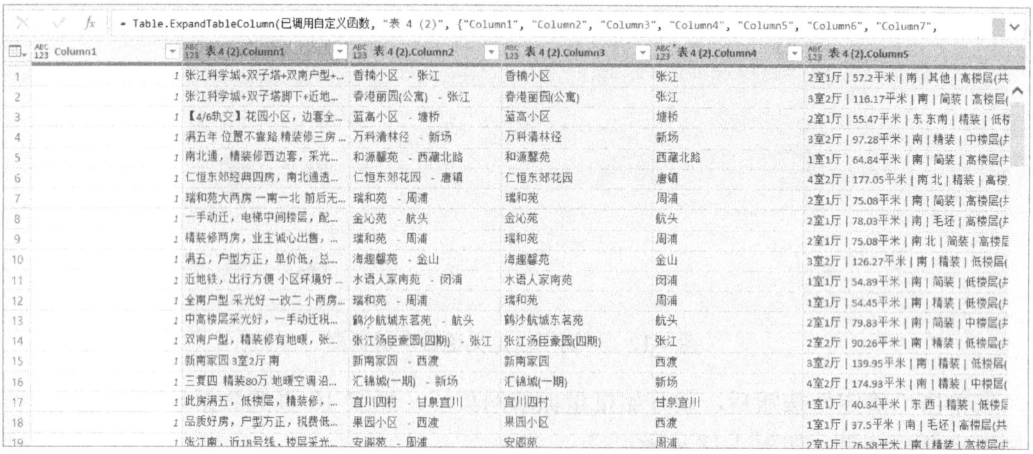

图 4-20 显示 10 页的数据

至此，实现了批量抓取网站中 10 页的数据，以上步骤均基于对话框和界面完成，操作人员无须具备专业计算机能力也可自行完成，这更加说明了 Power BI 确实是一款优秀的数据分析工具。

网页的数据是不断更新的，在操作完成以上的步骤之后，在"Power Query 编辑器"界面中，选择"主页"→"刷新预览"→"全部刷新"选项，可以获取网站实时的数据。以上介绍的是强大的 Power Query 中的部分 Web 查询功能，在可以使用 Power Query 功能的 Excel 中也可以进行同样的操作。

虽然 Power BI 可以通过设置请求头及访问频率等参数来访问网站，但是 Power BI 终究不是专业的数据爬虫工具，如果网页比较复杂，或者有防爬机制，还是需要借助专业的数据爬虫工具，如八爪鱼、R 或 Python 等。在使用 Power BI 批量抓取某网站数据之前，可以先尝试抓取一页的数据，如果能抓取数据，则可以采用之前介绍的数据抓取步骤，否则，还是建议选用经典的数据爬虫工具。

4.3　Power BI 数据预处理

整理导入数据的过程被称为"数据清洗"。在数据分析师看来，初始数据比较杂乱，属于脏数据，需要将初始数据清洗成规整的数据后才可以分析、使用，下面将分别介绍 Power BI 自带的数据预处理工具——Power Query 编辑器，以及微软公司为 Power Query 设计的公式语言——M 函数。

4.3.1　数据导入

当从 Excel 向 Power BI 导入数据时，第一步要做的是提升标题。在 Excel 中，第一行是标题行，从第二行开始才是数据，但在 Power Query 编辑器中，从第一行开始就要记录数据，标题行在数据之上，因此从 Excel 中导入数据的第一步就是提升标题行。

将配套素材文件"4.3.1_data.xlsx"加载导入 Power BI 中，单击"转换数据"按钮进入

"Power Query 编辑器"界面，可以看到第一行是"事业部""工号""姓名""职级"等列名，而不是数据，效果如图 4-21 所示。

图 4-21 标题行提升前的效果

单击"转换"→"将第一行用作标题"按钮，就完成了标题行提升，该表格的第一行已经是第一条数据，效果如图 4-22 所示。

图 4-22 标题行提升后的效果

接下来更改数据类型。更改数据类型虽然很简单，但设置正确的数据类型非常重要。在后期数据建模和可视化过程中，很有可能会出现一些意想不到的错误，结果发现是数据类型设置不正确。因此建议同学们从一开始就要养成设置数据类型的好习惯。设置数据类型有以下两种方式。

方法一：单击"转换"→"数据类型：文本"按钮，在弹出的下拉列表中进行设置，如图 4-23 所示。

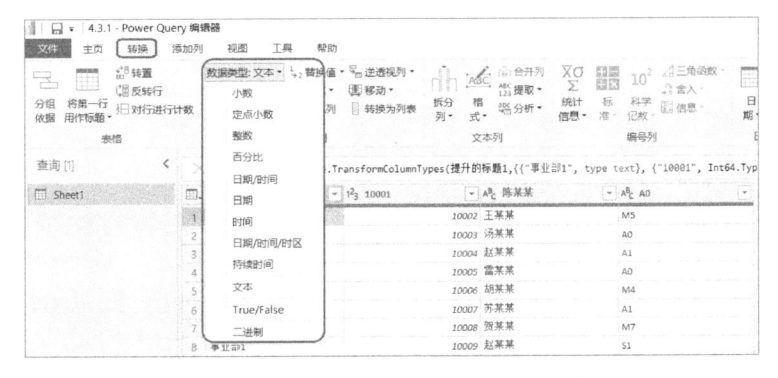

图 4-23 工具栏方式的数据类型设置

方法二：通过标题行中的按钮进行设置。单击标题行中的待设置列的左侧的图标按钮，例如，单击"10001"列中左侧的按钮（ ），各数据类型将显示在弹出的下拉列表中，如图 4-24 所示。

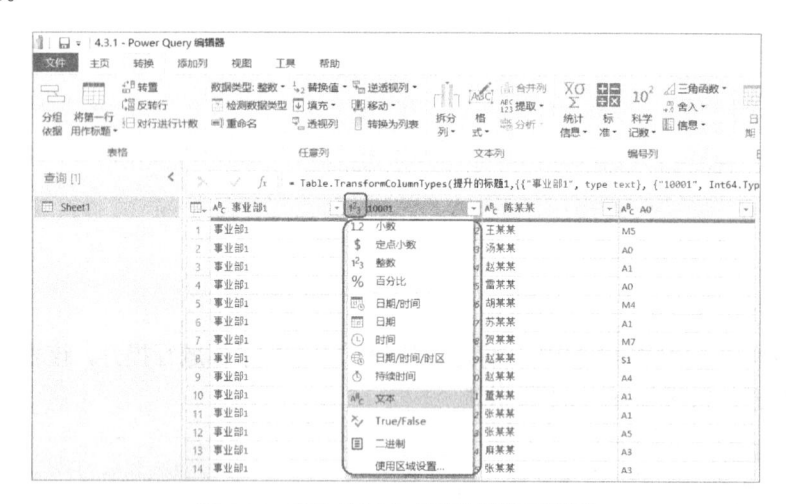

图 4-24 表头按钮方式的数据类型设置

4.3.2 数据填充与筛选

在数据导入后，有可能出现错误值（error）或空值（null），因此在数据分析之前，需要先完成空值的剔除，以及错误值的筛选和替换，具体操作如下。

1. 错误值的处理

大部分的数据报错是由数据格式引起的，对数据格式转换后依然报错的列，可以选择"删除错误"命令，或者将错误值替换为"空"或特定值"0"。具体的处理方式是，右击所在列，在弹出的快捷菜单中进行命令选择，如图 4-25 所示。

图 4-25 错误值替换或删除操作

2. 空值的处理

单击所在列的标题行的右侧的"▼"按钮，在弹出的下拉列表中选择"删除空"选项即可，如图 4-26 所示。

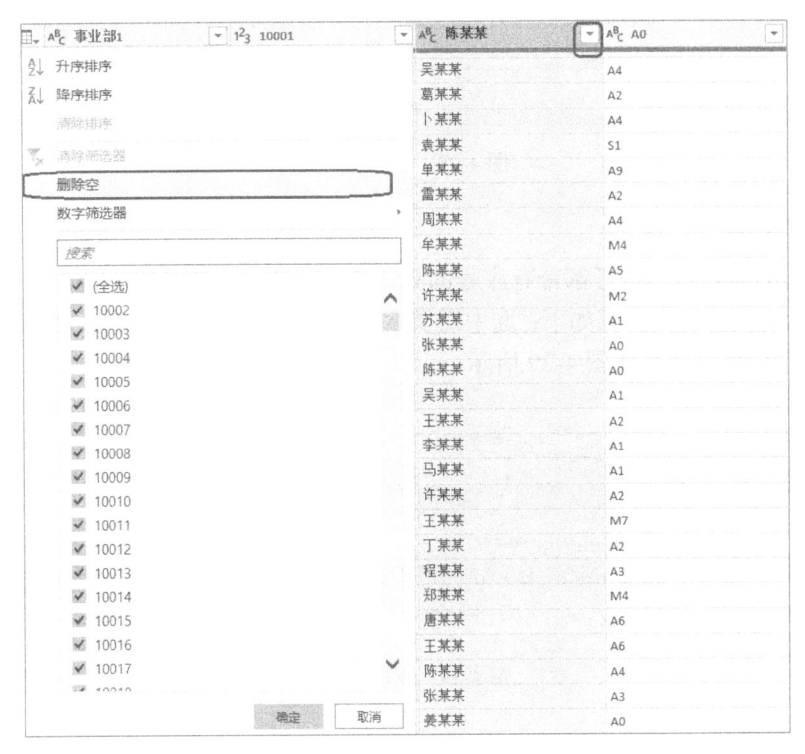

图 4-26　空值删除操作

4.3.3　添加列

在"Power Query 编辑器"界面中添加列有四种方式，分别为重复列、索引列、条件列、自定义列，如图 4-27 所示。

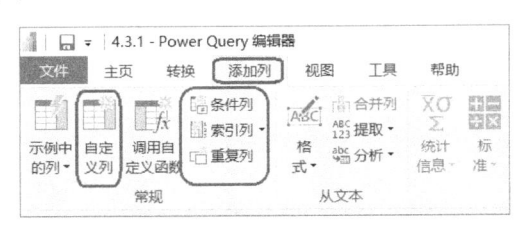

图 4-27　添加列方式

1. 添加重复列

添加重复列就是复制选中的列并添加为新列，以便对该列的数据进行处理而不损坏原有列的数据。添加重复列的操作步骤如下：选中需要重复的列，选择"添加列"→"重复列"选项；或者右击需要重复的列的标题行，在弹出的快捷菜单中选择"重复列"命令，结果如图 4-28 所示。

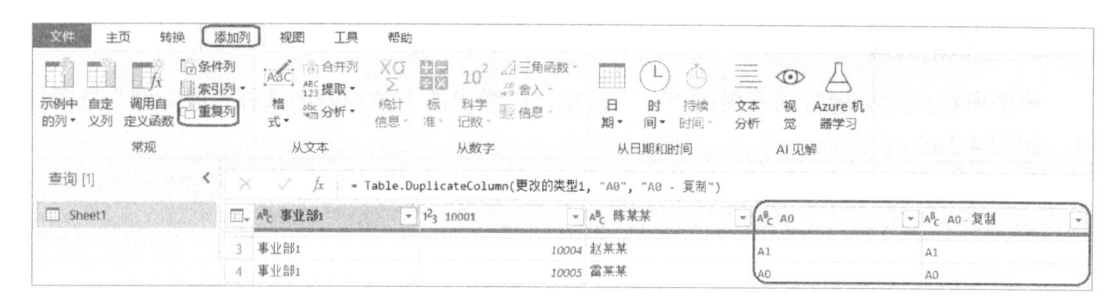

图 4-28　添加重复列

2. 添加索引列

添加索引列就是添加每行都带有序号的列，方便记录每一行所在的位置，可以从 0 或 1 开始。添加索引列的操作步骤如下：选中需要索引的列，选择"添加列"→"索引列"→"从 0"或"从 1"选项，结果如图 4-29 所示。

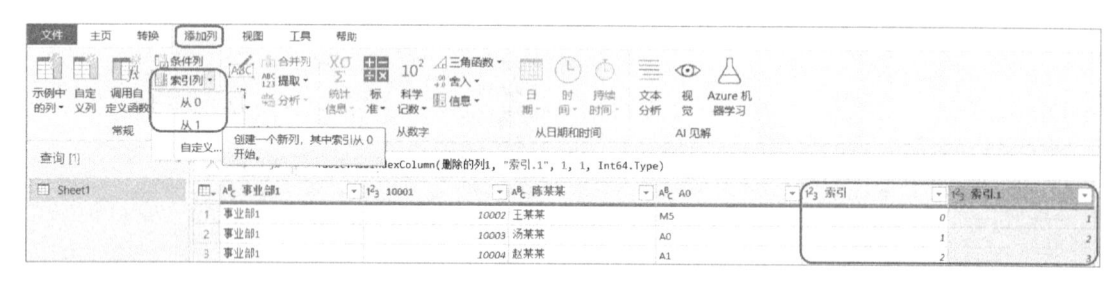

图 4-29　添加索引列

3. 添加条件列

添加条件列就是添加一列根据指定条件从其他列计算得出的数据列。添加条件列的操作步骤如下：单击"添加列"→"条件列"按钮，在弹出的"添加条件列"对话框中进行设置。例如，设置"列名"为"A0"，设置"运算符"为"等于"，设置"值"为"A1"，在"输出"输入框中输入"高级工程师"，如图 4-30 所示。

图 4-30　设置条件

单击"确定"按钮后，将根据设置的条件得到新的一列，如图 4-31 所示。

图 4-31　添加条件列

4．添加自定义列

添加自定义列就是使用 M 函数生成新的一列。添加自定义列的操作步骤如下：单击"添加列"→"自定义列"按钮，弹出"自定义列"对话框。这里将"工号"列中的数值翻倍，在"自定义列公式"输入框中输入"=[10001]*2"，如图 4-32 所示。注意，Power Query 中的字段使用"[ ]"框住，不需要手动输入，可以直接在右侧"可用列"区域单击字段名。

图 4-32　设置自定义列

单击"确定"按钮后，显示添加的自定义列，如图 4-33 所示。

图 4-33　添加自定义列

4.3.4 数据的追加与合并查询

在数据分析时，有时需要进行数据的追加。例如，当合并多个格式相同的表格时，需要使用追加查询。追加查询是在现有数据的基础上，在行的下边添加新的行，是一种纵向合并。要将两个格式相同的表，合并为一个表，则需要追加查询。

将配套素材文件"4.3.1_data.xlsx"和"4.3.4_data.xlsx"加载导入 Power BI 中后，单击"转换数据"按钮，进入"Power Query 编辑器"界面，选中左侧"查询"窗格中的 Sheet1，单击"主页"→"追加查询"按钮。在弹出的"追加"对话框中，选中"两个表"单选按钮，在"要追加的表"下拉列表选中"Sheet2"选项，如图 4-34 所示，最后单击"确定"按钮，完成追加查询，结果如图 4-35 所示。

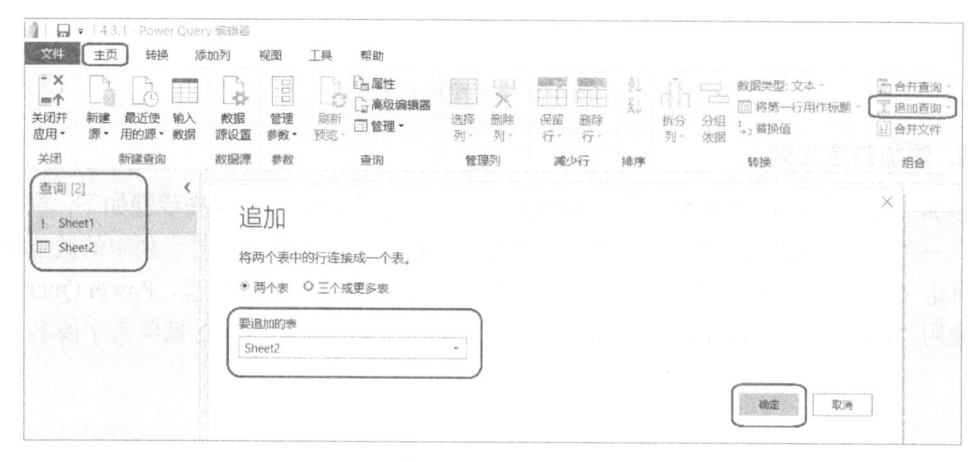

图 4-34 追加查询

图 4-35 完成追加查询的结果

如果追加查询是纵向合并，则合并查询就是横向合并，相当于 Excel 的 VLOOKUP 功能，只是 Power Query 编辑器中的合并查询功能要比 VLOOKUP 功能更强大，并且操作也更简单。

例如，要在 Sheet1 中找到每个员工工号对应的入职时间，首先将配套素材文件"4.3.4_data.xlsx"里的 Sheet1 中的数据导入 Sheet3，然后在"查询"窗格中选中 Sheet1 并单击"主页"→"合并查询"按钮。在弹出的"合并"对话框中，选择需要匹配的字段，这两个表都选择"工号"列，在"联结种类"下拉列表中选择"左外部（第一个中的所有行，第二个中的匹配行）"选项，如图 4-36 所示。

单击"确定"按钮，创建合并查询表，如图 4-37 所示。

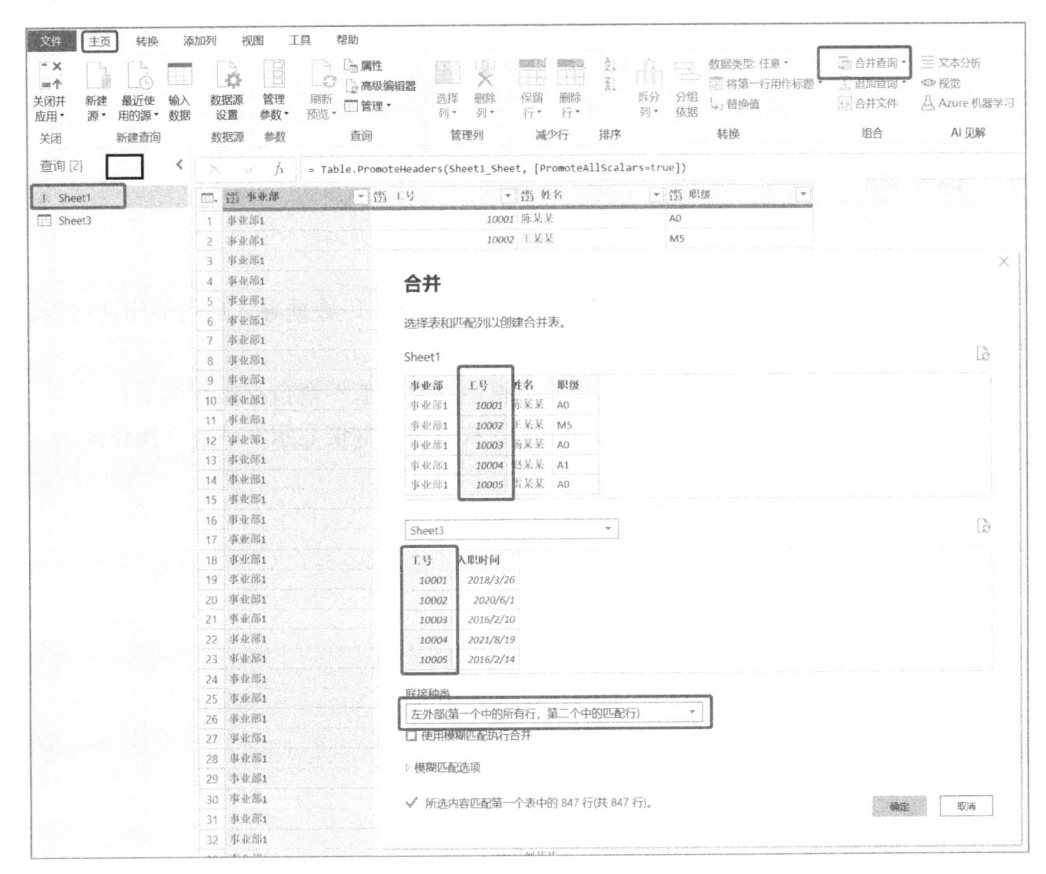

图 4-36 设置合并查询

图 4-37 创建合并查询表

展开 Sheet3，勾选需要字段的复选框，合并查询就完成了，如图 4-38 所示，增加了每个员工对应的入职时间。

图 4-38　合并查询完成

4.4　思考题

（1）练习通过 Power BI 抓取任意网站的前 5 页数据。

（2）在使用 Power Query 编辑器导入数据进行预处理时，数据导入后可能出现错误，可以用什么方法来解决？

（3）在 Power BI 导入数据后，如何去掉数据中的重复值？请自行操作演示。

（4）在 Power BI 导入数据后，如何对某列的数值进行翻倍显示？请自行操作演示。

第 5 章
数据可视化之 Power BI 篇

本章将介绍在 Power BI 中数据源连接、数据处理、基础视觉对象建立和数据看板制作。Power BI 主要包含桌面版 Power BI Desktop 和在线 Power BI 服务，其中桌面版 Power BI Desktop 可以安装在本地计算机使用，而在线 Power BI 服务可以看成是基于云服务的网页版软件。用户在完成注册后可以在线使用 Power BI。作为数据可视化基础进行学习 Power BI Desktop 已经足够，因此本书的操作基本都是在 Power BI Desktop 中完成的，所提到的 Power BI 指 Power BI Desktop。

5.1 数据源连接与数据处理

5.1.1 Excel 和 MySQL 的连接

1. Excel 的连接

打开 Power BI Desktop，选择"主页"→"获取数据"→"Excel"选项，获取 Excel 数据，如图 5-1 所示。

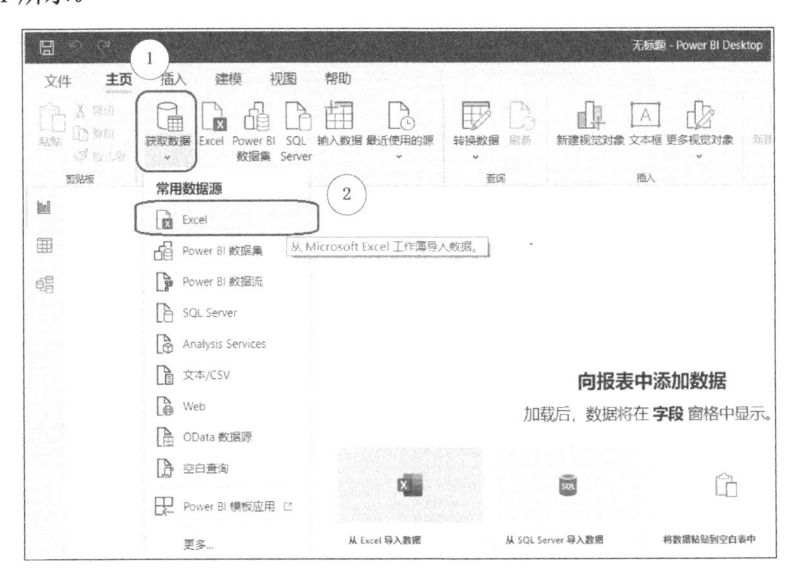

图 5-1 使用 Power BI Desktop 获取 Excel 数据

在目标路径下选择想要导入的 Excel 文件，可以直接加载数据，或者进一步在"Power Query 编辑器"界面中转换数据格式。数据预览如图 5-2 所示。

图 5-2　数据预览

单击列名左侧的图标按钮来转换数据格式，如整数、文本、百分数、日期/时间等，如图 5-3 所示。

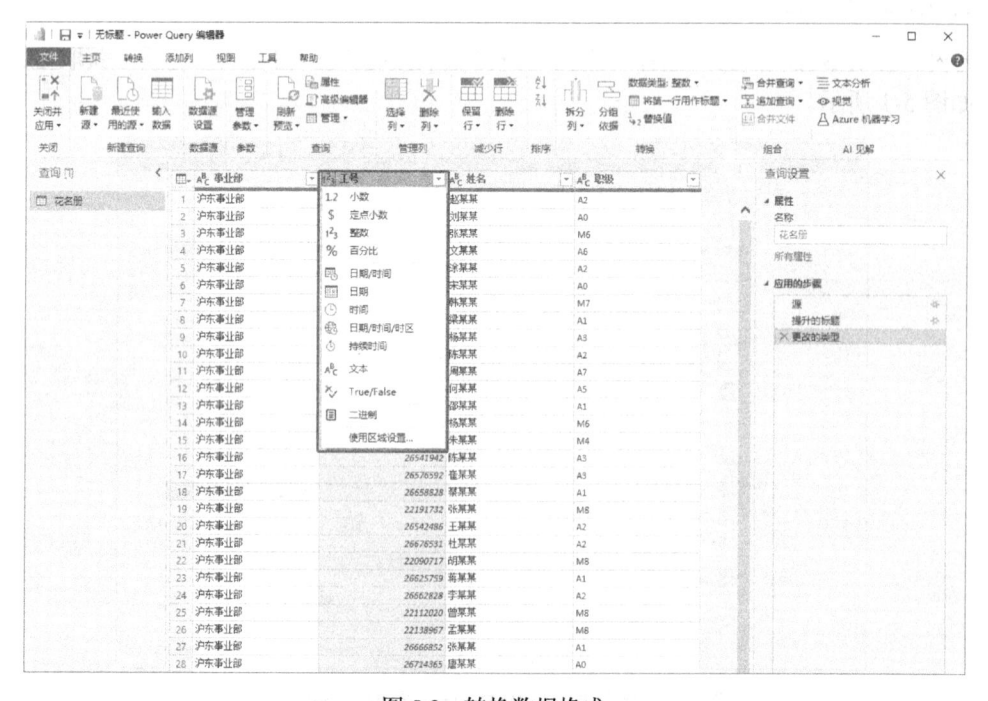

图 5-3　转换数据格式

在完成数据格式转换，并确保没有错误值（会有红色提示）后，单击"关闭"按钮。回到 Power BI Desktop 的画布界面后，在右侧"字段"选项卡中会显示刚才导入的 Excel 数据表表头，如图 5-4 所示。

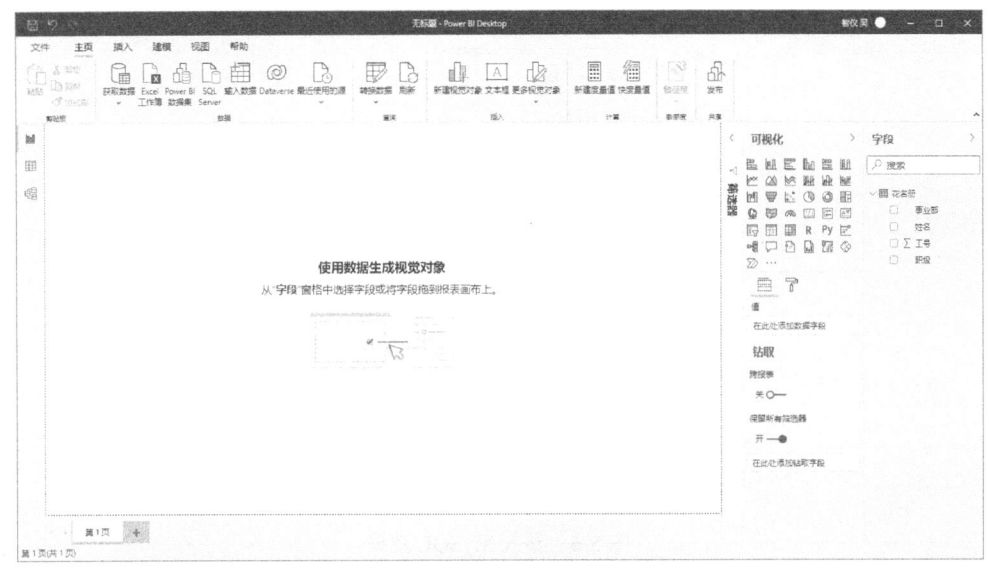

图 5-4 右侧字段一览

至此，我们已经完成了 Excel 的导入工作，也可以使用同样的方式来快速地导入其他类似的 CSV 表格或 TXT 文本文件。

2．MySQL 的连接

首先，在 Power BI Desktop 中选择"主页"→"获取数据"→"更多"选项，如图 5-5 所示。

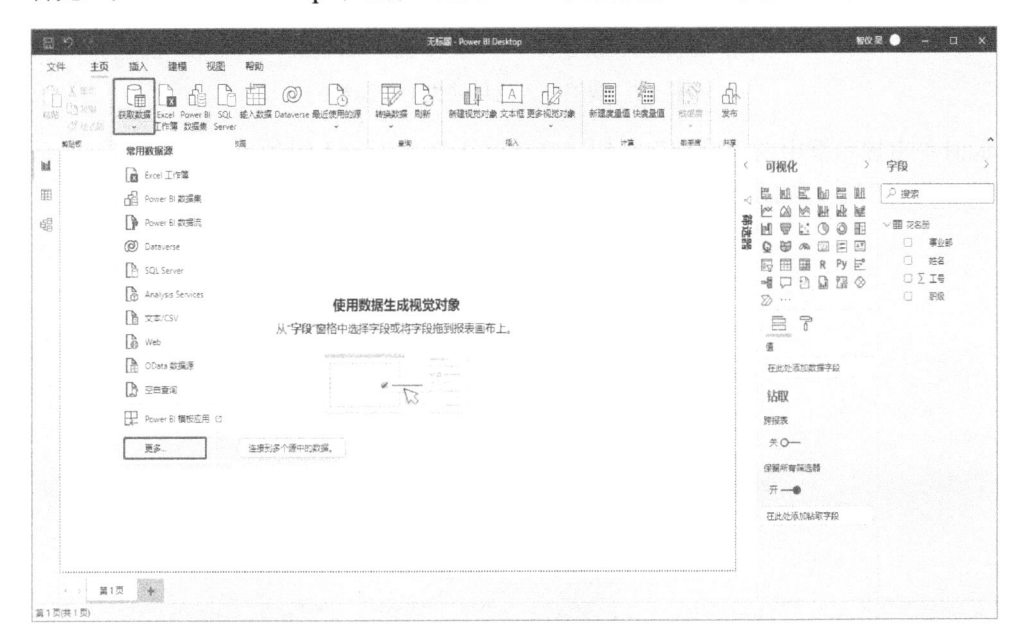

图 5-5 获取更多数据

73

然后在弹出的"获取数据"对话框中选择"数据库"→"MySQL 数据库"选项，如图 5-6 所示。

图 5-6　导入 MySQL 数据

如果是第一次连接 MySQL 数据库，则会弹出数据导入组件缺失的提示框，如图 5-7 所示。

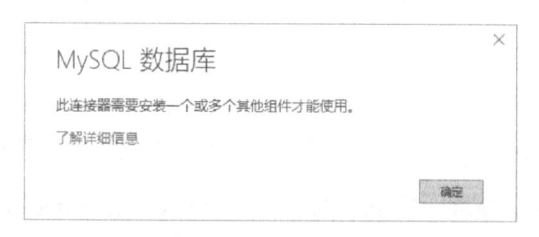

图 5-7　数据导入组件缺失的提示框

此时单击提示框中的"确定"按钮，会连网下载数据导入组件"MySQL Connector Net 8.0.21.msi"并安装，如图 5-8 所示。

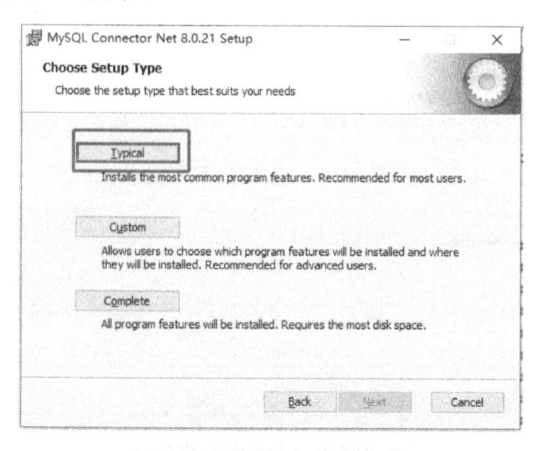

图 5-8　数据导入组件安装

安装完毕后重启 Power BI Desktop，并重复之前的步骤，就可以进入连接界面，输入服务器地址（默认 3306 端口，可以忽略端口号）及数据库名称，如图 5-9 所示；在下面的"高级选项"区域中可以进一步使用 SQL 语句进行数据的清理或筛选。

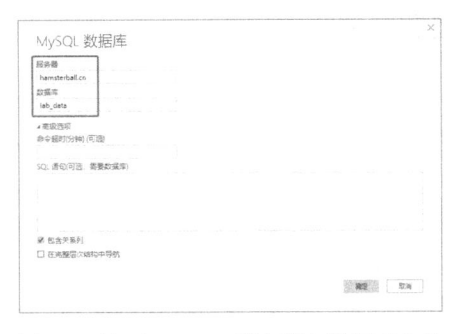

图 5-9　填写 MySQL 服务器与数据库名称

单击"确定"按钮后，继续在"数据库"选项卡中填写目标数据库的用户名和密码，如图 5-10 所示。

图 5-10　填写目标数据库的用户名和密码

最后勾选目标数据库的复选框，之后的操作与导入 Excel 的操作基本一致（一般对数据库而言，其数据格式比较规整，可以选择直接加载数据），MySQL 数据导航器如图 5-11 所示。

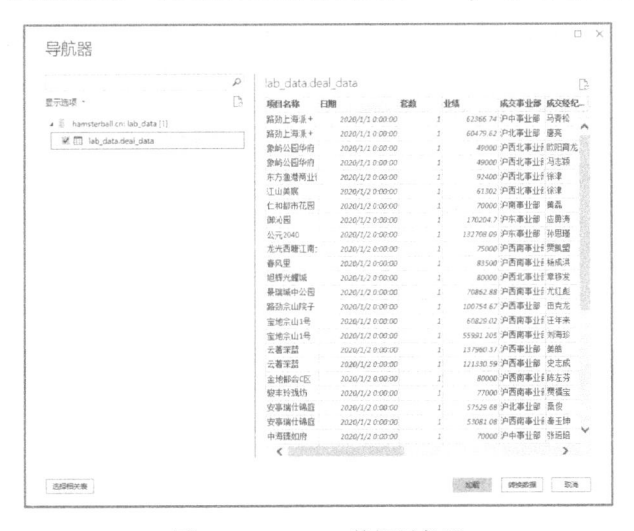

图 5-11　MySQL 数据导航器

至此，已经在 Power BI Desktop 中完成了 Excel 和 MySQL 数据库的数据导入工作，接下来将对这些数据进行处理。

5.1.2 基于 Python 的数据处理

在 Power BI Desktop 中，除了可以使用上述的 Excel 和 MySQL 等数据库导入的方式，还可以使用 Python 来获取数据。但在实际操作之前，需要在 Power BI Desktop 中配置 Python 的安装路径及相应环境。同时更重要的一点是，在 Python 导入数据的过程中会记录所有的中间过程变量，所以在导入时应该注意尽量减少命名的使用，或者将不同的数据源分开处理。在 Power BI Desktop 中进行基于 Python 的数据处理的步骤如下。

选择"主页"→"获取数据"→"更多"选项，在弹出的"获取数据"对话框中选择"其他"→"Python 脚本"选项，并单击"连接"按钮，如图 5-12 所示。

图 5-12 导入 Python 脚本

将以下代码输入"Python 脚本"对话框的"脚本"编辑框，如图 5-13 所示。

```
import pandas as pd
df = pd.DataFrame(data=['Apple','Banana','Cherry','Dates','Eggfruit'])
```

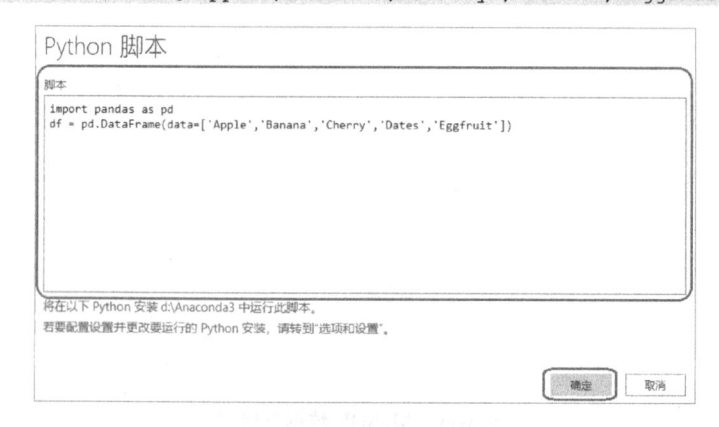

图 5-13 "Python 脚本"对话框

单击"确定"按钮后，弹出"导航器"对话框，在对话框左侧列出的是 Python 脚本数据类型为"df"（即 DataFrame）的变量，右侧为数据，如图 5-14 所示。

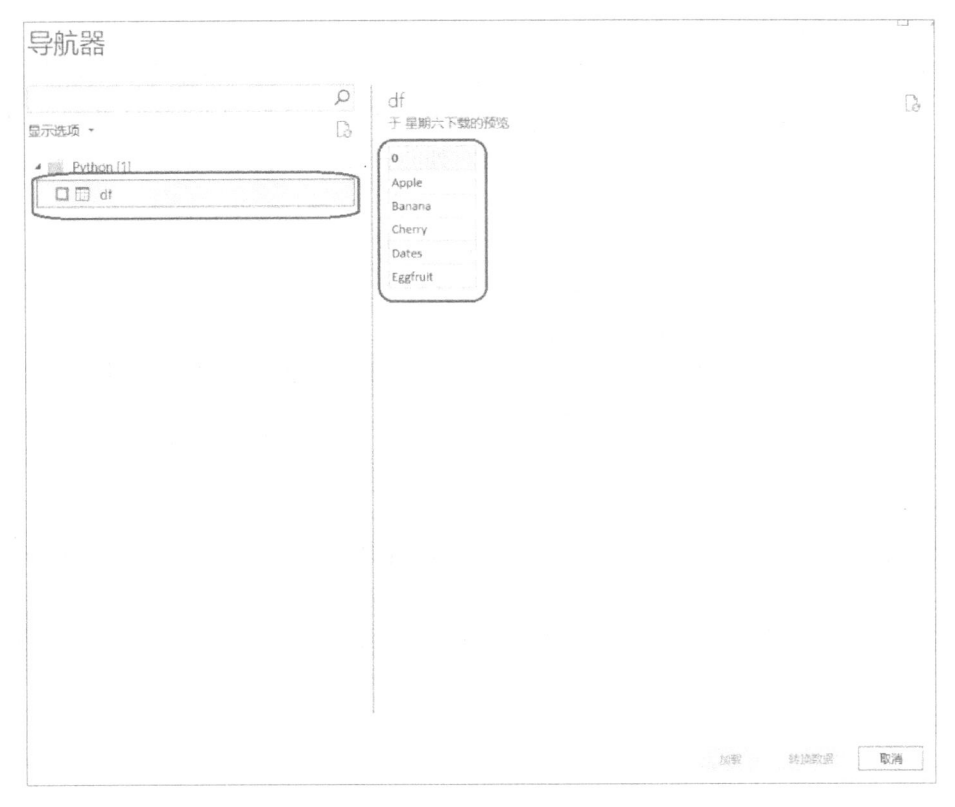

图 5-14　"导航器"对话框

5.1.3　基于 Power BI 的数据处理

1. DAX 函数与度量值

DAX 全称为 Data Analysis Expressions，是面向 Power BI 和 Microsoft Power Pivot for Excel 的编程式数据分析语言。它被创建于 2010 年，随 Power Pivot 的第一个版本 Microsoft Power Pivot for Excel 2010 一起被发布，DAX 目前已经在商务智能和 Excel 社区中流行。

微软公司在官方的介绍中称 DAX 是一种简单的语言，其在开发 DAX 的时候从 Excel 中移植了很多函数，它们的名称相同，参数用法类似。与 Excel 处理大数据量时的卡顿相比，DAX 中的函数基于其优秀的列式数据引擎，能够在几秒内完成复杂的 Excel 计算并输出结果。不仅如此，DAX 函数还可以根据计值环境的变化，自动重新计算，这对商业分析而言极为重要。由于在解读数据报告时，需要基于业务特点来实时提出问题和解答问题，从而需要最大限度地挖掘数据价值，而不是像以往那样，先由分析师重新编写 SQL 语句，再重新运行等待结果。

编写 DAX 函数有三种场景：计算列、度量值和查询。计算列和度量值，初看很相似，因为在某些情况下这两种方式得到的结果相同，但实际上它们存在明显的区别。

1）计算列

如果想在 Excel 中创建一个计算列，则可以先将鼠标指针移动到表的最后一列（即添加列），再开始编写公式。

在 Power Pivot 中创建计算列，与创建其他列一样，可以在数据透视表或其他报表的行、列、筛选器中添加。如果有需要，还可以使用计算列来定义关系。定义计算列的 DAX 函数可以在它所属表的当前行上下文中计值。任何对列的引用都会返回当前行中该列的值，不能直接访问其他行的值。

例如，聚合函数可以为整个表聚合列值。想要获取行子集的值，唯一的方法是先使用可以返回表的 DAX 函数，再对其进行操作。通过这种方式，可以为特定范围的行聚合列值，并可以通过过滤仅由一行组成的表格来操作不同的行。

关于计算列的一个重要概念是，在内存数据库刷新时进行计算，将结果存储在模型中，报表中的筛选器无法影响计算列的计算过程。计算列占用模型的加载时间而不占用查询时间，这样可以提供更好的用户体验，它使用的是电脑的内存。

2）度量值

在 DAX 函数中还有一种定义计算的方法，当我们不想沿着表格逐行计算，而是想在上下文环境中对表的多行进行聚合计算时，该计算方式被称为度量值。

度量值的表达式通常是使用聚合函数（SUM、MIN、MAX、AVERAGE 等）生成标量结果。例如，可以在销售表中定义名为“GrossMargin”的列来计算毛利：

Sales[GrossMargin]=Sales[SalesAmount] - Sales[TotalProductCost]

但如果想显示毛利占销售额的百分比应该怎样做呢？可以使用以下公式来计算列：

Sales[GrossMarginPct]=Sales[GrossMargin]/Sales[SalesAmount]

度量值在表中的展示如图 5-15 所示。

Unit Discount	Unit Cost	Net Price	Quantity	GrossMargin	GrossMarginPct
€ 60.00	€ 152.94	€ 239.99	2	294.1	49.02 %
€ 39.38	€ 90.55	€ 157.52	4	425.4	54.01 %
€ 119.80	€ 275.46	€ 479.20	2	647.08	54.01 %
€ 133.19	€ 220.64	€ 532.75	2	890.6	66.87 %
€ 24.20	€ 55.64	€ 96.80	3	196.08	54.02 %
€ 65.80	€ 167.73	€ 263.20	4	645.08	49.02 %
€ 4.00	€ 10.19	€ 15.99	4	39.2	49.02 %
€ 20.00	€ 50.98	€ 79.99	4	196.04	49.01 %
€ 25.98	€ 66.23	€ 103.92	4	254.68	49.01 %

GrossMarginPct 列以百分比显示毛利率，进行计算

图 5-15　度量值在表中的展示

度量值和计算列都可以使用 DAX 函数，区别在于计值上下文不同。度量值是在透视表或报表所在的上下文环境中计算的，而计算列是在它所在表的行级别中计算的。单元格的筛选上下文取决于用户对透视表的选择或 DAX 查询的形态。因此，当在度量值中使用 SUM(Sales[SalesAmount])时，公式将在该单元格的上下文环境中计算 SalesAmount 列的总和；当在计算列中使用 Sales[SalesAmount]时，则是指 SalesAmount 列在当前行的值。

除了手动编写度量值，还有一种方法可以自动创建度量值。例如，将销售额列拖放至图表后可以选择多种汇总方式（包括求和、平均值、最小值、最大值、计数（非重复）、计数等），无须为每种聚合类型手动创建度量值，如图 5-16 所示。

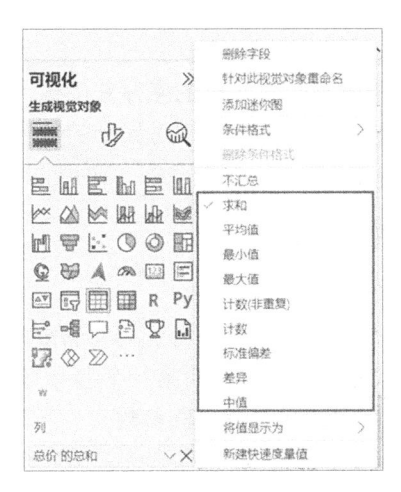

图 5-16　自动生成的度量值

3）查询

编写查询语句也是 DAX 的常用功能之一。与度量值和计算列不同的是，查询返回的是表结构的数据，而不是标量值。DAX 查询语句的编写与结构化查询语言（Structured Query Language，SQL）类似，SQL 是一种声明式语言。通过使用 SELECT 语句声明要检索的数据集来定义所需的内容，而不必考虑引擎是如何运作和检索信息的。而 DAX 则是一种函数式语言。在 DAX 中，每个表达式都被一个函数调用，而函数的参数可以依次被其他函数调用。

例如，如果只想检索住在欧洲的客户，可以使用 SQL 编写查询语句，语句如下。

```
SELECT
Customers.CustomerName,
SUM ( Sales.SalesAmount ) AS SumOfSales
FROM Sales
LEFT JOIN Customers
ON Sales.CustomerKey = Customers.CustomerKey
WHERE
Customers.Continent = 'Europe' GROUP BY
Customers.CustomerName
```

使用 DAX，不需要在查询语句中声明 WHERE 条件。相对应地，DAX 使用特定的函数——FILTER 来筛选结果，语句如下。

```
EVALUATE
SUMMARIZE (
FILTER (Customers, Customers [Continent] = "Europe"),
Customers [CustomerName],
"SumOfSales", SUM ( Sales[SalesAmount] )
)
```

可以看出，FILTER 是这样一个函数：它只返回住在欧洲的客户，执行查询语句得到了预期的结果。

2. 计算列和度量值的区别

计算列和度量值虽然看起来相似，但两者其实有明显的不同，计算列在模型刷新时计算并使用当前行作为上下文，用户对透视表的操作不会影响计算列；而度量值在当前上下文环境定义的数据集合上进行操作。

例如，在数据透视表中，源表基于单元格的坐标被筛选，并使用这些筛选条件聚合并计算结果。换句话说，度量值总是在计值上下文中对聚合的数据进行操作，其默认的执行模式为不引用任何一行数据。

3．Power BI 的数据处理常用函数

1）CALCULATE 函数

CALCULATE 函数的作用是根据筛选条件筛选出符合要求的子数据集，并且对筛选后的子数据集进行函数运算。CALCULATE 函数的第一个参数是必填参数，即需要计值的表达式。第一个参数之后的条件表达式被称为筛选器参数。

一个典型的 CALCULAT 函数的用法如下：

```
Store sales = CALCULATE([Total Sales],Channel[ChannelName]="Store")
```

2）筛选函数

当一个度量值想摆脱全局筛选器或表格中某个条件的限定时，可以使用 ALL 函数作为 CALCULATE 调节器。ALL 系列函数包括：ALL、ALLEXCEPT、ALLNOBLANKROW、ALLCROSSFILTERED 和 ALLSELECTED。它们都可以用作表函数或 CALCULATE 调节器，其常用的用法如下：

```
ALL([<Table Name Or Column Name>],[<Column Name>,<Column Name>, […]]])
```

3）时间函数

企业的业务逻辑经常涉及时间数据的相关计算，如年累计销售额，月环比销售额等，为此 DAX 提供了专门解决此类问题的时间智能函数，帮助用户简化运算，常用的时间智能函数如表 5-1 所示。

表 5-1 常用的时间智能函数

函数	说明
CLOSINGBALANCEMONTH	计算当前上下文中该月最后一个日期的表达式
CLOSINGBALANCEQUARTER	计算当前上下文中该季度最后日期的表达式
CLOSINGBALANCEYEAR	计算当前上下文中该年最后一个日期的表达式
DATEADD	返回一个表，该表包含日期的列，按指定的时间间隔（从当前上下文中的日期开始向前或向后移动）
DATESBETWEEN	返回一个表，该表包含以 start_date 开头并持续到 end_date 的日期列
DATESINPERIOD	返回一个表，其中包含一个日期列，该列的日期从 start_date 开始，并继续指定的 number_of_intervals
DATESMTD	返回一个表，该表包含当前上下文中的本月截止日期的列
DATESQTD	返回一个表，该表包含当前上下文中的季度到现在的日期列
DATESYTD	返回一个表，该表包含当前上下文中当前年份的日期列
ENDOFMONTH	返回当前上下文中指定日期列的最后一个月的日期
ENDOFQUARTER	返回当前上下文中指定日期列的季度最后一个日期
ENDOFYEAR	返回当前上下文中指定日期列的年份的最后日期
FIRSTDATE	返回当前上下文中指定日期列的第一个日期
LASTDATE	返回当前上下文中指定日期列的最后日期
TOTALMTD	在当前上下文中计算该月截止日期的表达式的值

续表

函数	说明
TOTALQTD	计算当前上下文中的季度截止日期的表达式的值
TOTALYTD	计算当前上下文中的表达式的年初至今的值

4）SUMX 函数

SUMX 函数十分强大，有时甚至可以代替 CALCULATE 函数。例如，使用 SUMX 函数可以一步实现表中数据的聚合，无须借助 CALCULATE 函数建立的度量值。它的常用语法如下：

```
SUMX(FILTER('订单表','订单表'[序号])=EARLIER('订单表'[序号])+1),'订单表'[订单日期])
```

5）SUMMARIZE 函数

SUMMARIZE 函数可以用于生成数据汇总表，按一列或多列对数据进行分组，并且可以使用指定的表达式为汇总后的表添加新列。

常用语法如下：

```
SUMMARIZE(表,[列名1],…,[名称1],[表达式1],…)
```

5.1.4 数据库中表与表的关系

Power BI 数据模型与其他数据库一样，都存在一对一、一对多和多对多三种关系，但特殊的是 Power BI 的关系又可以分为激活关系（实线表示）和非激活关系（虚线表示），如图 5-17 所示。

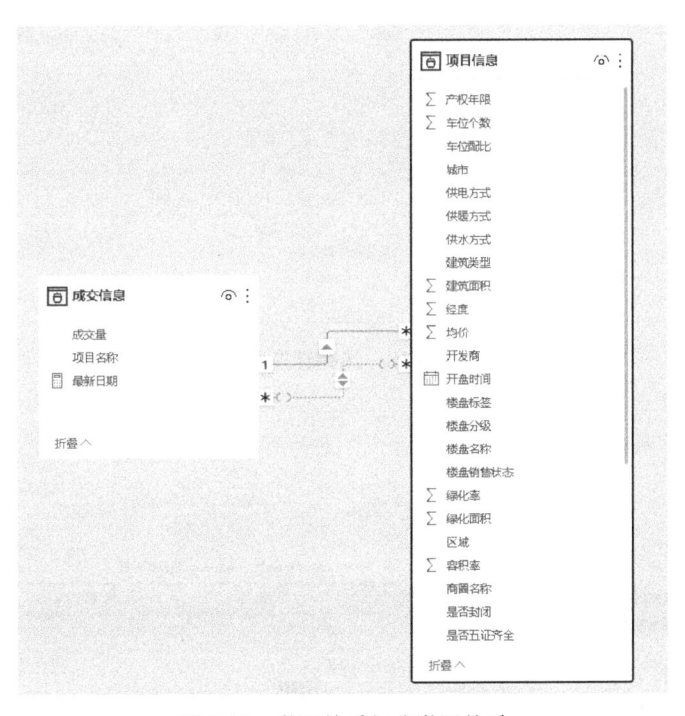

图 5-17　激活关系与非激活关系

由图 5-17 可见，两个数据源使用一对多及多对多的关系串联在一起（其中项目名称的一对多处于激活状态，而最新日期的关系处于非激活状态，一般情况下无法调用非激活关系），这让我们能够通过某一个时间字段或一个组织架构字段来筛选全局的数据。

5.2 建立基础视觉对象

本节以上海市楼盘信息表为数据源，介绍各类视觉对象。首先启动 Power BI Desktop，并导入文件"5.2_data.xlsx"。

在"导航器"对话框中同时勾选"成交信息"和"项目信息"复选框，然后单击"转换数据"按钮进入"Power Query 编辑器"界面，并进行下一步操作，如图 5-18 所示。

为了更好地观测数据，首先选择"视图"选项卡，在"数据预览"组中勾选"列质量"、"显示空白"和"列分发"复选框，可以在数据列上方看到此列的数据分布、是否有错误值或空值等信息，Power Query 数据分布界面如图 5-19 所示。

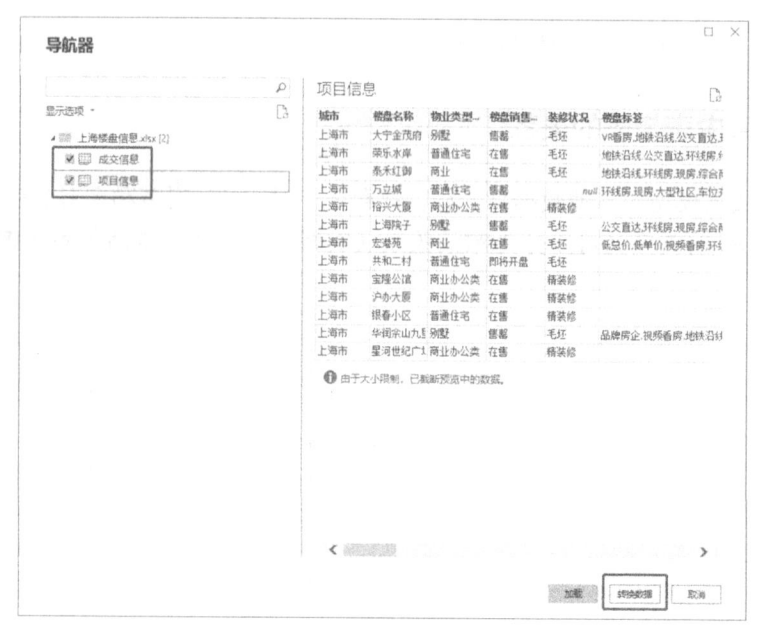

图 5-18 选择转换数据

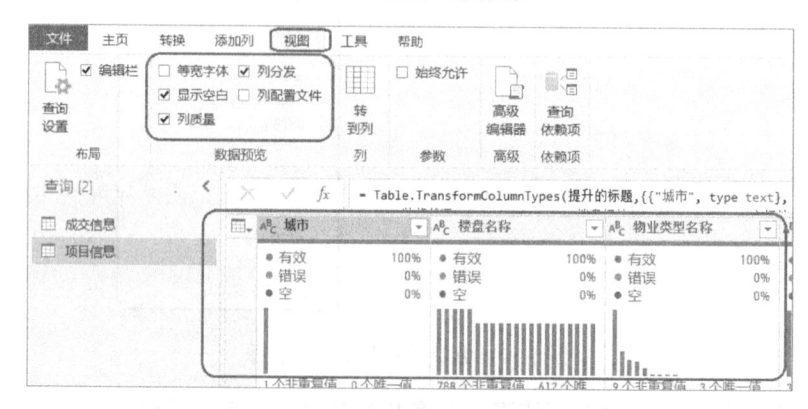

图 5-19 Power Query 数据分布界面

/ 第 5 章　数据可视化之 Power BI 篇 /

然后，调整数据的类型，可以看到在每一列的表头都有对应的列名，而列名之前有该列的数据类型。Power Query 编辑器在数据导入后会智能匹配对应的数据格式，但由于数据源不规整且存在错漏的情况，我们还需要对数据格式进行调整。使用鼠标拖曳底部的横向滚动条，显示"开盘时间"列，该列本应该被识别为时间格式，但是列中的"2020-04-99"等非法时间导致该列被识别为字符串类型，如图 5-20 所示。

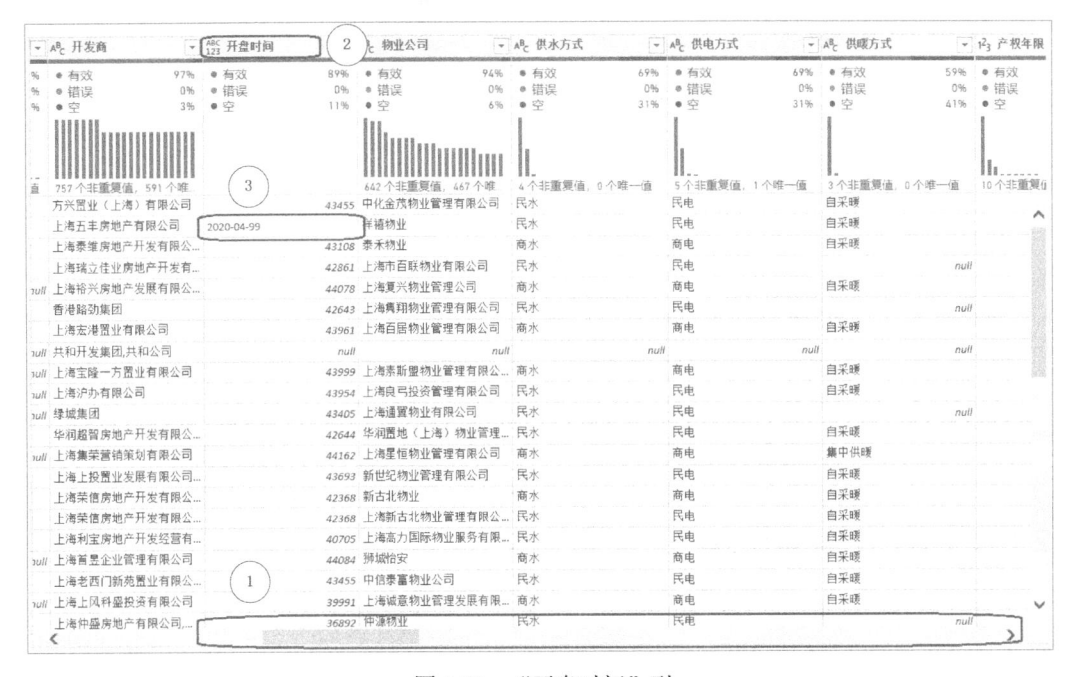

图 5-20　"开盘时间"列

使用鼠标右击列名左侧的图标按钮，在弹出的快捷菜单中将该列数据转换为日期格式，如图 5-21 所示。

但由于非法时间的存在，转换后的非法时间会显示为"Error"，此时需要修正错误。有两个选择：如果由于一个错误值需要抛弃整条（行）数据，则可以选择删除错误。右击"开盘时间"列，在弹出的快捷菜单中选择"删除错误"选项，如图 5-22 所示。

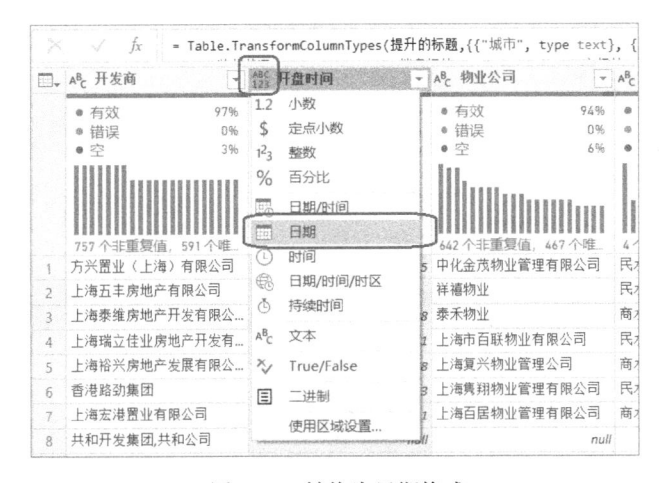

图 5-21　转换为日期格式　　　　　　　　图 5-22　删除错误数据

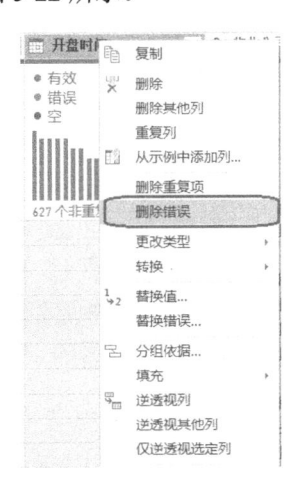

83

如果需要保留其余数据，则可以将错误值替换为"null"，右击"开盘时间"列，在弹出的快捷菜单中选择"替换错误"命令，如图 5-23 所示。

在数据格式转换完成后，可以选择"文件"→"关闭并应用"选项回到制作界面，如图 5-24 所示。

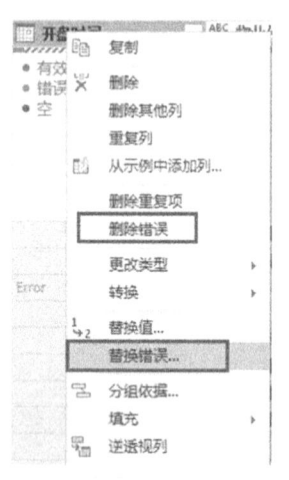

图 5-23　以空值替换错误

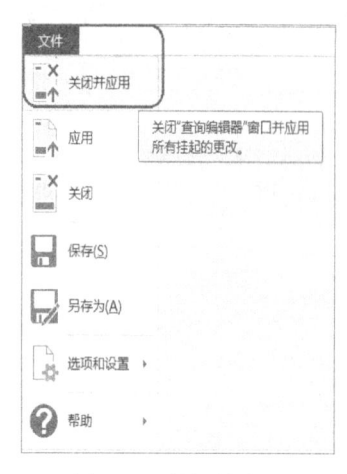

图 5-24　关闭并应用

5.2.1　制作柱形图和树状图

本小节将介绍柱形图和树状图的制作。首先，在报表视图中选择"可视化"→"簇状柱形图"选项，如图 5-25 所示。

在"数据"窗格中，勾选"项目信息"表的"楼盘名称"复选框并拖放至"Y 轴"框，勾选"楼盘销售状态"复选框并拖放至"X 轴"框，如图 5-26 所示。

图 5-25　制作柱形图

图 5-26　拖放柱形图复选框

此时就生成了一个简单的柱形图,可以展示不同楼盘在不同销售状态下的分类统计信息,如图 5-27 所示。

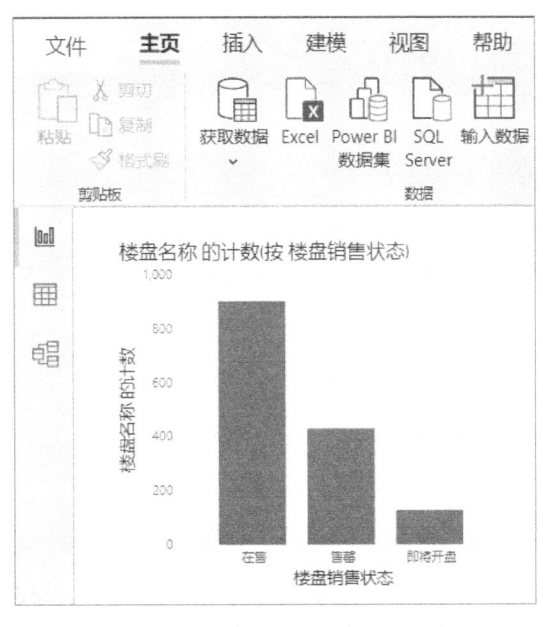

图 5-27 生成柱形图

然后,对柱形图进行美化,单击"可视化"选项卡中的按钮,设置"Y 轴"为"开","X 轴"为"开","数据标签"为"开",如图 5-28 所示。

图 5-28 柱形图美化

单击"Y 轴"左侧的下拉按钮,在"标题文本"输入框中输入"项目数",如图 5-29 所示。

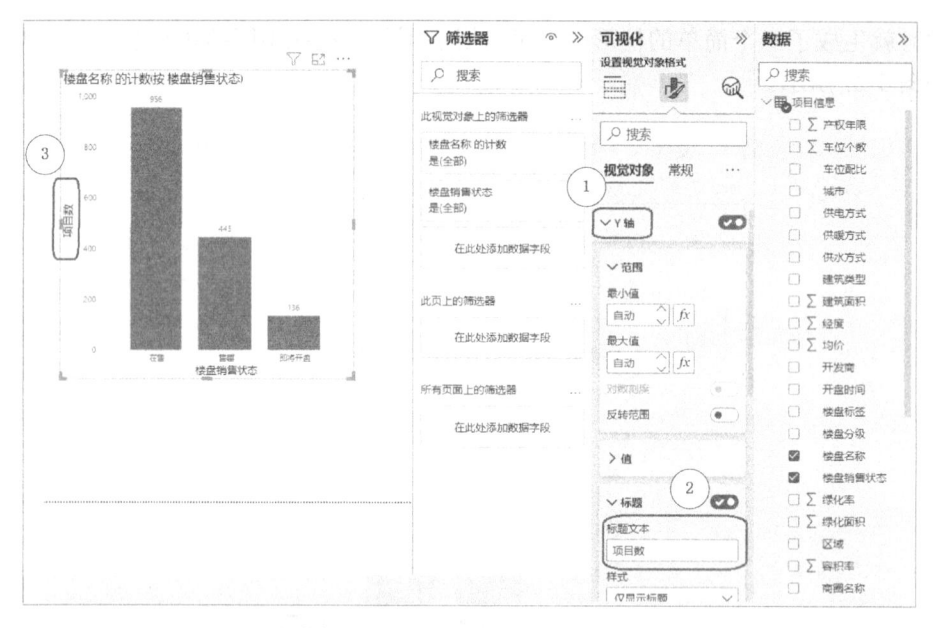

图 5-29 柱形图 Y 轴的标题设置

树状图的制作过程步骤与柱形图类似，在"字段"窗格中，勾选"楼盘名称"复选框并拖放至"值"框，勾选"楼盘销售状态"复选框并拖放至"组"框，树状图的制作和生成的效果，如图 5-30、图 5-31 所示。

图 5-30 制作树状图

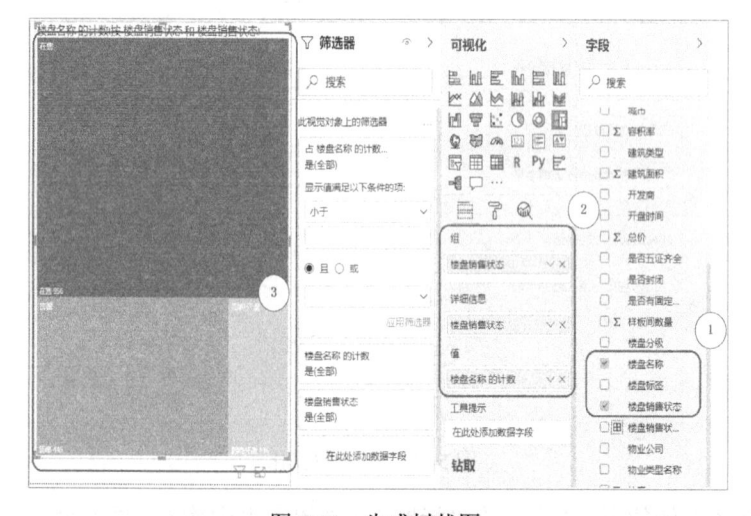

图 5-31 生成树状图

5.2.2 地图可视化

在 Power BI 的默认可视化对象中，有两种地图对象：ArcGIS Map 图和气泡图。本小节基于之前导入的楼盘数据，依次对上述两种地图进行介绍。

1．楼盘名称 ArcGIS Map 图

首先单击"可视化"窗格里的"地图"按钮，然后勾选右侧的"经度"复选框并拖放至左侧的"经度"框，勾选右侧的"纬度"复选框并拖放至左侧的"纬度"框，如图 5-32 所示。

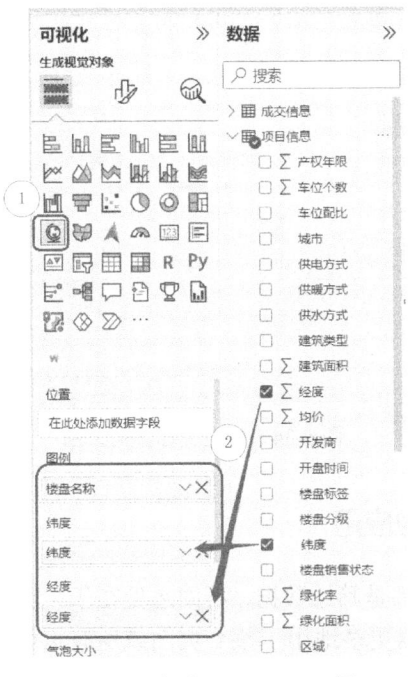

图 5-32　生成 ArcGIS Map 图

2．楼盘名称气泡图

勾选"楼盘名称"复选框并拖放至"气泡大小"框，如图 5-33 所示，将显示楼盘名称气泡图。

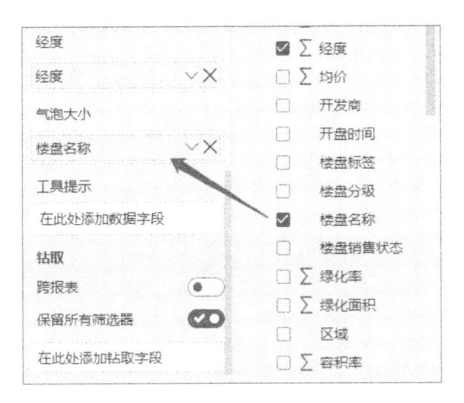

图 5-33　楼盘名称气泡图

5.2.3 楼盘主标签词云图

在"可视化"窗格中单击"词频插件"按钮,在"数据"窗格中勾选"主标签"复选框并拖放至"类别"框,生成楼盘主标签词云图,如图5-34所示。

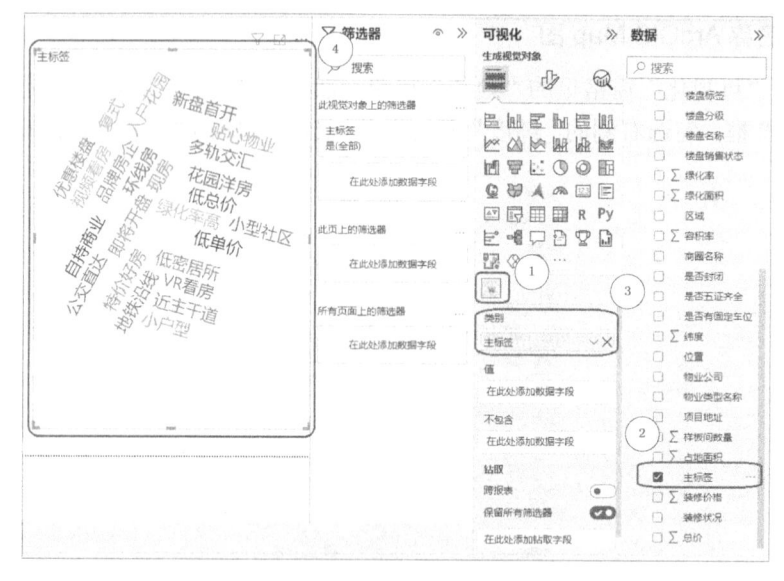

图5-34 楼盘主标签词云图

5.2.4 切片器与筛选器的应用

切片器和筛选器的作用都是筛选数据,不同之处在于,切片器更多地用于对某个或某些视觉对象进行筛选,而筛选器更多地用于整个页面或所有页面的共同筛选。切片器的应用具体步骤如图5-35所示。

首先单击"可视化"窗格中的"切片器"图标按钮,然后勾选"供水方式"复选框并拖放至"字段"框;在看板界面中勾选"民水"复选框,可以看到主标签词云图中的文字也改变了。

图5-35 切片器的应用具体步骤

接着来看"筛选器"窗格，它位于"可视化"窗格中的左侧，把需要筛选的字段拖放至此就可以实现筛选。筛选类型分为基本筛选和高级筛选，具体应用步骤如图 5-36 所示。

首先，勾选"楼盘销售状态"复选框并拖放至"筛选器"窗格，设置筛选类型为"基本筛选"。然后，勾选"即将开盘"复选框。然后，勾选"楼盘分级"复选框并拖放至"所有页面上的筛选器"框，可以看到每加入一个字段进行筛选，视觉对象也跟着改变。

图 5-36　筛选器的应用步骤

5.3　制作数据看板

5.3.1　页面背景及布局设计

在制作数据看板前，可以通过 PPT 的形式设计好底板及对应图标的大小和位置，这将大大节省后期排版的工作量，页面背景设计如图 5-37 所示。

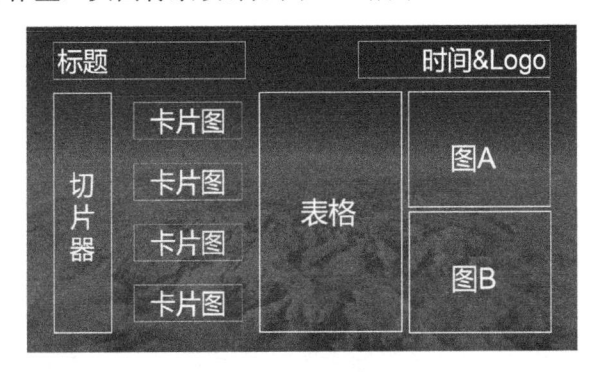

图 5-37　页面背景设计

在设计稿定稿之后，看板的搭建思路就清晰起来，而且美观度也会有一个基本的保证，看板最终成品如图 5-38 所示。

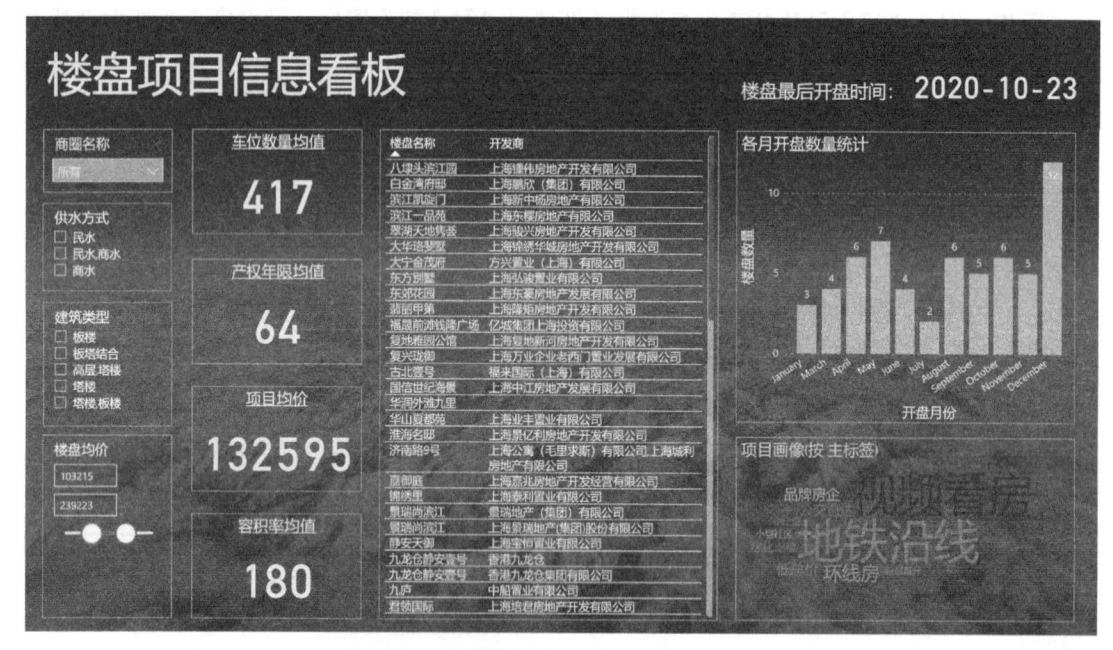

图 5-38　看板最终成品

5.3.2　数据看板的上传与发布

当制作完看板之后，可以单击主页中的"发布"按钮，并选择一个工作区，就可以将看板（包括数据源，默认是一起上传的）上传给微软服务器，这也是为了实现之后看板的在线分享。

看板发布成功如图 5-39 所示，此时单击框中的链接就可以进入网页版本的在线 Power BI 服务。在工作区中可以看到刚刚上传的看板及对应的数据集，单击进入看板之后，选择"文件"→"嵌入报表"→"发布到 Web"选项，在弹出的提示框中单击"创建嵌入代码"按钮，就会生成一个在线看板链接（无密码访问链接），如图 5-40 所示。

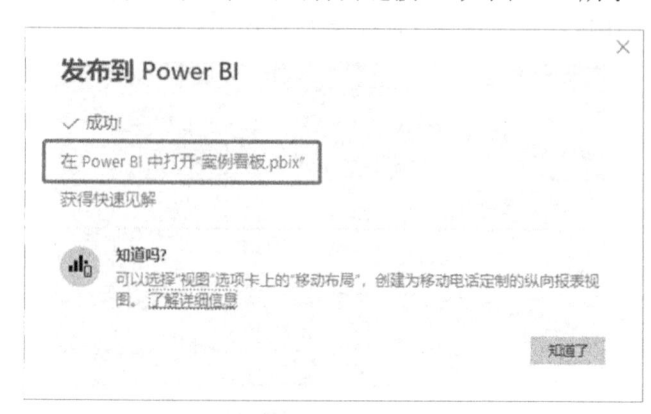

图 5-39　看板发布成功

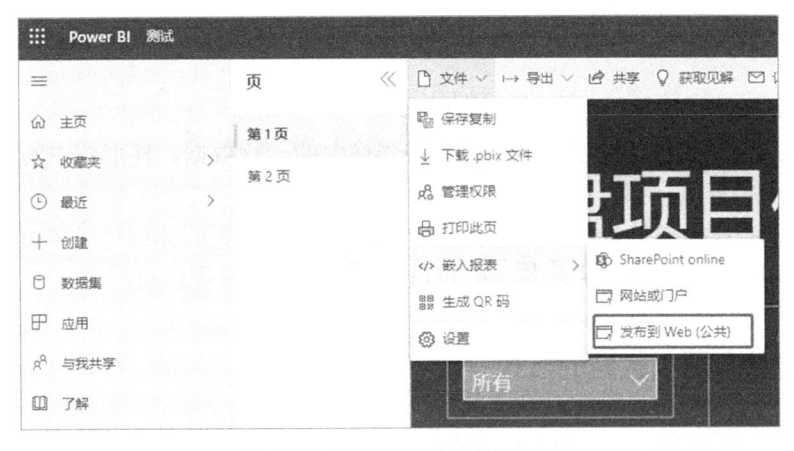

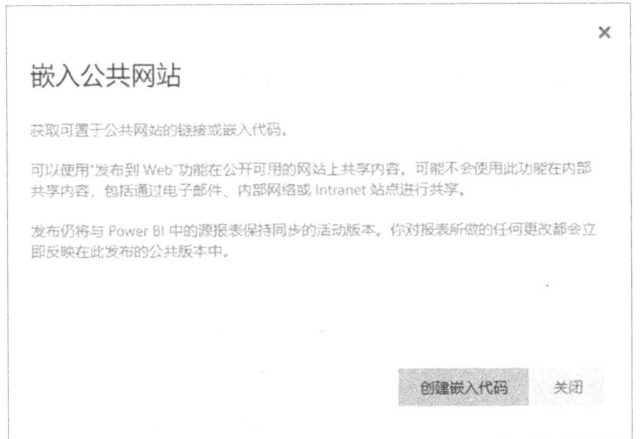

图 5-40　创建在线看板链接

框中的长链接为可以共享给他人的看板地址，如图 5-41 所示。

图 5-41　看板链接共享

5.3.3 数据图表的交互

在线看板的交互方式大致可分为两种。
- 点按：可以点按切片器，也可以点按表格中的一行数据、柱形图中的一列或词云中的一个字符串，都可以完成交互。
- 悬停：当鼠标指针悬停在一个位置时就会弹出该位置的详细信息（如果有）。例如，当鼠标指针悬停在项目名称上时可以显示制作的工具提示页面。

5.3.4 在线共享图表数据的方式

在实际的业务场景中，看板除了有展示的功能，还有数据分发的功能，可以以看板的形式来共享数据。

下面以看板中的表格为例，来介绍如何实现数据共享功能。首先要确保在看板制作的过程中把表格格式中的"视觉对象标头"开关设置为"开"，然后将看板上传到微软服务器，但是在制作共享链接的时候不再选择发布到 Web，而是发布到上面的网站或门户，这时会得到一个新的链接（需要登录密码的链接）。

当打开新的链接并登录之后，将鼠标指针悬停在表格上时，表格的右上角会比原来链接里多出三个点的按钮，单击该按钮，在弹出的菜单中选择"导出数据"命令。该操作唯一的缺点是导出的数据为一维表格的形式，可能需要进一步透视加工，如图 5-42 所示。

图 5-42　在线数据导出

5.4 思考题

（1）请尝试比较从 Python、MySQL 及 Power Query 导入数据的优劣。
（2）请阐述在 DAX 中计算列和度量值的区别。
（3）CALCULATE 函数接受哪三种类型的筛选器？
（4）如何使用时间序列函数与模型建立关系？
（5）建立基础视觉对象包括很多元素，请列举其中两个并阐述它们的基本操作。
（6）请尝试用 Power BI 导入数据集（使用 5.1 节中的 combination.txt 文件，基于 3DMark 官网的公开数据），并以此制作一页数据看板。

第 6 章
数据可视化之词云图篇

本章介绍词云图的制作与词云看板的实现方法,包括分词算法、中文分词、词云图与词云看板的美化等。

6.1 词云图与分词算法

6.1.1 词云图

词云就是对文本中出现频率较高的关键词予以视觉上的突出,形成"关键词云层"或"关键词渲染",以便让浏览者一眼扫过就可以领略文本的重点。词云图又称文字云,是信息可视化的表现形式之一,词云图示例如图 6-1 所示。

图 6-1 词云图示例

6.1.2 分词算法

分词就是将连续的"字序列"按照一定的规范重新组合成语义独立的"词序列"的过程。在英文中,单词之间是以空格作为自然分界符的;在中文中,字、句和段可以通过明显的分界符进行简单划界,而词没有形式上的分界符,虽然英文也同样存在短语的划分问题，不过在词这一层上，中文比英文复杂。中文分词根据实现原理和特点，主要分为以下2个类别。

1. 基于词典的分词算法

基于词典的分词算法也称字符串匹配分词算法，该算法是按照一定的策略将待匹配的字符串和一个已建立好的"充分大的"词典中的词进行匹配，如果找到某个词条，则说明匹配成功，识别了该词。常见的基于词典的分词算法分为以下几种：正向最大匹配法、逆向最大匹配法和双向匹配分词法等。

基于词典的分词算法是应用最广泛、分词速度最快的。很长一段时间内，研究者都在使用基于字符串匹配的方法进行优化。例如，优化最大长度设定、字符串存储和查找方式，以及对词表的组织结构优化，如采用 Trie 树、哈希索引等。

2. 基于统计的机器学习算法

这类目前常用的算法是 HMM、CRF、SVM、深度学习等算法。例如，自然语言处理工具包 Stanford、Hanlp 就是基于 CRF 算法来实现的。以 CRF 为例，其基本思路是对汉字进行标注训练，基于统计的机器学习算法不仅考虑词语出现的频率，还考虑上下文，具备较好的学习能力，因此其对歧义词和未登录词的识别都具有良好的效果。

随着深度学习的兴起，出现了基于神经网络的分词器。例如，有人尝试使用双向 LSTM+CRF 实现分词器功能，其本质是序列标注，所以具有通用性。当命名、实体识别时都可以使用该模型，据报道其分词器字符的准确率可高达 97.5%。

6.1.3 中文分词的难点

目前中文分词难点主要有以下三个。

（1）分词标准：例如，在哈尔滨工业大学提出的标准中，人名的"姓"和"名"是分开的；但在 Hanlp 中是"姓"和"名"合在一起的。这需要根据不同的需求制定不同的分词标准。

（2）歧义：对同一个待切分的字符串存在多个分词结果。歧义又分为组合型歧义、交集型歧义和真歧义三种类型。

- 组合型歧义：分词是有不同的粒度的，某个词条中的一部分也可以被切分为一个独立的词条。例如，"北京大学历史悠久"，粗粒度的分词就是"北京大学/历史/悠久"，细粒度的分词可能是"北京/大学/历史/悠久"。
- 交集型歧义：在"杭州西湖南边"中，"西湖"是湖名，是一个专有词，"湖南"也是一个词，它们共享了"湖"字。
- 真歧义：本身的语法和语义都没有问题，即使采用人工切分也会产生同样的歧义，只有通过上下文的语义环境才能给出正确的切分结果。例如，句子"我知道你也认识小王"，既可以切分成"我知道/你也认识小王"，又可以切分成"我知道你/也认识小王"。

（3）新词：即未被词典收录的词，该问题的解决依赖于人们对分词技术和汉语语言结构的进一步认识。

6.2 Excel 实现中文分词

Excel 本身没有分词的功能,这时候我们需要借助一款功能强大的插件——"方方格子"工具箱来实现中文分词的功能。该工具箱是一款由我国自主开发的免费的 Excel 工具箱软件,可以提供文本处理、批量录入、删除工具、合并转换、重复值工具、数据对比、高级排序、颜色排序、合并单元格排序、聚光灯、宏收纳箱等功能。接下来具体演示操作步骤。

1. 下载插件

首先登录方方格子官网,单击"方方格子工具箱"按钮,并选择下载地址进行安装包的下载,如图 6-2 所示。

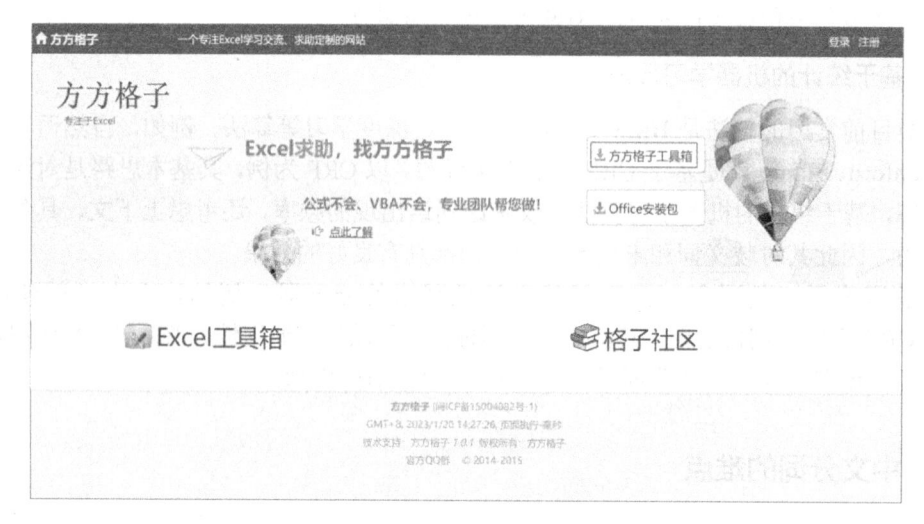

图 6-2 方方格子官网

2. 安装插件

将下载的安装包解压缩后,在确认关闭 Excel 的情况下,以管理员权限运行安装向导,按照提示进行安装,安装界面如图 6-3 所示。

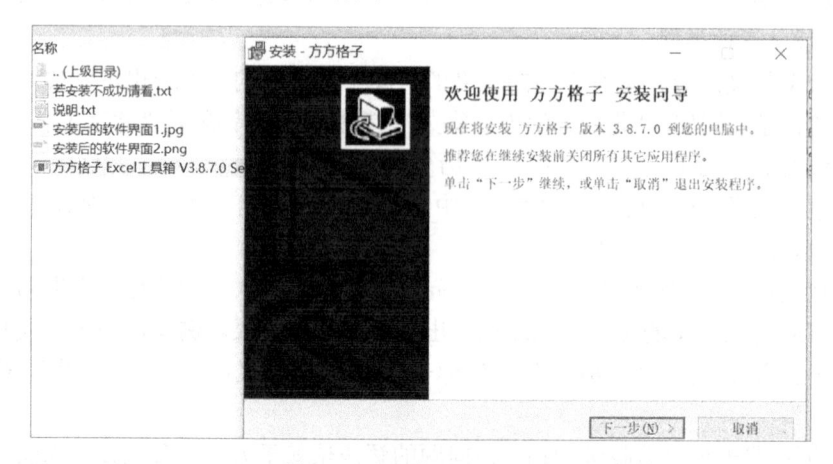

图 6-3 方方格子安装界面

3. 插件安装确认

在完成安装之后打开 Excel，可以在菜单栏中找到"方方格子"选项卡，如图 6-4 所示。

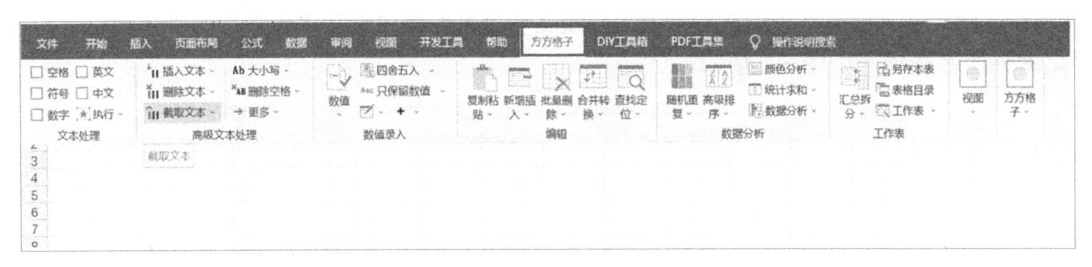

图 6-4 "方方格子"选项卡

如果 Excel 的菜单栏中未出现"方方格子"选项卡，则选择"文件"→"选项"命令，在弹出的"Excel 选项"对话框中选择"加载项"选项，并设置启用"FFCell"加载项，如图 6-5 所示。

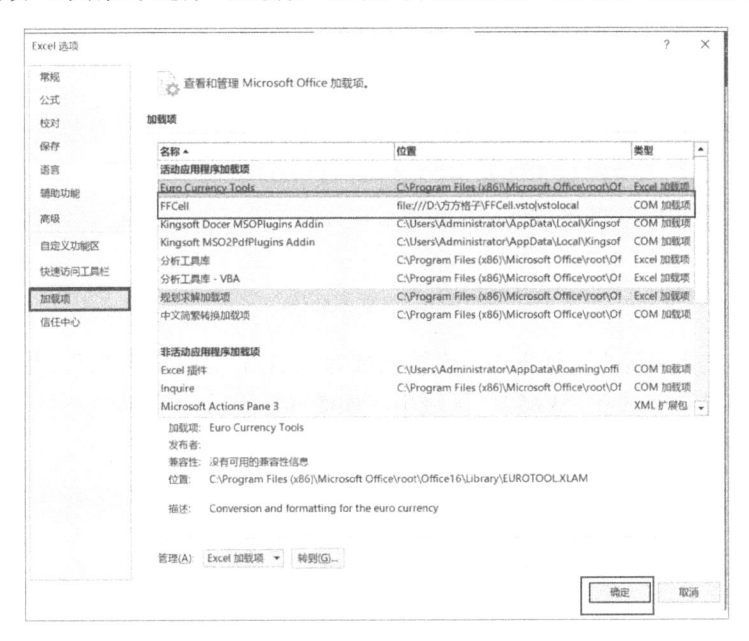

图 6-5 启用"FFCell"加载项

如果仍然找不到"方方格子"选项卡，则可以在其官网查询修复办法，或者尝试对方方格子进行插件注册，如图 6-6 所示。

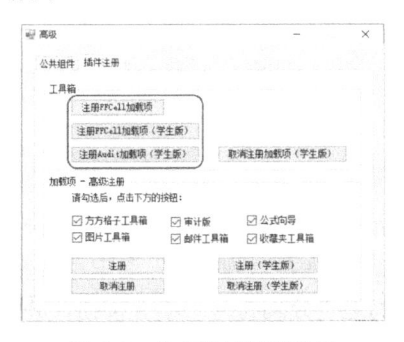

图 6-6 方方格子插件注册

4. 中文分词

在分词之前，首先将配套素材文件"6.6_data.txt"中的内容以文本的格式粘贴到 A1 单元格中。然后在"方方格子"选项卡的"高级文本处理"组中选择"更多"→"分割更多"→"文本分词"选项，如图 6-7 所示。

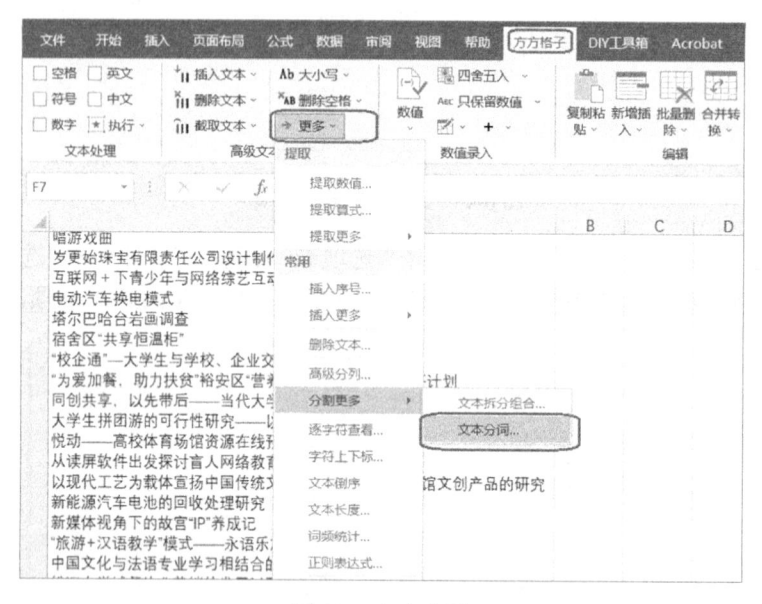

图 6-7 文本分词

在弹出的"文本分词"对话框中，设置区域为"A1"，分隔符为"/"，并单击"确定"按钮，最后设置将结果存放在"$A$2"区域中，如图 6-8 所示。

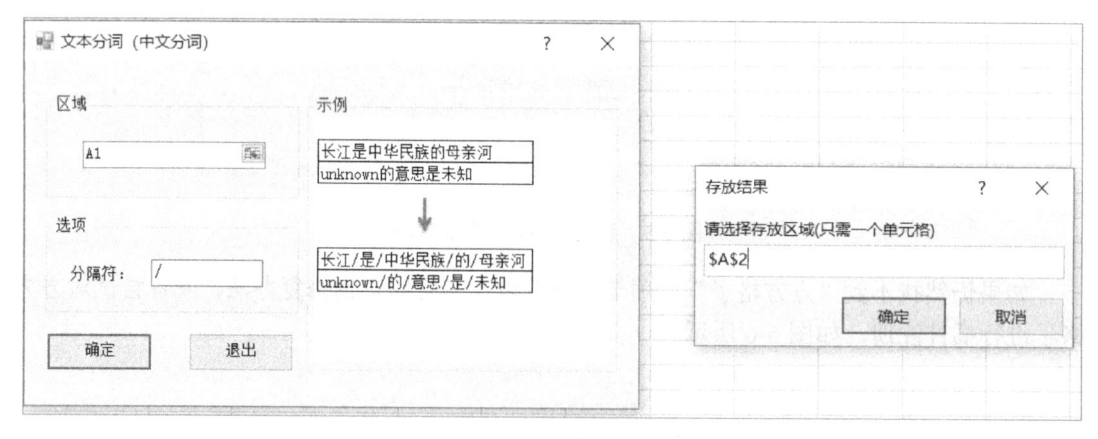

图 6-8 分隔符选择

5. 数据规整

在分词完成之后，A2 单元格中存放着以"/"为分隔符的词语集合，为之后看板制作的数据做准备，需要将词语集合转换为一列。首先选中单元格 A2，然后选择"数据"→"分列"选项，在弹出的对话框中勾选"分隔符号"单选按钮，并单击"下一步"按钮，如图 6-9 所示。

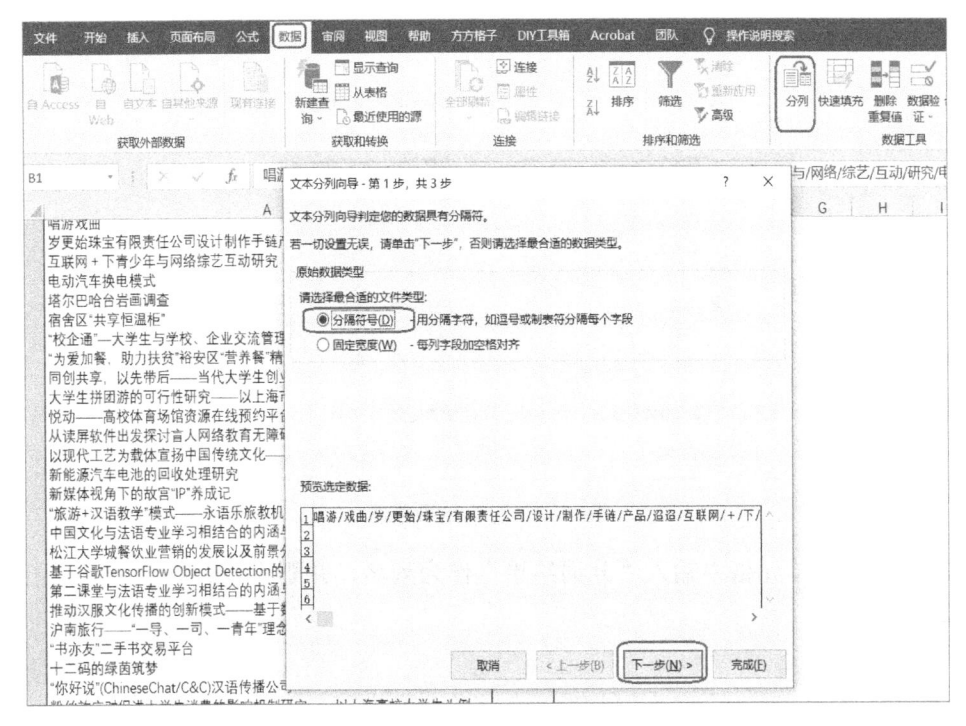

图 6-9　数据分列

勾选"分隔符号"区域中的"其他"复选框，在输入框中输入"/"，最后单击"完成"按钮，如图 6-10 所示。

图 6-10　设置分隔符号

在完成分列后，首先选中分列后的全部词语所在的 A2 单元格进行复制（按"Ctrl+C"组合键），然后在 A3 单元格处右击，在弹出的快捷菜单中选择"选择性粘贴"命令，在弹出的"选择性粘贴"对话框中，勾选"转置"复选框并单击"确定"按钮，如图 6-11 所示。

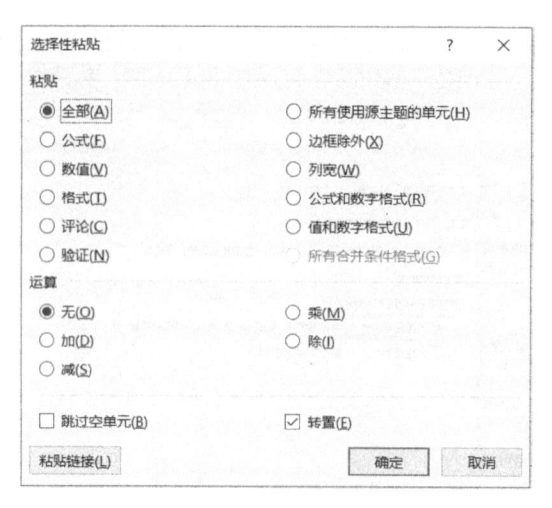

图 6-11　分词结果整理

最后，在 A1 单元格中输入"分词结果"作为列名，并删除 A2 单元格，分词结果如图 6-12 所示。

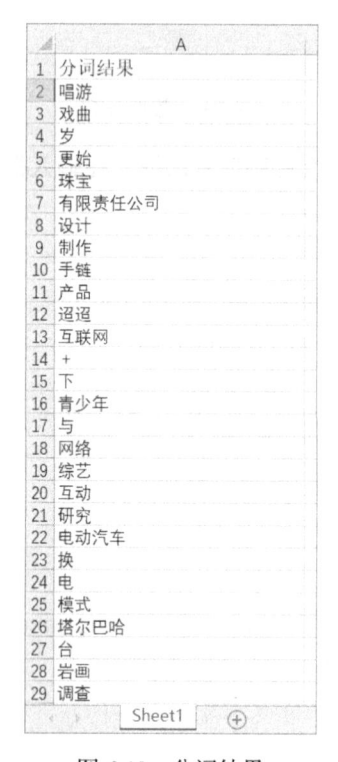

图 6-12　分词结果

6．词频统计

在得到一列分词结果后，可以在 Excel 中使用数据透视表进行简单的词频统计，单击"插入"→"数据透视表"按钮，在弹出的"来自表格或区域的数据透视表"对话框中，选择表格区域中的"A"列，在"选择放置数据透视表的位置"区域中选中"现有工作表"单选按钮，并设置"位置"为 B1 单元格，如图 6-13 所示。

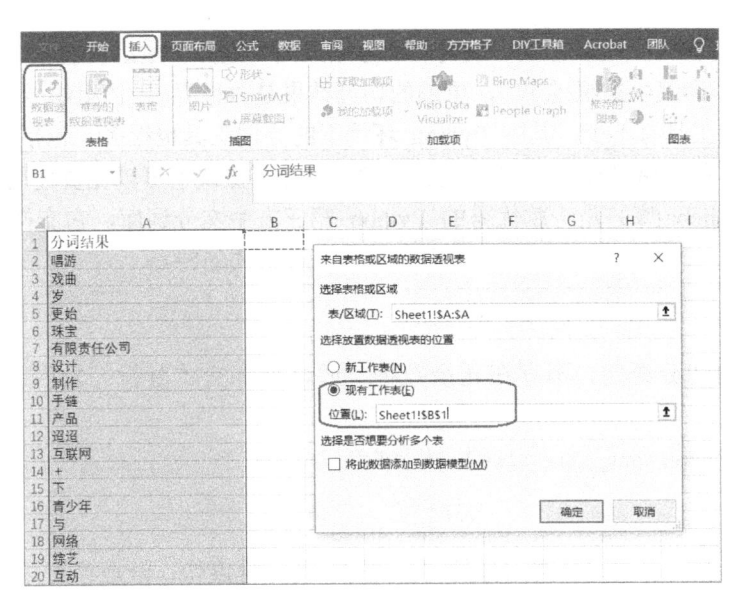

图 6-13　设置数据透视表

在数据透视表字段中，勾选"分词结果"复选框并分别拖放至"行"框和"值"框，在"值"框中设置默认"计数项"为分词结果，至此完成了在 Excel 中实现中文分词的全部步骤，如图 6-14 所示。

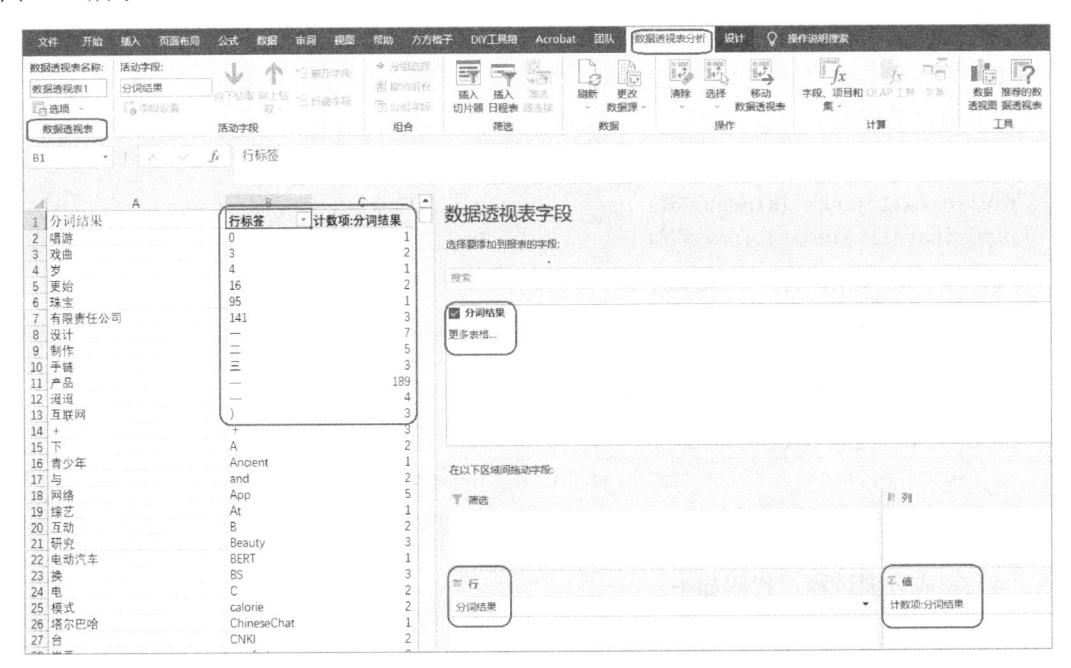

图 6-14　词频计数

6.3　Python 实现中文分词

在中文句子进行分词时，可以采用不同的切分方案，经常需要同时输出多种粒度的切分结果。例如,"世界卫生组织会议"最初的切分结果是"世界卫生组织会议",稍微细一些的切分结果是"世界/卫生组织/会议",更细的切分结果是"世界/卫生/组织/会议"。

现成的分词工具有不少,其中 Python 环境下的分词工具也很多,包括盘古分词、Yaha 分词、结巴分词等,这些分词工具都是开源软件,在许可协议下可以免费使用这些分词工具。其中结巴分词(jieba 库)是一款优秀的 Python 第三方中文分词库,它支持三种分词模式:精确模式、全模式和搜索引擎模式。下面介绍这三种模式的特点。

1. 精确模式

可以精确地切分语句,不存在冗余数据,适合进行文本分析。采用精确模式的代码如下。

```
jieba.cut(text, cut_all=False)  #精确模式
```

2. 全模式

将语句中所有可能是词语的部分都切分出来,切分速度快,但是存在冗余数据。采用全模式的代码如下。

```
jieba.cut(text, cut_all=True)  #全模式
```

3. 搜索引擎模式

采用搜索引擎模式的代码如下。

```
jieba.cut_for_search(text)  #搜索引擎模式
```

接下来以配套素材文件"6.6_data.txt"中的文本为例演示分词步骤。

(1)分词库安装。

全自动安装,代码如下。

```
pip install jieba    (Window 环境)
pip3 install jieba   (Linux 环境)
```

(2)导入相关工具库,代码如下。

```
import jieba,os
import pandas as pd
```

(3)导入文本与停用词表,代码如下。

```
root = 'D:\\1'   #文件夹所在路径
stopwords = [line.strip() for line in open(os.path.join(root, '6.stopwords.txt'), encoding='UTF-8').readlines()]
df_fcb = pd.DataFrame()
```

(4)完成分词过程,代码如下。

```
for i in range(len(content)):
    seg_list = jieba.cut(content.iloc[i,0])
    outer_list = []
    for word in seg_list:
        if word not in stopwords:
            outer_list.append(word)
    df_fc = pd.DataFrame(outer_list, columns=['分词结果'])
    df_fcb = pd.concat([df_fcb, df_fc])
```

(5)完成分词结果整理与导出,代码如下。

```
df_fcb.to_excel('6.6_jieba分词后.xlsx', index=None)
```

6.4 数据可视化第三方插件

Power BI 本身并没有词云的可视化对象,但是可以通过以下两种方法来实现词云图。

1. 通过获取更多视觉对象安装插件

具体操作如图 6-15 所示。
(1)在"可视化"窗格中单击"..."按钮。
(2)在弹出的快捷菜单中选择"获取更多视觉对象"命令,从而加载第三方插件来实现词云图。

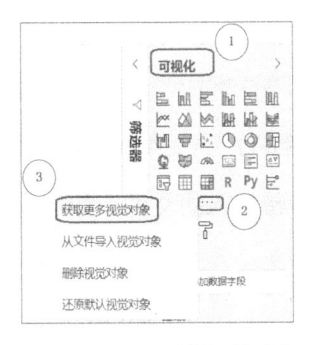

图 6-15 获取更多视觉对象

(3)在弹出的"Power BI 视觉对象"界面中,单击"Word Cloud"按钮进行加载,此时需要稍等一会儿,Power BI 会自动下载并安装这个第三方插件,如图 6-16 所示。

图 6-16 加载 Word Cloud 插件

2. 通过从文件导入视觉对象安装插件

具体操作如图 6-17 所示。

（1）在"可视化"窗格中单击"…"按钮。

（2）在弹出的快捷菜单中选择"从文件导入视觉对象"命令。

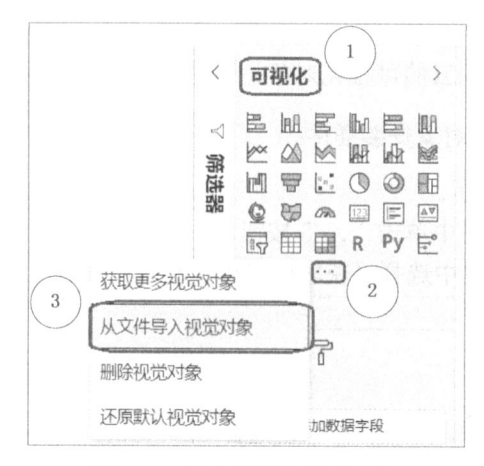

图 6-17　从文件导入视觉对象

（3）在弹出的对话框中，选中待导入的文件，如 WordCloud_ImportTest.pbiviz，并单击"打开"按钮。

（4）视觉对象将在"可视化效果"窗格中显示为新图标，如图 6-18 所示。

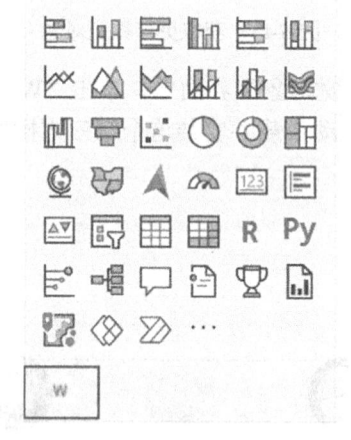

图 6-18　新图标展示

6.5　词云图与词云看板的实现

6.5.1　Excel 分词结果展示

首先将 6.2 节 Excel 分词后的结果导入 Power BI Desktop，在导入时将第一行用作标题，如图 6-19 所示。注意，在导入时第三列的计数列是否被识别为整数类型。

图 6-19　标题提升

接着导入词云的可视化对象，勾选"行标签"复选框并拖放至"类别"框，勾选"计数项：分词结果"复选框并拖放至"值"框，并将聚合类型设置为"求和"，即可得到默认词云图，如图 6-20 所示。

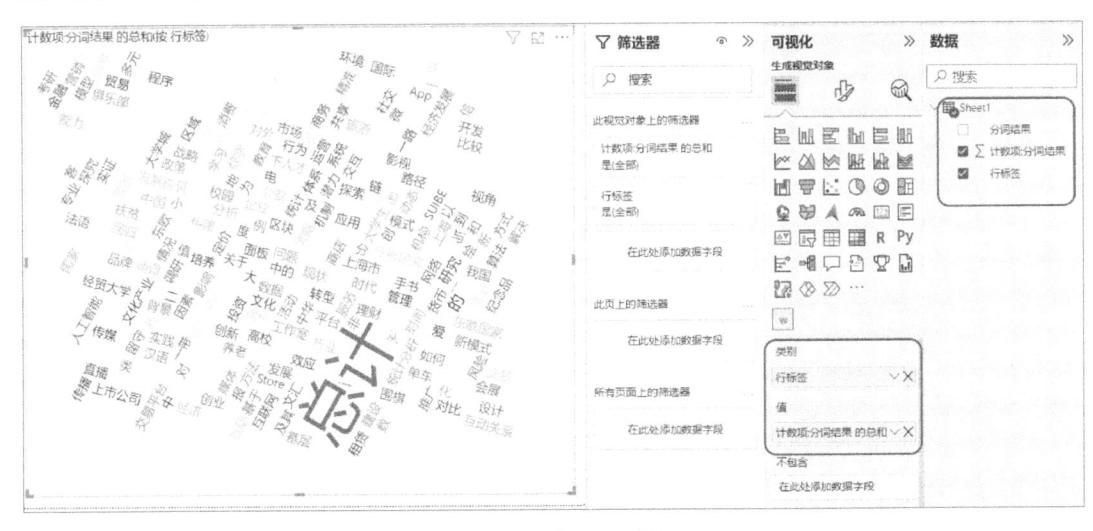

图 6-20　默认词云图

除了可以在 Excel 中统计词频，还可以使用 DAX 来建立一个"分词计数"的度量值，具体公式如下：

分词计数 = COUNT(Sheet1[分词结果])

105

此时只需要勾选未统计过的"分词结果"复选框并拖放至"类别"框,勾选"分词计数"复选框并拖放至"值"框,即可得到可视化结果,如图 6-21 所示。

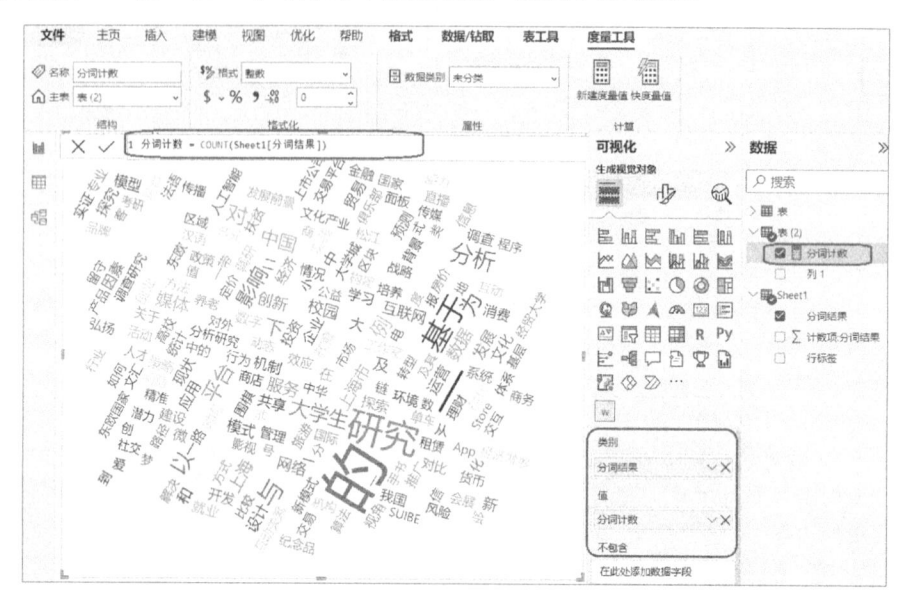

图 6-21　使用度量值绘制词云

虽然在 Excel 中通过方方盒子插件实现了"0 代码"中文分词功能,但分词过程中无法手动去除如"的""与""基于""研究""二""我们"这样的无意义的助词、代词或名词。这时,可以通过设置词云视觉对象的"不包含"框实现,但首先需要新建一列需要去除的词汇,依次选择"主页"→"输入数据"选项,输入需要去除的如"的""与""基于""研究""二""我们"这样的无意义的助词、代词或名词,如图 6-22 所示。

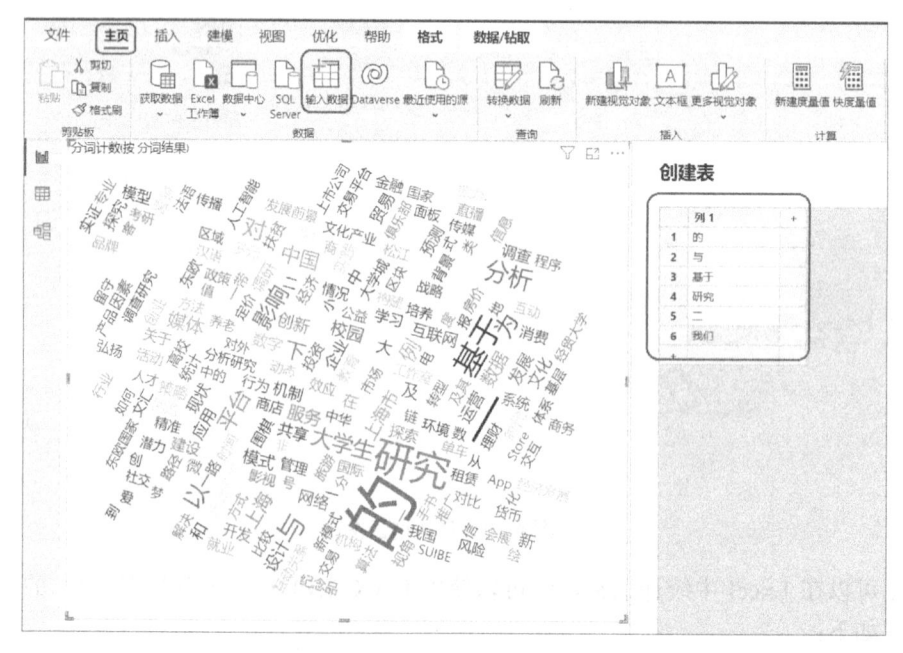

图 6-22　输入需要去除的数据

勾选输入的"列 1"复选框并拖放至"不包含"框,可以发现之前的"的""基于"等字样消失了。同时由于高权重文本的剔除,其余词汇的字体比例得到了更新,可视化对象也更能体现出文本的重点,说明停用词的去除是非常有必要的,如图 6-23 所示。

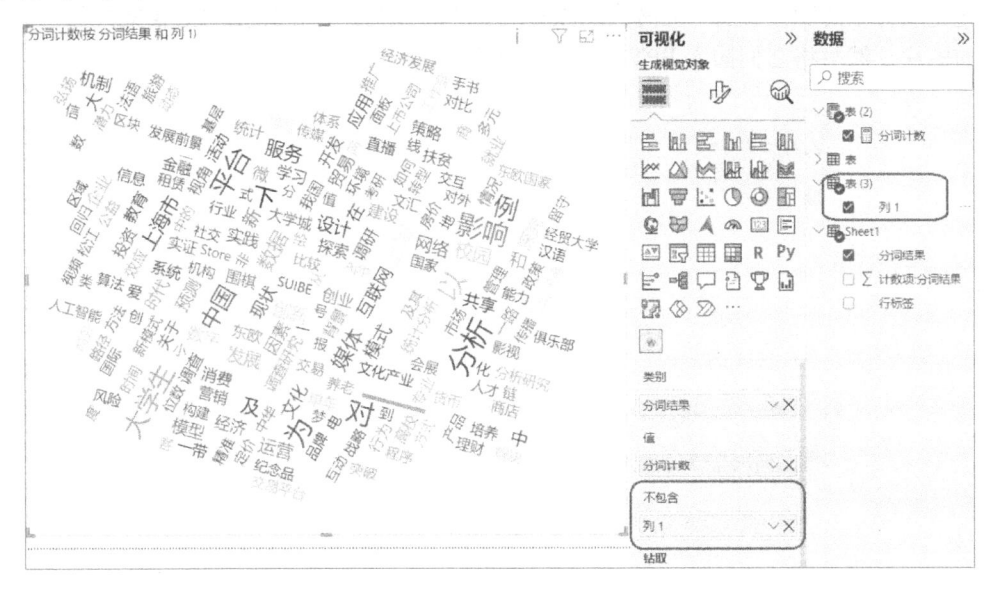

图 6-23　去除停用词

6.5.2　Python 分词结果展示

使用 Python 分词得到词云图,如图 6-24 所示。

图 6-24　Python 分词得到的词云图

6.5.3 背景制作与看板美化

Power BI 作为微软产品，默认版面尺寸和 Power Point（PPT）是一致的，因此可借助 PPT 来快速完成背景的制作。以"上海大创项目名称"看板为例，首先在网上收集几张与主题强相关的图片，然后将它们插入 PPT，如图 6-25 所示。

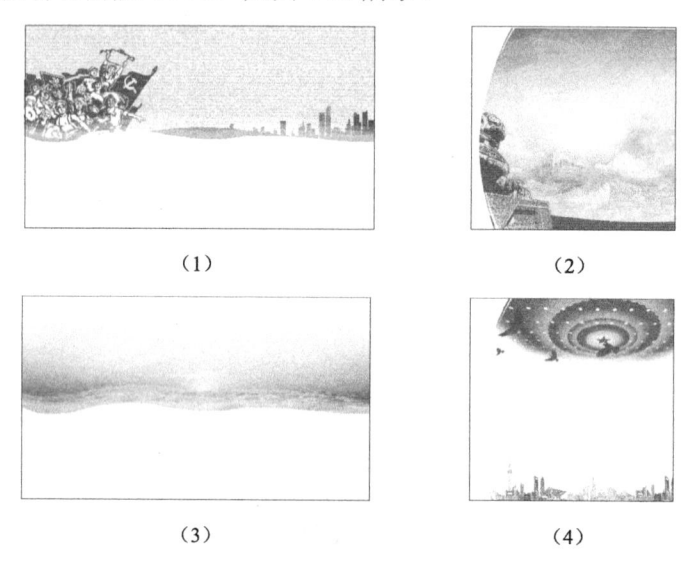

（1）　　　　　　　　　　（2）

（3）　　　　　　　　　　（4）

图 6-25　背景示范

因为要在版面中排布"标题"、"内容切片器"和"词云可视化对象"，所以使用图 6-25 中的（2）和（4）作为背景更符合将看板分成三部分的需求。这里暂且选择图 6-25 中的（2）作为背景。

在插入背景后，依次设置标题为"上海大创项目名称"，设置目录切片器，并插入在上一节中制作的词云可视化对象。背景美化后的看板如图 6-26 所示。

图 6-26　背景美化后的看板

可以看到目录切片器中的顺序较混乱。由于 Power BI 是英文的软件，所以不支持中文升序或降序，图 6-26 中的目录顺序是按照首字母默认进行排序的。但是在 Power BI Desketop 中编辑报表时，可以选择用一列来定义另一列的方式进行排序。

下面是一个按月份排序的示例，如图 6-27 所示。

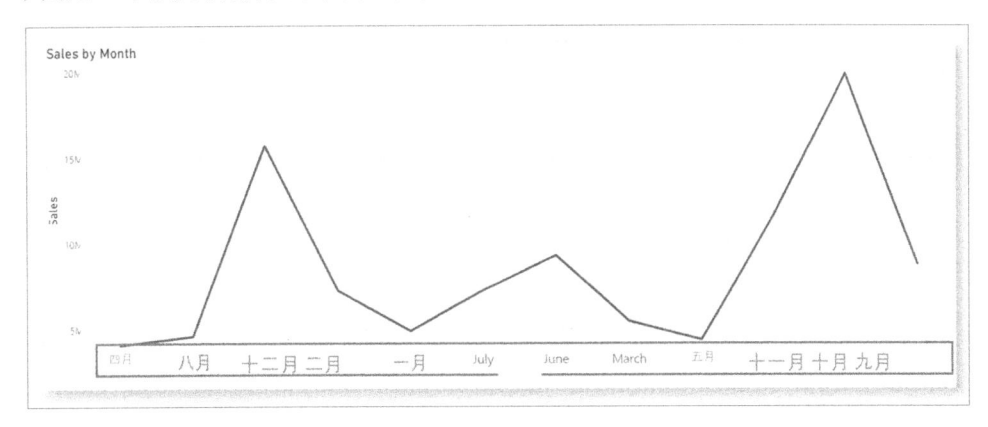

图 6-27　按月份排序的示例

当将"月份名称"列添加到某个视觉对象后，月份会按字母顺序进行排序：四月、八月、十二月、二月等。但是现在，需要将其按时间顺序排序。

如果要在 Power BI Desktop 中将另一列设置为排序依据，这两列数据则需要采用相同的粒度级别。例如，如果要对"月份名称"列进行正确排序，则需要一个包含月份编号的列。排序顺序将应用于报表中的包含排序列的任何视觉对象。在看板中，目录按字母顺序排序，或者按作为排序依据的列的顺序排序。

（1）首先选择要排序的列，在本例中为目录列。请注意，视觉对象中的目录按字母顺序排序。设置"列工具"选项卡为活动状态，并单击"按列排序"按钮，如图 6-28 所示。

图 6-28　单击"按列排序"按钮

（2）然后选中作为排序依据的列，本例中为"排序"列，如图6-29所示。

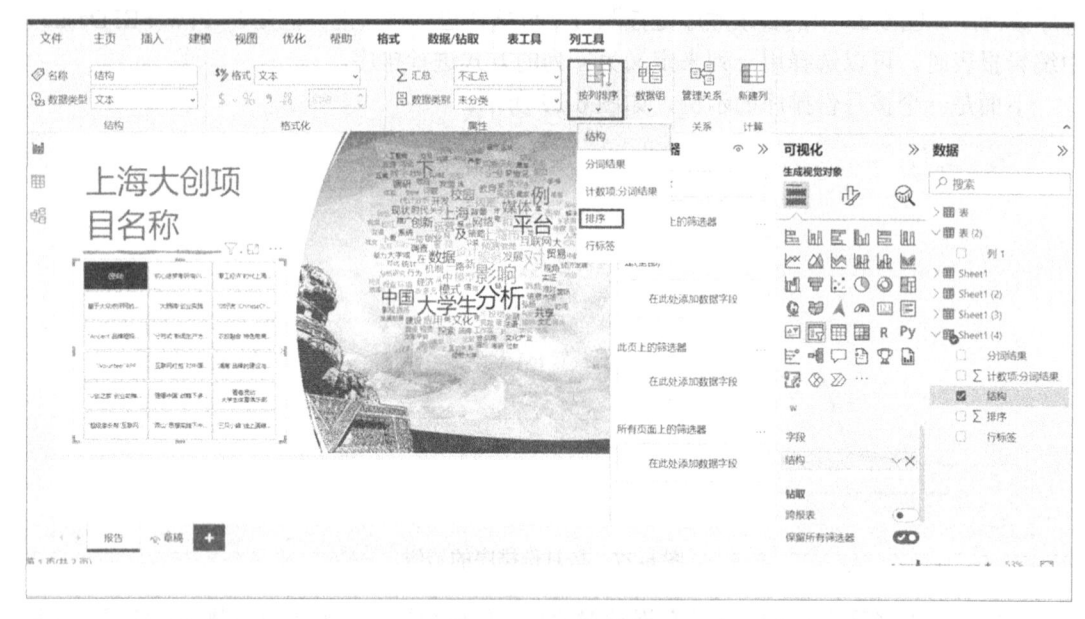

图6-29 选择"排序"列

注意，在选择"排序"列时，其字段要与文本内容一一对应。如果不对应，则需要在编辑器中将文本内容中的重复项删除，并调整作为排序依据的列的数据类型为"整数"，如图6-30所示。

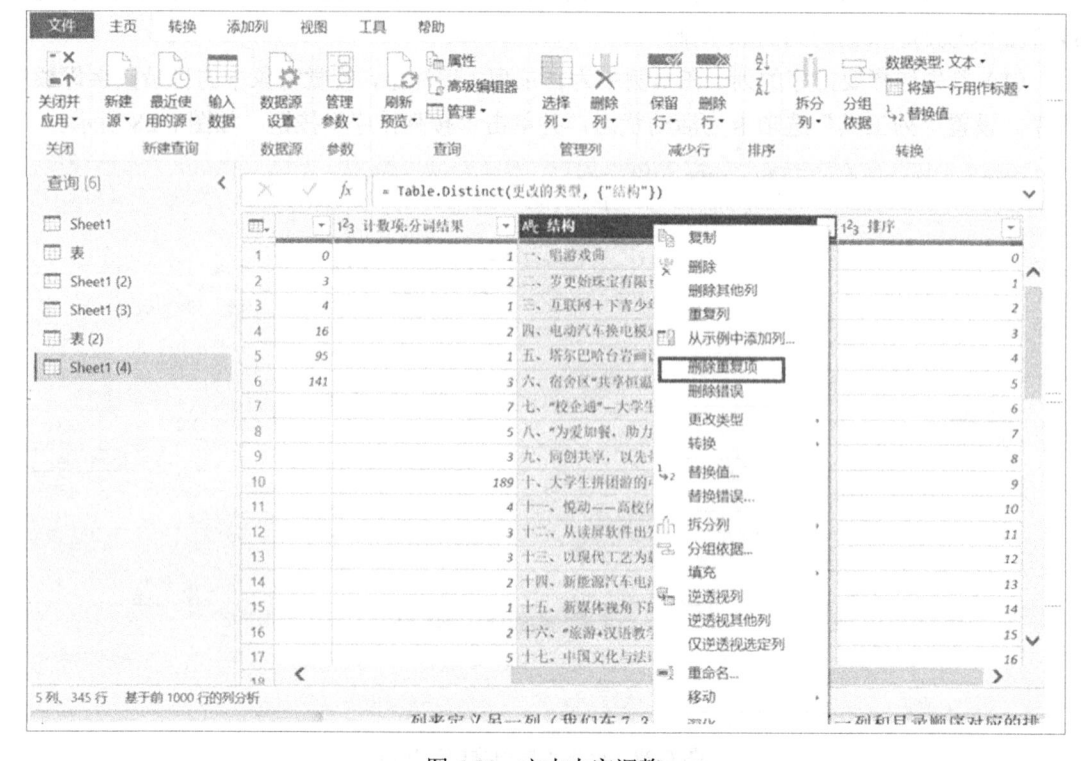

图6-30 文本内容调整

（3）经过排序调整后的视觉对象自动按正确的中文顺序排序，效果如图 6-31 所示。

图 6-31　排序效果

6.6　思考题

（1）中文分词算法主要的分类有几种，分别有什么特点？

（2）Python 的 jieba 库支持哪几种分词模式？

（3）在中国政府网（https://www.gov.cn/zhengce/zuixin/）中的最新政策一栏下，任选五篇政策文章按照本章的操作指南来完成中文分词与看板搭建。

第 7 章

数据可视化之数据看板篇

本章将介绍数据看板制作相关的组件与过程,包括页面导航按钮、页面导航书签、同步切片器、利润分析数据看板、数据发布与报表下载等。

7.1 一维表和二维表

从 Excel 导入数据是 Power BI 获取数据的重要方式,在导入表中的第一行通常是标题行,后面行的内容是数据,表的每列代表一个属性。从分析的维度上看,Excel 中的表可以分为一维表和二维表。一维表将相同属性(维度)的数据放在同一列,如表 7-1 所示。二维表以一个或多个属性数据横向排列,同一属性数据占据多列的呈现方式,例如,博士、硕士、学士的数据占据多列,如表 7-2 所示。

表 7-1 一维表示例

序号	姓名	年龄	学位
1	张三	22	学士
2	李四	28	博士
3	王五	26	硕士
4	钱六	23	学士
5	刘七	30	博士
6	赵八	25	硕士
…	…	…	…

表 7-2 二维表示例

序号	姓名	年龄	博士	硕士	学士
1	张三	22			√
2	李四	28	√		
3	王五	26		√	
4	钱六	23			√
5	刘七	30	√		
6	赵八	25		√	
…	…	…			

一维表与二维表相比,信息密度更高,导致其在 Power BI 中建立度量值不具优势。在数

据量大的情况下，二维表的易读性更强，读取数据更直观。但在一些特定的情况下可以选择一维表。例如，在看板往来页面的可视化对象制作中，导入一维的账款往来明细表，如表 7-3 所示，生成每个年度的六大账款往来分析雷达图，可以观察不同的往来项目间的差异，如图 7-1 所示。对应的配套素材文件见"7.2.pbix"。

表 7-3 账款往来明细表

年度	往来	金额/亿元
2017	其他应收款	58.02
2017	其他应付款	148.88
2017	应收账款	190.13
2017	应付账款	424.29
2017	预收账款	0.06
2017	预付账款	15.72
2018	其他应收款	64.61
2018	其他应付款	102.17
2018	应收账款	252.63
2018	应付账款	552.60
2018	预收账款	0.06
2018	预付账款	27.57
2019	其他应收款	50.05
2019	其他应付款	118.94
2019	应收账款	363.03
2019	应付账款	765.42
2019	预收账款	0.23
2019	预付账款	26.10
2020	其他应收款	69.39
…	…	…

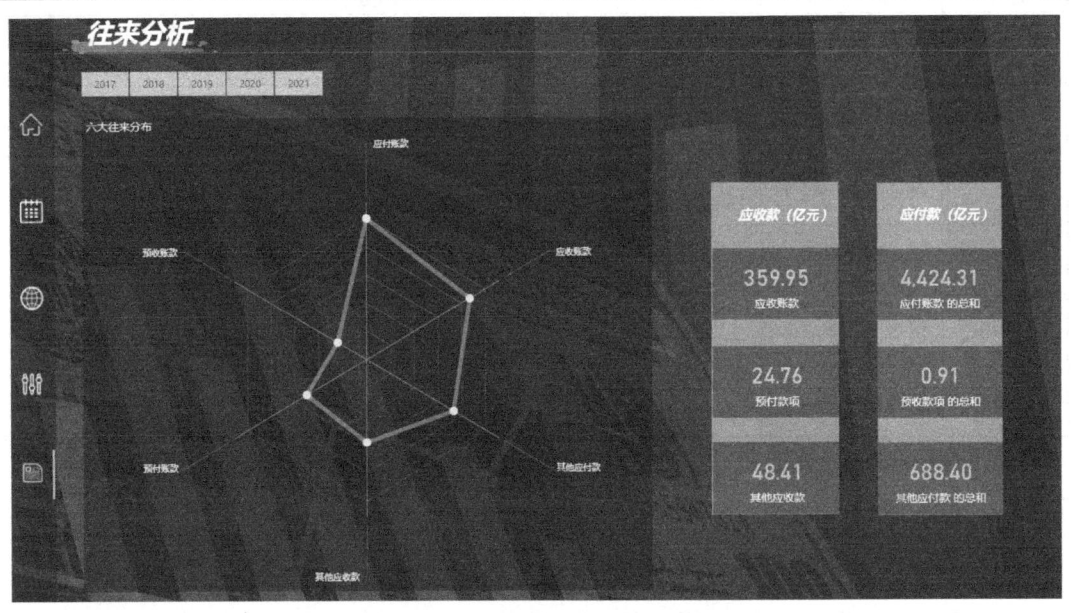

图 7-1 账款往来分析雷达图

7.2 页面导航按钮

加载配套素材文件"7.1_data.xlsx",并导入 Power BI 中。当完成数据的导入和预处理后,就可以开始着手制作看板的封面,即目录页,它是网站整体的"门面",因此在排版时需要尽量美观,同时目录页也承载着页面导航的功能,所以跳转按钮是必不可少的,如图 7-2 所示。

图 7-2　目录页

目录页的上半部分是财务报表中几个重要指标,为了美观,可以使用 DAX 函数将其计算出来,并进行一个弧形的展示,DAX 函数的使用如表 7-4 所示。

表 7-4　DAX 函数的使用

序号	财务指标	函数
1	资产负债率	SUM('上海建工-资产负债表'[负债合计])/SUM('上海建工-资产负债表'[资产总计])
2	流动比率	SUMX('上海建工-资产负债表','上海建工-资产负债表'[流动资产合计])/SUMX('上海建工-资产负债表','上海建工-资产负债表'[流动负债合计])
3	流动资产周转率	SUM ('上海建工-利润表'[一、总营收])/SUM('上海建工-资产负债表'[流动资产合计])
4	总资产周转率	SUM ('上海建工-利润表'[一、总营收])/SUM('上海建工-资产负债表'[资产总计])
5	销售毛利率	SUMX('上海建工-利润表','上海建工-利润表'[五、利润总额])/SUMX('上海建工-利润表','上海建工-利润表'[一、总营收])
6	销售净利率	SUMX('上海建工-利润表','上海建工-利润表'[六、合并净利润])/SUMX('上海建工-利润表','上海建工-利润表'[一、总营收])

7.2.1 创建按钮

使用 Power BI 中的"按钮"组件可以创建按钮,设置按钮属性,可以实现页面交互,如图 7-3 所示。本节将介绍如何将按钮添加到 Power BI Desktop 和 Power BI 服务的报表中。

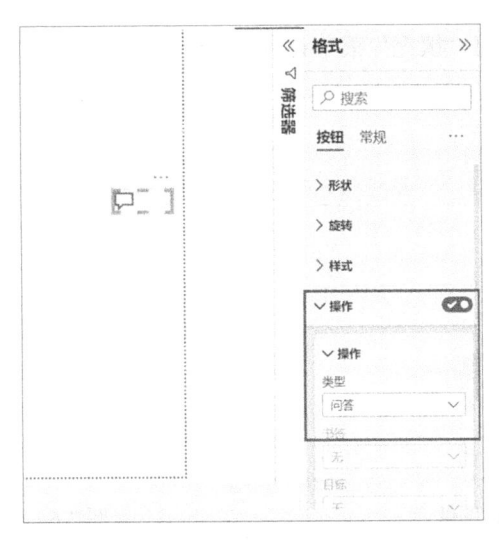

图 7-3　设置按钮属性

在 Power BI Desktop 的"插入"选项卡中，单击"按钮"按钮。在弹出的下拉列表中选择所需的选项进行创建，如图 7-4 所示。

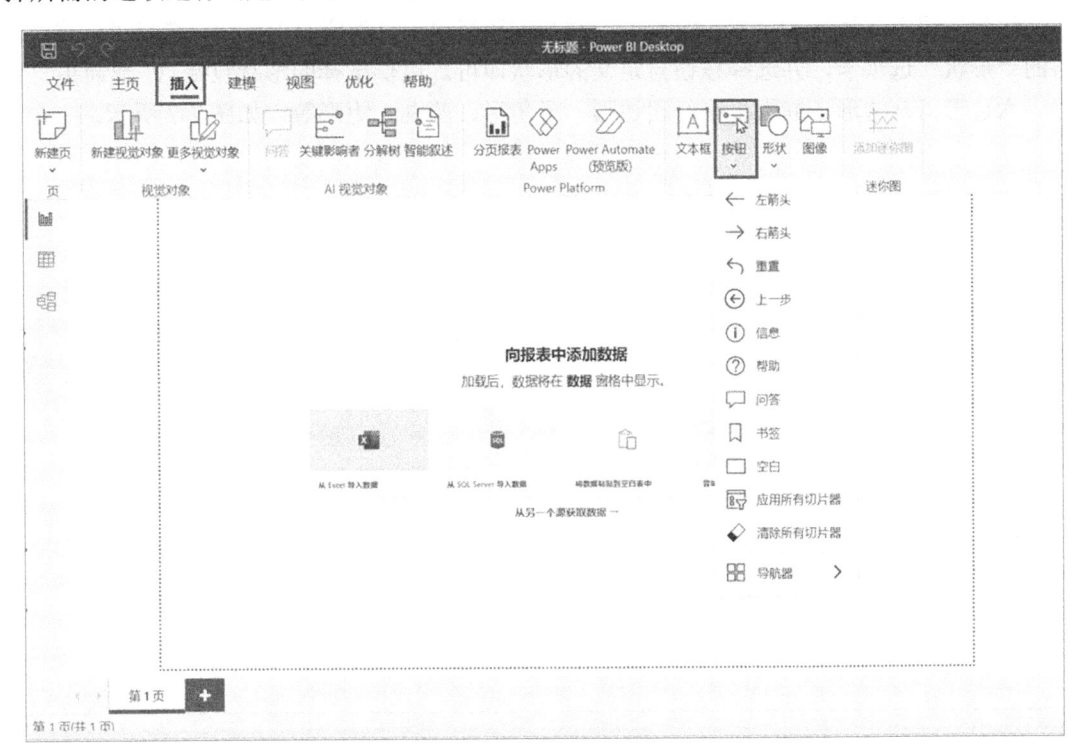

图 7-4　创建按钮

7.2.2　自定义按钮

Power BI 按钮支持填充图像。使用填充图像，可以自定义按钮的外观和内置按钮的状态：默认、悬停、单击，如图 7-5 所示。

在"样式"界面中，将"填充"菜单设置为"开"，就可以浏览每个状态按钮的样式，如图 7-6 所示。

图 7-5　按钮图像

图 7-6　浏览按钮的样式

无论是在 Power BI Desktop 中还是在网页版本的在线 Power BI 服务中创建按钮，都可以通过多种不同的方式对其进行自定义。例如，可以打开或关闭"按钮文本"开关，也可以更改按钮的形状、图标、填充效果、标题等属性。

尽管按钮形状默认为矩形，但也可以对其进行修改，只需要选中按钮，选择"格式"窗格的"形状"选项卡，并选择按钮自定义的形状即可。可供选择的形状包括 V 形箭头、爱心、六边形、八边形、椭圆、平行四边形、五角形、药丸、矩形等，如图 7-7 所示。

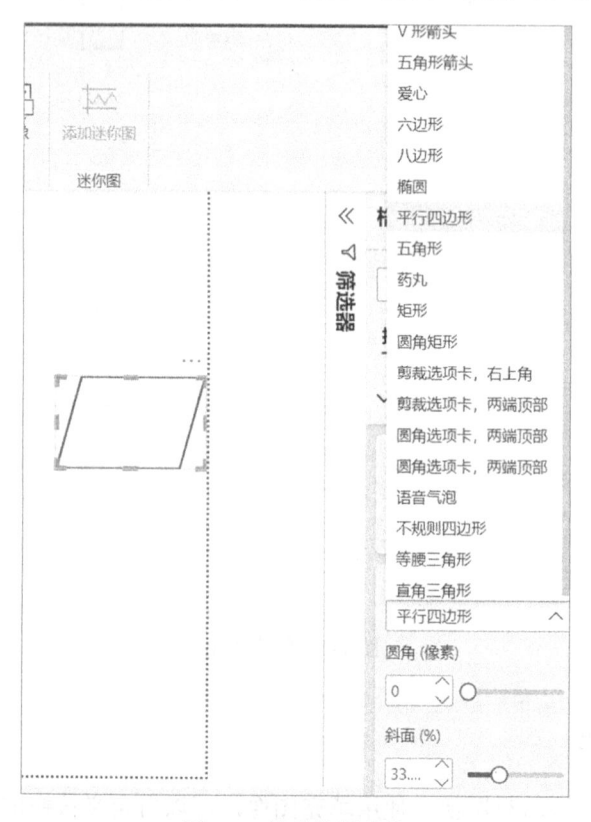

图 7-7　修改按钮形状

还可为按钮添加自定义图像或图标，如图 7-8 所示。

（1）选中按钮，选择"'格式'按钮"→"按钮"→"图标"选项。

（2）在"图标"菜单中设置图标类型为"自定义"，并选择"浏览"选项。

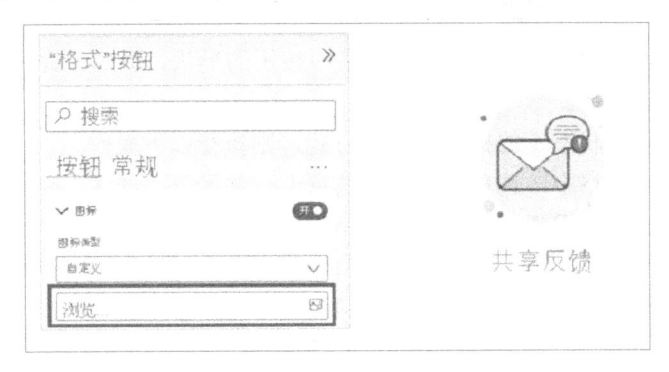

图 7-8　按钮属性变更

（3）在添加图标后，可以自定义图像匹配度和图标位置。通过设置图标位置，可以将图像置于"文本左侧"、"文本右侧"、"文本下方"或"文本上方"，如图 7-9 所示。

（4）设置"图标位置"为"自定义"，并设置图标为"垂直对齐"或"水平对齐"，如图 7-10 所示。

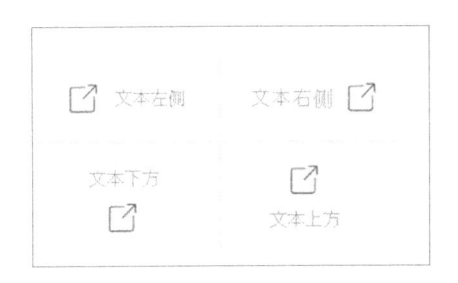

图 7-9　图标相对文本的位置　　　　图 7-10　设置图标位置

（5）还可以自定义图标大小。在默认情况下，设置图标大小为"自动"，这意味着当调整按钮大小时，图标也会自动随按钮改变大小。此外可以通过在"图标大小"输入框中输入一个数字来设置固定的图标大小（以 px 为单位）。

（6）与 Power BI 中的内置形状一样，可以为 Power BI 按钮添加艺术效果来满足设计中添加效果的需求，如"形状阴影"效果、"形状光晕"效果、按钮"形状旋转"和"文本旋转"等。

7.2.3　设置按钮状态

在 Power BI 中的按钮状态主要有四种，如表 7-5 所示。

表 7-5　按钮状态

序号	状态	说明
1	默认	按钮在未被悬停或未被选中时的显示状态
2	悬停	按钮在被悬停时的显示状态

续表

序号	状态	说明
3	按下	按钮在被选中时的显示状态
4	已禁用	按钮在无法被选中时的显示状态

可以根据以上四种状态修改"格式"窗格中按钮的形状、形式、旋转等属性,达到灵活地创建自定义按钮的目的。

如果需要设置每个状态下的按钮的显示方式,则执行以下操作。

(1)在"格式"窗格中,选择"按钮"选项卡,并展开"样式"菜单。

(2)设置"将设置应用于状态"为"悬停时"。

(3)可以看到"样式"菜单和"图标"菜单已经展开,按钮状态信息如图7-11所示。设置"将设置应用于状态"为"悬停时","图标类型"为"右箭头"。

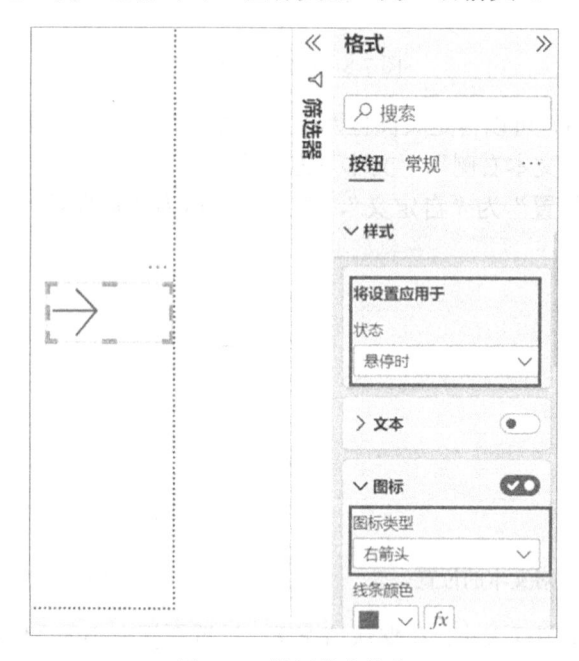

图7-11 按钮状态信息

7.2.4 选择按钮操作

在Power BI中,常用的按钮"操作"菜单如下,如图7-12所示。

(1)上一步:选择该选项可让用户返回到报表的上一页面,此操作非常适合钻取页面。

(2)书签:选择该选项可显示为与当前报表定义的书签关联的报表页面,从而详细了解Power BI中的书签。

(3)钻取:选择该选项可将用户导航到已按照所选内容筛选的钻取页面,而无须使用书签。

(4)页导航:选择该选项可将用户导航到报表的其他页面中,也无须使用书签。

(5)问答:选择该选项可打开"问答资源管理器"对话框。当用户单击"问答"按钮时,"问答"资源管理器将被打开,即可使用自然语言询问数据相关问题。

(6)Web URL:在浏览器中打开网页,某些按钮自动设置默认的操作。例如,"问答"

按钮自动设置为"问答"作为默认操作。

设置按钮操作的步骤如下。

（1）在"格式"窗格的"按钮"选项卡中，设置"操作"为"开"，并展开"操作"菜单。

（2）在"操作"菜单中设置按钮操作的类型。

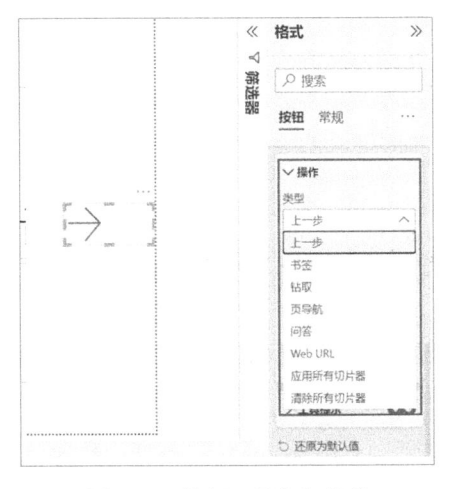

图 7-12　按钮"操作"菜单

7.2.5　创建页导航

当在"操作"菜单中设置"类型"为"页导航"时，可以在不创建书签的情况下创建链接到报表中另一个页面的按钮，如图 7-13 所示。创建页导航的操作如下。

（1）创建将"页导航"作为其操作类型的按钮，并设置"目标"页面。

（2）可以有条件地设置"操作"菜单下的"工具提示"的格式，设置方式与其他按钮类型的设置方式一样。

（3）如果需要自定义导航窗格，则需要创建页面和书签导航器，而不是创建单独的按钮。

图 7-13　创建页导航

7.2.6 设置页导航

基于 Power BI Desktop 中创建的度量值的输出，可以使用条件格式设置导航目标。例如，希望使用单个按钮根据用户的选择将其导航到不同页面，以便节省报表画布上的空间，如图 7-14 所示。

图 7-14 导航示例

如果需要创建此示例，则需要先使用导航目标名称在 Power BI Desktop 中创建一个单列表，再执行以下步骤。

（1）选择"主页"→"输入数据"选项，打开"创建表"对话框，如图 7-15 所示。

图 7-15 "创建表"对话框

（2）在"创建表"对话框中，在列中输入页面名称。Power BI Desktop 使用完全匹配的字符串来设置钻取目标，因此需要确保输入的页面名称与钻取页面的名称完全一致。

（3）创建表后，将其作为单项选择切片器添加到页面，如图 7-16 所示。

（4）创建页导航按钮并为目标选择条件格式选项，操作如下。

首先在"样式"选项卡中，设置"操作"为"开"，然后展开"操作"菜单。设置"类型"为"页导航"，然后单击"目标"旁边的"fx"按钮，如图 7-17 所示。

图 7-16 导航到页面设置

图 7-17 导航设置

最后在"目标-操作-操作"窗格中,设置此操作基于的字段名称,如图 7-18 所示。

图 7-18　"目标-操作-操作"窗格

7.2.7　设置导航图像

除了按钮可以支持导航操作,形状和图像也可以支持导航操作,如图 7-19 所示。

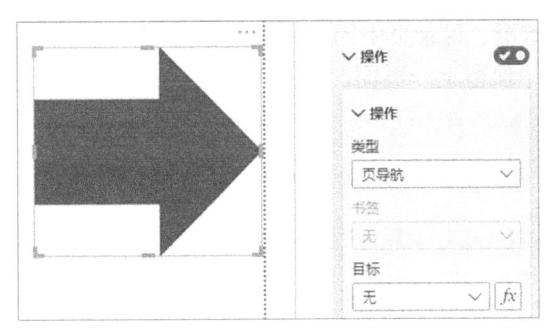

图 7-19　形状和图像导航

7.3　看板导航书签

看板导航书签如图 7-20 左侧的小图标所示。

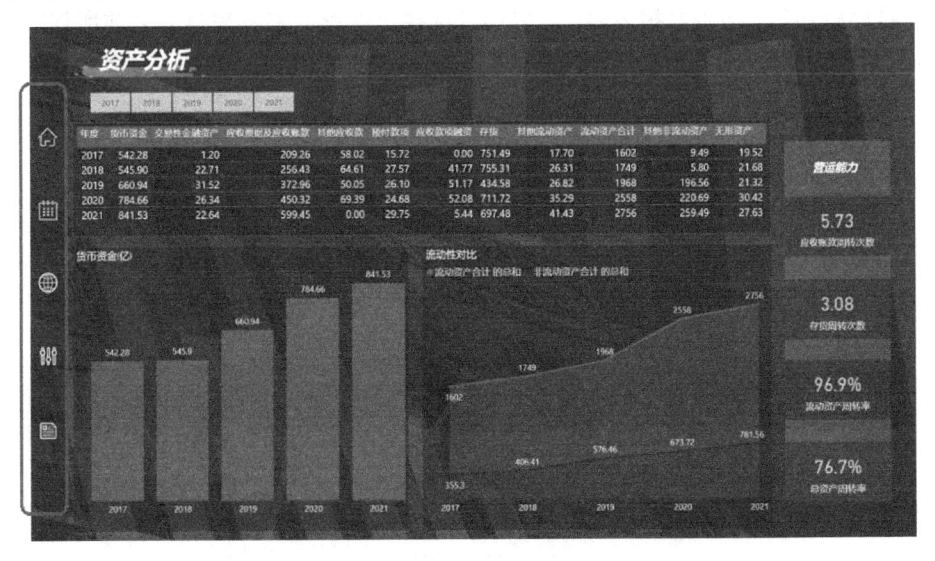

图 7-20　看板导航书签

121

按钮可以完成页导航的功能，书签同样可以实现这个功能，但书签在使用之前需要提前添加。具体方式如下。

单击"视图"→"书签"按钮，在"书签"窗格中单击"添加"按钮，如图 7-21 所示。

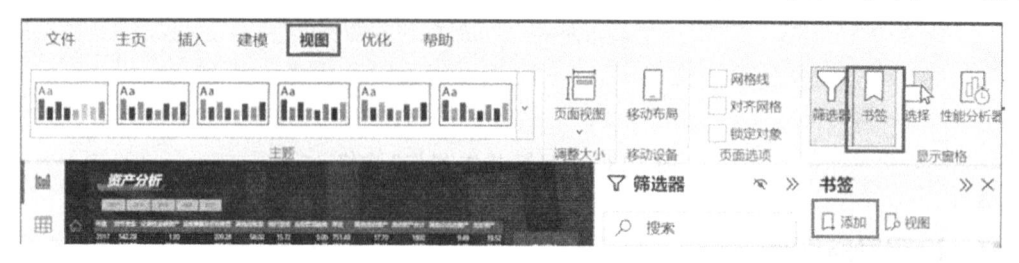

图 7-21　添加书签

以此类推，为之后的每个页面的看板添加一个书签，如图 7-22 所示。将书签绑定在左侧的导航栏上，即可与首页、目录页中的按钮起到相同的作用。书签可以保留更多的数据筛选，即在跳转后的看板中保留上一页面的筛选效果。

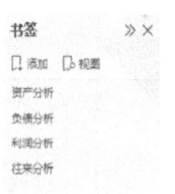

图 7-22　为每个页面的看板添加一个书签

7.3.1　创建书签

在 Power BI Desktop 或网页版本的在线 Power BI 服务中编辑报表时，可以通过添加报表书签来捕获报表页面的当前状态。书签可以保存当前筛选器和切片器、交叉突出显示的视觉对象、排序顺序等。当查看报表时，可以通过选择已保存的书签来返回之前所保存的状态，如图 7-23 所示。

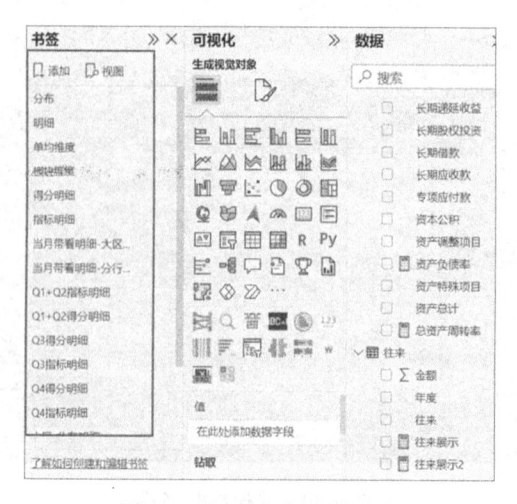

图 7-23　选择已保存的书签

在创建报表书签后，可以使用它们执行更多操作。

（1）在 Power BI 书签中，查看报表的任何人都可以创建个人书签。

（2）在创建报表书签后，只需要通过单击操作就可以快速构建书签导航。

书签的用途有许多。例如，可以创建一系列书签，按所需的顺序进行排列，随后在演示文稿中逐个展示所有书签，从而突出地显示一系列见解，或者通过视觉对象和报表诠释的情景。此外，还可以使用书签来跟踪创建报表的进度（可以轻松地添加、删除和重命名书签）。

7.3.2 创建报表书签

创建报表书签的前提是操作者具有编辑报表的权限，已经获得权限的操作者才能创建报表书签。尤其值得注意的是，在创建书签时，与该书签一起保存的元素包括当前页、筛选器、切片器、视觉对象选择状态、排序顺序、钻取位置、对象可见性等。

创建报表书签的步骤如下。

单击"视图"→"书签"按钮，如图 7-24 所示。

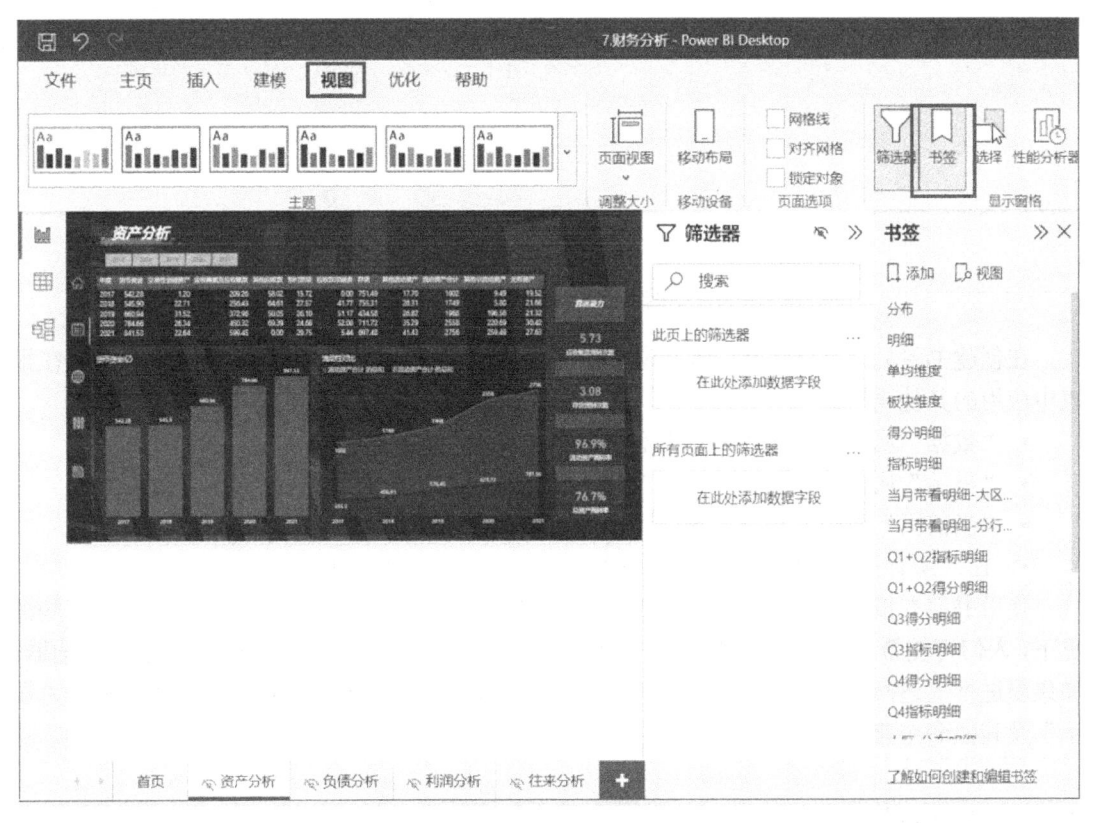

图 7-24 创建报表书签

在报表书签的创建过程中，往往需要配置报表页面，使其在书签中的显示效果符合要求。按照所需方式排列报表页面和视觉对象后，单击"书签"窗格中的"添加"按钮，可以添加一个书签，如图 7-25 所示。

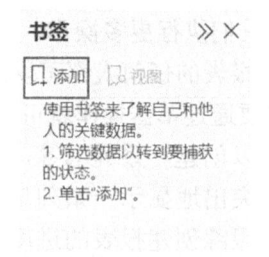

图 7-25　添加书签

此时会创建书签，并将其命名为"书签 1"。可以单击书签右侧的"更多"按钮，在弹出的快捷菜单中进行重命名、删除或更新等操作，如图 7-26 所示。

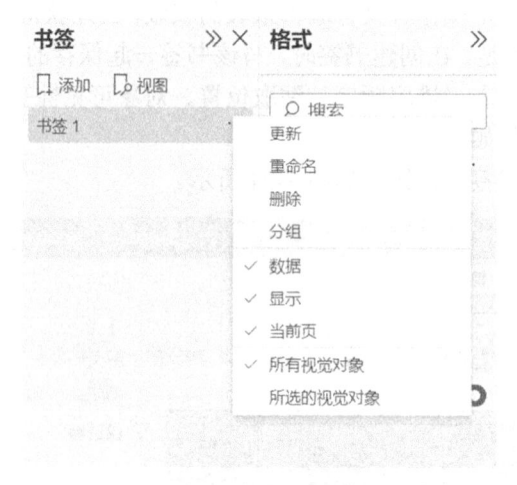

图 7-26　对书签的操作

在创建书签后，可以在"书签"窗格中设置显示书签的方式，也可以设置每个书签在报表中应用的其他属性。

- "数据"属性：如设置筛选器和切片器。
- "显示"属性：如设置聚光灯及其可见性。
- "当前页"更改：在其中显示添加书签时可见的页面。
- 在"所有视觉对象"和"所选的视觉对象"之间进行选择。

使用书签在报表视图或视觉对象选择之间切换时，上述属性的设置非常有用。在某些情况下，人们可能希望关闭数据属性，因此当用户通过选择书签切换视图时，不会重置筛选器。如果要进行上述操作，则单击书签名称旁边的"更多"按钮，勾选或取消勾选"数据"、"显示"及其他命令前的复选框。

7.3.3　排列书签

在创建报表书签后，还需要对书签进行重新排列，如图 7-27 所示。

（1）在"书签"窗格中，勾选某书签前的复选框，并将其拖放至合适的位置，即可更改书签顺序。

（2）书签之间的横线决定了书签的拖放目标位置。

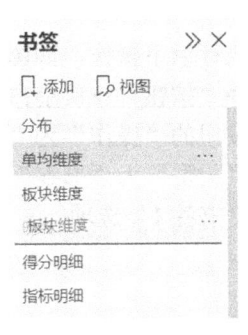

图 7-27　排列书签

7.3.4　使用"选择"窗格

"选择"窗格中列出了当前页上的所有对象，方便用户选择对象，并可以设置对象是否可见。在 Power BI Desktop 中，单击"视图"→"选择"按钮，如图 7-28 所示，打开"选择"窗格。

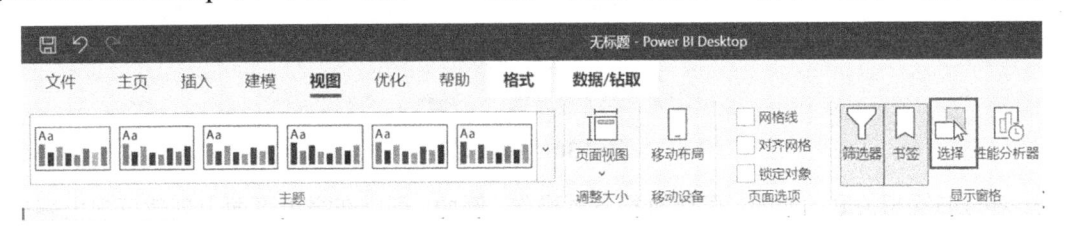

图 7-28　打开"选择"窗格

在"选择"窗格中，选择一个对象并通过单击该对象右侧的眼睛图标按钮，切换该对象当前的可见状态，如图 7-29 所示。

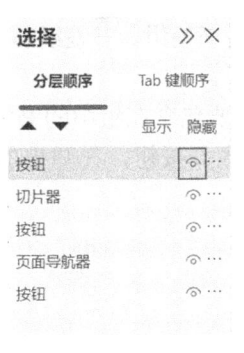

图 7-29　切换可见状态

在添加书签时，每个对象的可见状态也可以随之保存，具体根据"选择"窗格中的设置。由于切片器会继续筛选报表页面，因此，可以通过创建切片器来设置不同的多个书签，使一个报表页面在各种书签中呈现出不同的显示效果。

需要值得注意的是，配合使用"选择"窗格与书签时，更改所选内容的可见性将导致其可见性恢复为默认设置。因此，在进行此类更改后，可以右击书签，在弹出的快捷菜单中选择"更新"命令更新其可见性。

7.3.5 向按钮分配书签

如果要将书签分配给按钮，则执行以下操作，如图 7-30 所示。
（1）在"插入"选项卡中，选择"按钮"→"空白"选项。
（2）在"格式"窗格中，设置按钮的"操作"为"开"。
（3）展开"操作"菜单，设置"类型"为"书签"。
（4）在"书签"窗格中，选择"书签 1"选项。

图 7-30 分配书签

对与书签相关联的对象，可以执行各种操作。例如，可以在报表页面上创建可视内容表，也可以提供相同信息的不同视图（如视觉对象类型）。

7.3.6 创建书签组

在编辑报表时，可以创建和使用书签组。书签组是指定书签的集合，可以按照组的形式显示和排列，创建书签组的步骤如下。
（1）按"Ctrl"键，并单击选中要包含在组中的书签。
（2）单击所选书签右侧的"更多"按钮，在弹出的快捷菜单中选择"分组"命令，如图 7-31 所示。

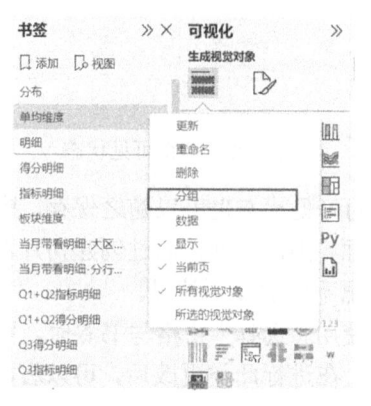

图 7-31 创建书签组

Power BI Desktop 自动将该组命名为"组 1"。可以单击此组旁边的"更多"按钮,在弹出的快捷菜单中选择"重命名"命令,将其重命名为所需的名称,如图 7-32 所示。

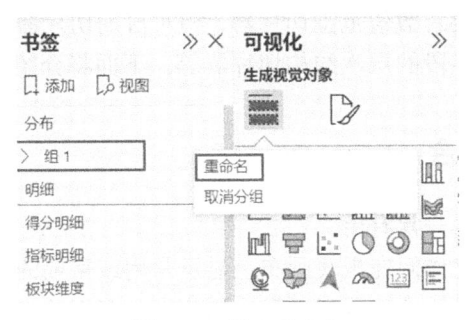

图 7-32　组名重命名

取消书签分组的操作步骤如下。
(1)选择组中的任意书签,单击"更多"按钮。
(2)在弹出的快捷菜单中选择"取消分组"命令,如图 7-33 所示。

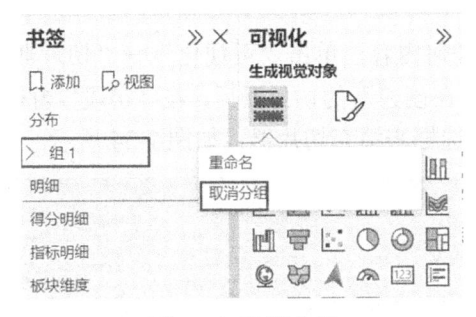

图 7-33　取消分组

对组中的任何书签设置取消分组可以删除组(删除组,但不会删除书签本身)。如果要从组中删除单个书签,则先按"Ctrl"键,并单击选择每个新组中所需的书签,再选择"组"选项。

使用书签需要注意如下事项。
(1)虽然很多 Power BI 视觉对象能够与书签很好地配合使用,但是如果在使用书签和自定义视觉对象时遇到问题,请与该自定义视觉对象的创建者联系,为视觉对象添加书签支持。
(2)如果在创建书签后,在报表页面中添加视觉对象,此视觉对象会以默认的状态显示。也就是说,如果在之前创建书签的页面中添加切片器,此切片器则会在默认状态下运行。
(3)如果在创建书签后,移动了一个视觉对象,则当选择书签时,该视觉对象会出现在被移动到的地方。

7.4　切片器

如果只想查看某一年的销售指标数据,则可以创建单独的报表或比较图表,也可以从"筛选器"窗格中添加筛选器,或者使用切片器。其中,使用切片器可以将单独的报表或比较图表显示在报表页面上,并缩小在其他报表可视化效果中显示的数据集部分,以此来聚焦一部分数据。

常用切片器的种类主要有数值范围切片器、相对日期切片器、相对时间切片器、可调整大小的切片器、具有多个字段的层次结构切片器等。下面将介绍切片器的使用。

7.4.1 使用切片器的场合

在以下场合中,切片器非常有用。
(1)使用切片器来简化访问在报表画布上显示常用或重要的筛选器。
(2)使用切片器来更轻松地查看当前筛选的状态,而无须打开下拉列表。
(3)使用切片器按数据表中不需要的列和隐藏的列进行筛选。
(4)通过将切片器置于重要的视觉对象旁边,创建更能突出重点的报表。

7.4.2 创建切片器

在看板画布上不选中任何内容,单击"可视化"→"切片器"按钮(🗒)来创建新的切片器并进行填充。例如,在创建新的切片器后,在"字段"窗格中,先展开"上海建工-利润表",再勾选"年度"复选框来填充切片器,如图7-34所示。

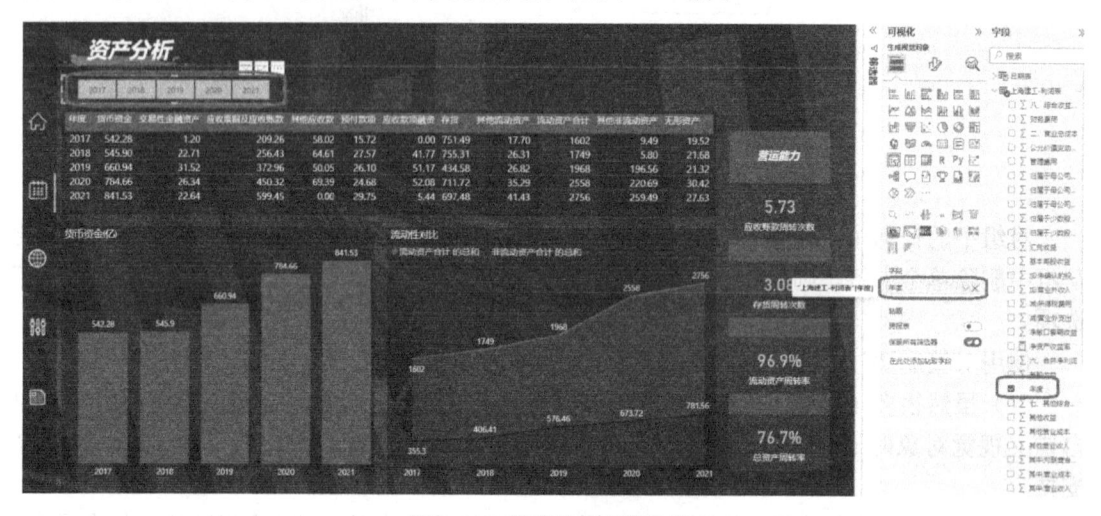

图7-34 创建并填充切片器

需要注意的是,如果切片器调整得过小,则切片器内容将被截断,无法完整地显示所有选项。

7.4.3 控制切片器交互

在默认情况下,报表页面上的切片器会影响该页面上所有控件的可视化效果,因此在新创建的列表和日期切片器中选择值时,需要注意其可视化效果。筛选后的数据是这两个切片器中所选值的交集。

可以使用视觉对象交互来排除某些页面的可视觉化效果,以免受到其他可视化效果的影响。例如,断开"年度"切片器对货币资金可视化对象的控制,具体操作如图 7-35 所示。

(1)选择之前创建的切片器。例如,选择"年度"切片器。

(2)单击"格式"→"编辑交互"按钮。

(3)在界面中出现筛选器控件按钮(　），每个控件都具有"筛选器"和"无"选项,它们都显示在页面中所有其他视觉对象的上方。最初,所有控件上都预先选择了"筛选器"选项,这时选择"无"选项即可断开控制。

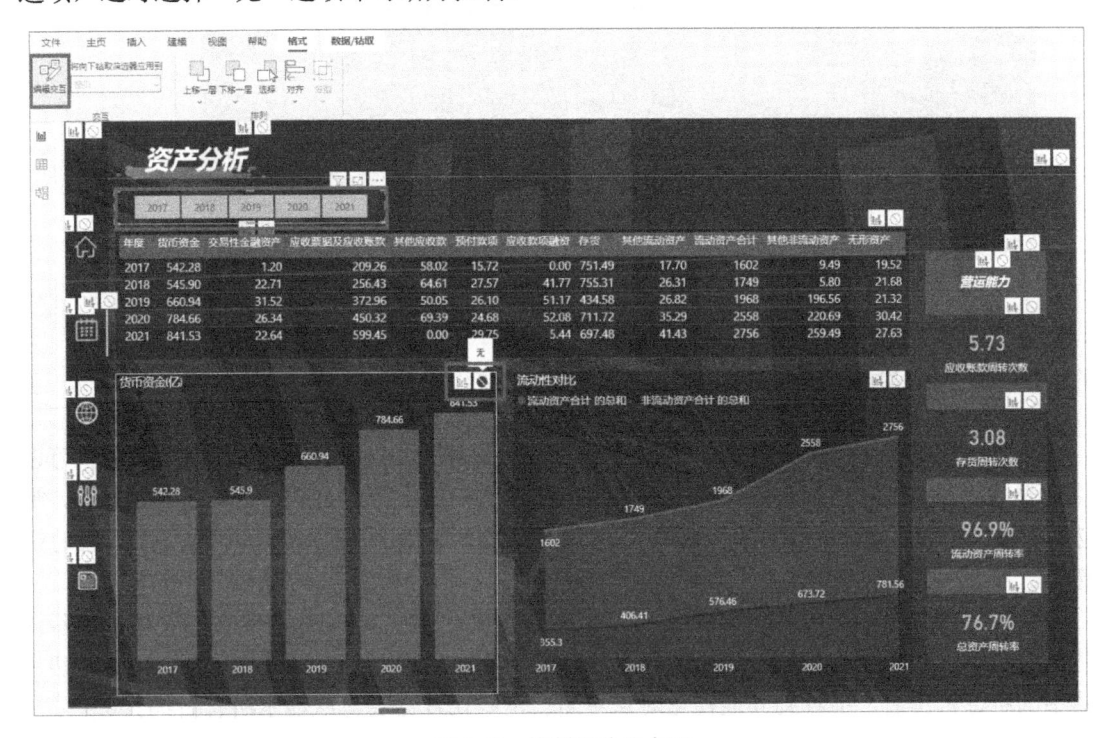

图 7-35 控制切片器交互

7.4.4 同步切片器

同步切片器可用于报表的任意页面或所有页面。

在当前看板中,每页都包含了一个"年度"切片器,如果想看每页中 2020 年的数据而又不想在每页上重复操作,就可以使用同步切片器来完成。

具体操作如下:单击"数据/钻取"→"同步切片器"按钮,在"同步切片器"窗格中,依次勾选"资产分析""负债分析""利润分析""往来分析"复选框,如图 7-36 所示。

上述操作可使每一页的"年度"切片器实现同步。

也可以通过其他的方式来实现同步。例如,可以简单地将本页的切片器复制、粘贴到另一页的看板中,在"是否同步"对话框中选择"是"选项即可。如果页面跳转是用书签来完成的,则只需要在书签设置的选项中,取消勾选"数据"复选框即可达到保持数据筛选的目的。

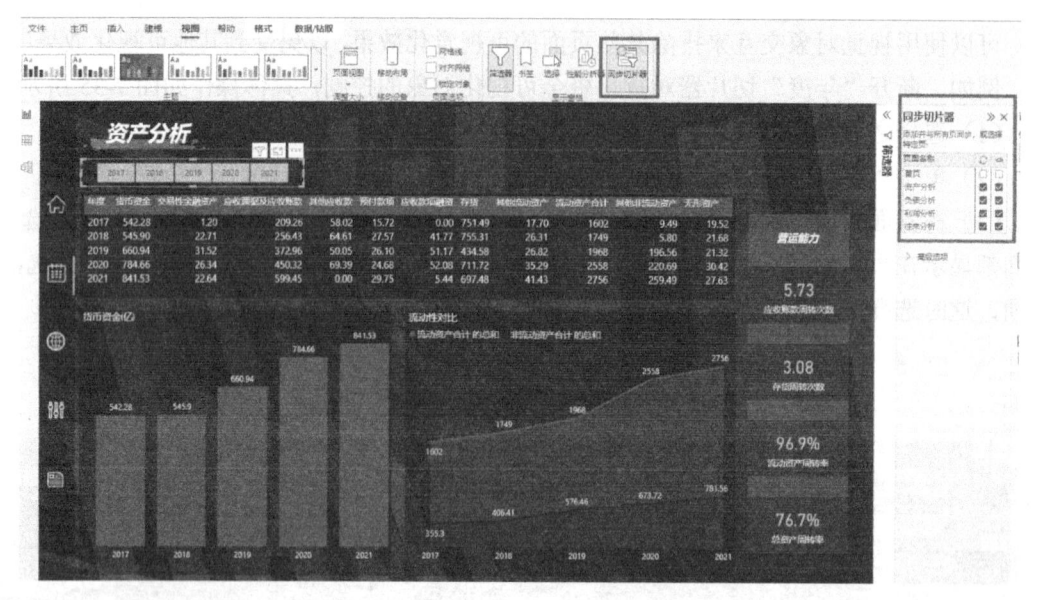

图 7-36 同步切片器

7.4.5 筛选切片器

可以将视觉对象级筛选器应用于切片器,以减少切片器中显示的值的列表。例如,可以从列表切片器中筛选出空白值,或者从范围切片器中筛选出特定日期。在筛选切片器时,筛选只是影响切片器中显示的值,而不是当进行选择时将切片器应用于其他视觉对象的筛选器。

假设将筛选器应用于范围切片器,以便仅显示特定日期。对切片器的选择仅用于显示该范围中的第一个日期和最后一个日期,但仍会在其他视觉对象中显示其他日期。在更改切片器中的所选范围后,会看到其他视觉对象更新。清除切片器会再次显示所有日期。

7.4.6 切片器选项

默认设置切片器的"样式"为"垂直列表"。选择"磁贴"选项可以生成水平排列的磁贴或按钮切片器,滚动箭头访问切片器中不适合的项。通过使用"磁贴"样式、"响应式"布局和"背景"着色,可以生成按钮或磁贴,而不是标准列表项,并调整切片器大小以适应不同的屏幕大小和布局。

默认设置"切片器标题"中的"标题文本"为"开"。此选择将在切片器顶部显示数据字段名称。可以编辑此标题文本,此功能对层次结构切片器特别有效。

在"常规"选项卡上的"标题"是另一个选项。默认设置此选项为"关",默认设置其他格式选项为"关",设置这些选项为"开"可以对切片器进行操作,具体如下。

(1)锁定外形比例:如果要调整切片器的大小,则保留它的相对高度和宽度。该选项在"常规"→"属性"→"大小"菜单中。

(2)背景:将背景颜色添加到切片器并设置其透明度。该选项在"常规"→"效果"菜单中。

(3)边框:在切片器周围添加边框并设置其颜色。该选项在"常规"→"效果"菜单中。

(4)"视觉对象"选项卡上还有一个"边框"选项。它用于在切片器中的每个选项的上方、下方或旁边添加边框。它独立于"常规"设置并且不受其影响。

(5)阴影:向滑块添加投影。该选项在"常规"→"效果"菜单中。

7.5 利润分析数据看板

在介绍利润分析数据看板前,先介绍杜邦财务分析法。

杜邦财务分析法,也称杜邦分析体系、杜邦方法,它是美国化工集团——杜邦公司从20世纪20年代开始使用的一种财务分析法。杜邦财务分析法利用各财务指标之间的内在关系,对企业财务状况及经济效益进行综合分析。这种系统性的分析方法主要侧重于公司财务管理中的三个至关重要的管理,分别是营运管理、资产管理、资本结构。

杜邦财务分析法展示了各重要的财务数据之间的内在联系,也对资本回报率进行了进一步解析。开展负债经营,合理安排企业的资本结构,可以提高净资产收益率。杜邦财务分析法以净资产收益率为核心,将其分解为三个不同但又相关的指标,即销售净利率、资产周转率、权益乘数。这三个指标分别代表了对企业至关重要的三个方面的能力,即盈利能力、营运能力、财务杠杆。通过杜邦财务分析法,使用者可以更加清晰地分析企业在这三方面的能力,同时避免因过分注重资产回报率而被单纯的高资产回报率蒙蔽,不能了解企业的真实价值。

例如,一个高资产回报率的企业有可能同时是债台高筑的企业,其原因是企业为了提高资产回报率而进行高杠杆经营,这种经营方式在外部因素良好的情况下,如央行实行低利率、行业处于朝阳产业进而被政府支持、上下游企业违约风险小等,由于财务杠杆效应,企业可以在直接投资很少的情况下大大提高净利润。然而,在高杠杆情况下,一旦外部环境出现变化,对企业造成影响的不确定性是巨大的。例如,应收账款降低1个百分点,在5倍杠杆的情况下企业净利润将会降低5个百分点,而在高额借款的情况下这将给企业造成极大的还款压力。在这种情况下,杜邦财务分析法将清晰地显示这种风险,从而为利益相关者进行相对正确的判断提供参考。

杜邦财务分析法以净资产收益率为核心指标,并层层分解至最基本的会计要素,全面、系统、直观、综合地反映公司的财务状况。

$$\text{净资产收益率} = \frac{\text{净利润}}{\text{平均净资产}} \times 100\%$$

$$= \frac{\text{净利润}}{\text{平均总资产}} \times \frac{\text{平均总资产}}{\text{平均净资产}}$$

$$= \text{总资产净利率} \times \text{权益乘数}$$

$$\text{总资产净利率} = \frac{\text{净利润}}{\text{平均总资产}} \times 100\%$$

$$= \frac{\text{净利润}}{\text{营业收入}} \times \frac{\text{营业收入}}{\text{平均总资产}}$$

$$= \text{营业净利率} \times \text{总资产周转率}$$

因此，决定净资产收益率高低的因素主要包括营业净利率、总资产周转率和权益乘数这三个因素。在揭示出这几组重要的关系后，还可以进一步向下层层分解，将企业诸多方面的数据都包含进去，形成一个综合的分析体系，称为杜邦分析体系，如图7-37所示。

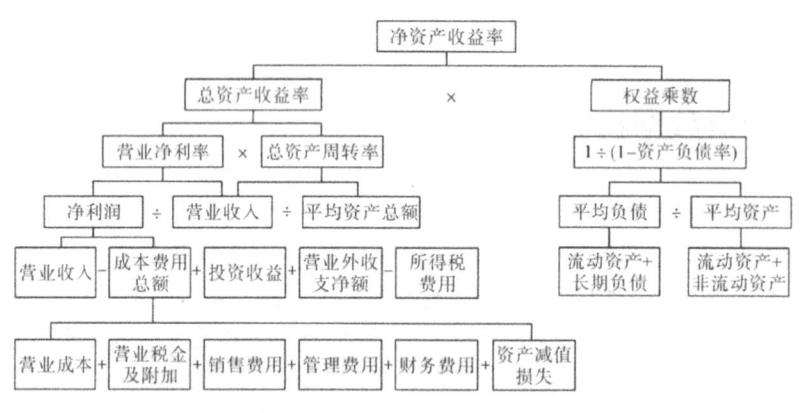

图7-37 杜邦分析体系

杜邦分析体系为人们进行企业综合分析提供了极具价值的财务信息，主要如下。

（1）净资产收益率是综合性最强的财务指标，是企业综合财务分析的核心。这一指标反映了投资者投入资本的获利能力，体现了企业经营的目标。从企业财务活动和经营活动的相互关系上看，净资产收益率的变动取决于企业的资本结构、资产运营能力和销售获利能力，所以净资产收益率是企业财务活动效率和经营活动效率的综合体现。

（2）总资产周转率是反映企业营运能力最重要的指标，是企业资产经营的结果，是实现净资产收益率最大化的基础。企业总资产由流动资产和非流动资产组成，流动资产体现企业的偿债能力和变现能力，非流动资产体现企业的经营规模、发展潜力和盈利能力。各类资产的收益性又有较大区别，所以资产结构合理性及营运效率是企业资产经营的核心问题，并最终影响企业的经营业绩。

（3）营业净利率是反映企业商品经营盈利能力的最重要的指标，是企业商品经营的结果，是实现净资产收益率最大化的保证。企业从事商品经营，目的在于获利，其途径只有两条：一是扩大营业规模，二是降低成本费用。

（4）权益乘数反映了股东权益与资产总额之间的关系，在一定程度上反映了企业资本结构。同时它也是反映企业偿债能力的指标，是企业资本经营即筹资活动的结果，对提高净资产收益率能起到杠杆作用，即权益乘数越大，企业的负债程度越高。

基于杜邦分析体系的理论，搭建了利润分析看板，如图7-38所示。

上述看板将净资产收益率拆解为三个指标，其中每个指标的度量值如下。

总指标：净资产收益率＝总资产净利率×权益乘数

拆分一：总资产净利率＝销售净利率×总资产周转率

　　　　权益乘数＝1/(1－资产负债率)

拆分二：总资产净利率＝销售净利率×总资产周转率

　　　　总资产周转率＝SUM('上海建工-利润表'[一、总营收])/

　　　　　　　　　　SUM('上海建工-资产负债表'[资产总计])

拆分三：直接拖动表中对应字段即可。

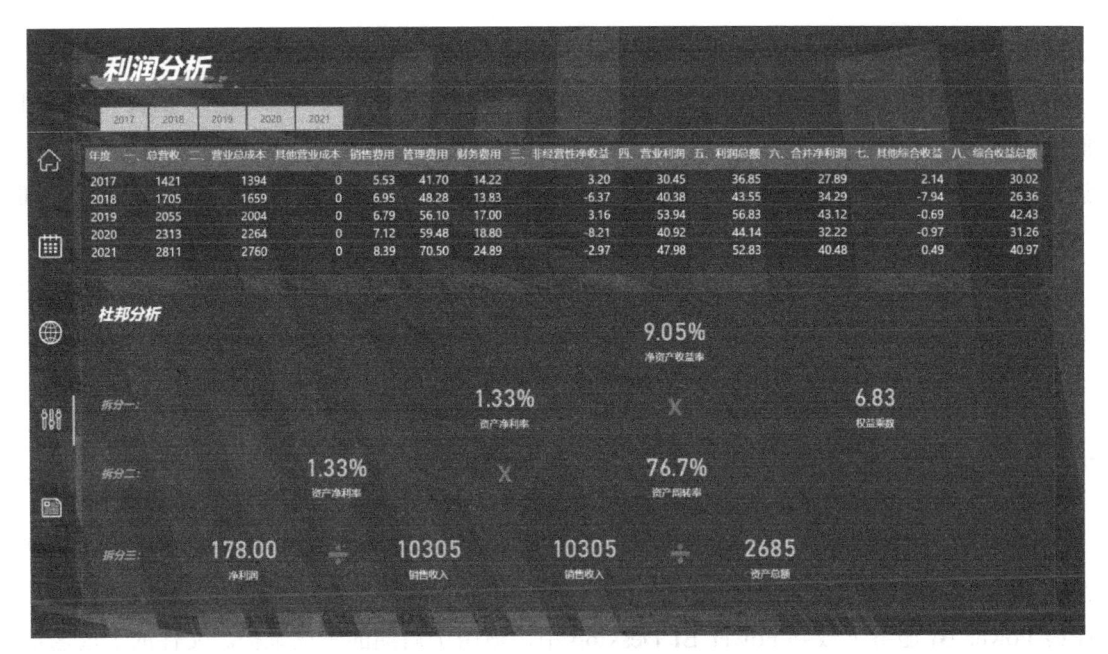

图 7-38 利润分析看板

7.6 数据发布与报表下载

在将 Power BI Desktop 文件发布到在线 Power BI 服务后，可以将模型中的数据发布到工作区中。这同样适用于在"报表"视图中创建的所有报表。值得注意的是，在 Power BI 服务中对报表的任何更改都不会保存到原始 Power BI Desktop 文件中。

7.6.1 重新发布或替换数据集

在发布 Power BI Desktop 文件后，数据集和 Power BI Desktop 中创建的所有报表都会被上传到在线 Power BI 服务中。在重新发布 Power BI Desktop 文件后，在线 Power BI 服务中的数据集会被替换为 Power BI Desktop 文件中已更新的数据集。上述过程尽管简单，但需要注意以下几点。

（1）当在线 Power BI 服务中有两个或多个与 Power BI Desktop 文件同名的数据集时，可能导致发布操作失败。因此，请确保在在线 Power BI 服务中只有一个同名的数据集，或者先重命名文件再进行发布，这将创建一个与文件同名的新数据集。

（2）如果进行重命名、删除列或度量值操作，则在线 Power BI 服务中的任何含有该字段的可视化对象都可能会被破坏。

（3）在线 Power BI 服务将忽略对现有列的某些格式的更改。例如，如果将列的格式从 0.25%更改为 25%，则该操作将被忽略。

（4）假设有一个为在线 Power BI 服务中的现有数据集配置的刷新计划。当新数据源被添加到文件中，并重新发布时，必须在下一次计划的刷新前登录这些数据源。

（5）重新发布从 Power BI Desktop 发布的数据集并定义刷新计划时，在重新发布数据集

（6）对数据集进行更改并重新发布时，会有一条消息提示有多少工作区、报表和看板可能会受到更改的影响。该消息要求确认是否要将当前发布的数据集替换为修改过的数据集。该消息还提供在线 Power BI 服务中完整的数据集影响分析的链接，从而用户可以查看详细信息并采取措施来缓解更改数据集带来的风险。

（7）如果正在覆盖的在线 Power BI 服务中的数据集具有与扩展名为"pbix"的文件中的标签不同的敏感度标签，则将显示一个对话框。该对话框将提示用户是选择保留现有标签，还是选择使用扩展名为"pbix"的文件中的标签来覆盖它们。

7.6.2 报表下载

在 Power BI Desktop 中，可以将报表从本地计算机发布到在线 Power BI 服务中。当然在线 Power BI 服务的报表也可以下载到本地计算机中。本小节介绍如何将报表或数据集从在线 Power BI 服务下载到 Power BI Desktop 中，适用于后期的看板维护。文件的扩展名均为"pbix"。需要注意的是，如果要下载扩展名为"pbix"的文件，下载的账户身份应该至少是工作区的参与者。

1．下载报表文件

如果要下载扩展名为"pbix"的报表文件，则应执行以下步骤。

（1）在在线 Power BI 服务中，打开要下载的报表。可以在"阅读"视图或"编辑"视图中下载报表。

（2）在顶部菜单栏中，选择"文件"→"下载此文件"选项，如图 7-39 所示。

（3）在弹出的下载内容提示框中，选择所需的下载类型。可以选择下载包含数据的报表，或者下载包含实时数据连接的报表。选择一种模式，并单击"下载"按钮开始下载，如图 7-40 所示。

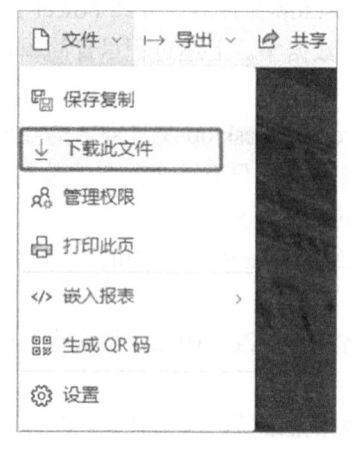

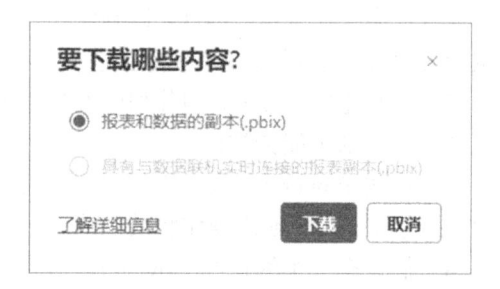

图 7-39　下载此文件　　　　　　图 7-40　下载内容提示框

当下载报表时，状态横幅将显示进度。默认文件名与报表名相匹配。

如果还没有安装 Power BI Desktop，将先安装 Power BI Desktop，再在 Power BI Desktop 中打开该扩展名为"pbix"的报表文件。

下载扩展名为"pbix"的报表文件，可以使用以下两种模式。

（1）报表和数据的副本。选择此模式会下载一个包含要下载的报表及该报表所基于数据的文件。

（2）具有与数据联机实时连接的报表副本。选择此模式会下载一个包含要下载的报表，但不包含数据的扩展名为"pbix"的文件。该文件包含与在线 Power BI 服务中的数据集实时连接。

2．下载数据集中的文件

如果要将数据集下载为扩展名为"pbix"的文件，则应该执行以下步骤。

（1）在网页版本的 Power BI 服务中，打开工作区找到要导出的数据集，并单击"更多选项"按钮。如图 7-41 所示。

（2）在弹出的快捷菜单中，选择"下载此文件"命令，如图 7-42 所示。

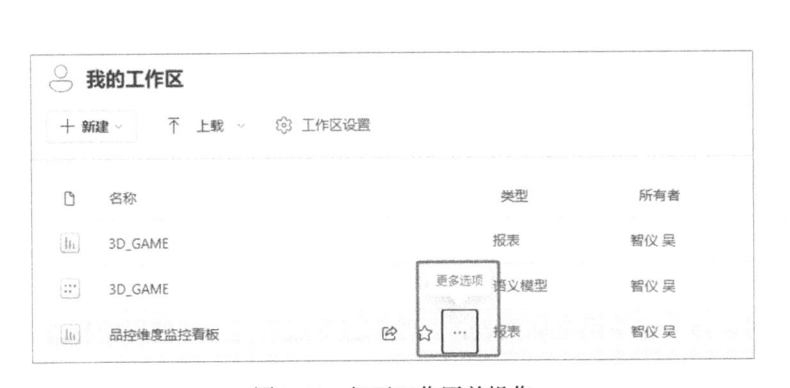

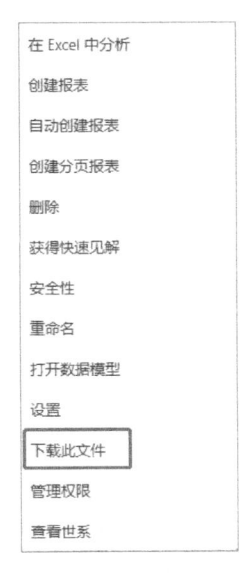

图 7-41　打开工作区并操作　　　　　图 7-42　下载此文件

（3）当报表正在下载时，状态横幅将显示进度。默认文件名与报表名相匹配。

（4）如果还没有安装 Power BI Desktop，则请安装并在 Power BI Desktop 中打开该扩展名为"pbix"的文件。

7.7　使用指标报表

指标报表可对报表的整体使用情况进行展示，有助于阅读者更好地了解实时状况。通过它们，阅读者可以发现谁正在组织中使用这些报表，以及了解如何使用，还可以展示系统的性能情况。

使用指标报表的先决条件，主要有如下三点。

（1）需要有 Power BI Pro 或 Premium Per User（PPU）许可证才能运行和访问使用指标数据。然而，使用指标功能可捕获所有用户的使用情况信息。

（2）如果访问报表的使用指标，则必须有权编辑该报表。

（3）Power BI 管理员必须已启用内容创建者的使用情况指标。

7.7.1 查看使用指标报表

只有具有管理员、成员或参与者权限的用户才能查看使用指标报表，仅有查看者权限是无法查看使用指标报表的。如果在报表所在的工作区中至少有一个参与者，则可以通过以下步骤来显示使用指标。

（1）打开包含要分析其使用情况指标的报表的工作区。从"工作区内容"列表中，打开报表的上下文菜单，选择"查看使用指标报表"命令，如图 7-43 所示。或者打开报表，在指令栏上打开上下文菜单，选择"查看使用指标报表"命令。

图 7-43 "查看使用指标报表"命令

（2）当首次执行此操作时，会创建使用指标报表，并在创建完成后显示"使用指标准备就绪"提示框，如图 7-44 所示。

（3）如果查看结果，则单击"查看使用指标"按钮。

（4）第一次执行此操作时，可能会打开旧的使用指标报表。如果要显示改进的使用指标报表，则在右上角将"启用新的使用情况报表"的开关切换为"开"，如图 7-45 所示。

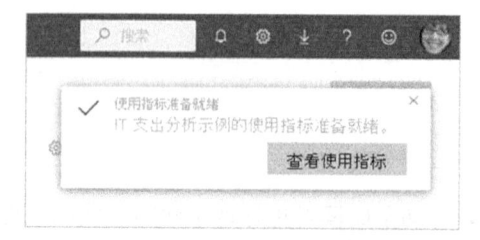

图 7-44 "使用指标准备就绪"提示框　　　　图 7-45 切换开关

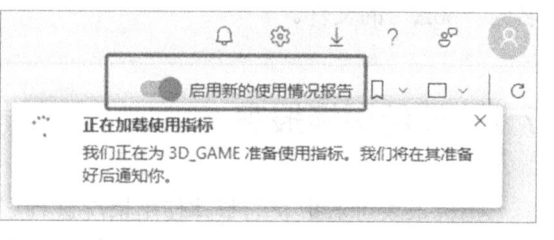

7.7.2 使用情况指标说明

改进后的使用情况指标报表包含以下报表页面，如表 7-6 所示。

（1）报告使用情况页面，该页面提供有关报表查看和报表查看者的信息。例如，可以按日期查看报表的用户数。

（2）报告性能页面，该页面显示按使用方法和浏览器类型细分的典型报表打开时间。

（3）常见问题解答页面，该页面提供常见问题解答。例如，回答"查看者"和"查看对象"是什么。

表 7-6 使用情况指标

类别	指标	说明
报告使用情况	报表查看 / 报表打开	每次有人打开报表并在该报表上显示为唯一登录时，就会记录一次报表查看。它回答了"报表的访问频率"的问题。此报表视图定义不同于以前的使用指标报表。更改报表页面不再被视为额外的一次报表查看，而是会被视为下一个指标查看报表页面。使用指标中不再考虑共享和固定等活动
报告使用情况	报表页面查看	每次有人查看报表页面时，就会记录一次报表页面查看。它表示任何页面中的总查看次数。它回答了"多久访问一次报表页面？"的问题。因此，更改报表页面对报表页面视图很重要。有关重要详细信息，请参阅注意事项和限制
报告使用情况	唯一查看者	查看者是指在一段时间内至少打开一次报表的用户（以 Azure AD 用户为依据）
报告使用情况	查看趋势	查看趋势反映了在一段时间内被查看的计数变化。它将所选时间段的前半部分与后半部分的被查看的次数进行比较
报告使用情况	"日期"切片器	可以更改报表使用情况页面上的时间段。例如，计算每周或每两周被使用的趋势。在报表使用情况页的左下角，可以确定被选中的报表可用的使用情况中数据的最早和最晚日期
报告使用情况	排名	根据查看计数，排名显示了报表与组织中所有其他报表相比的受欢迎程度。排名为"1"表示在组织的所有报表中，该报表被查看的次数最多
报告使用情况	每日报表查看次数	使用情况在报表级别中计算，不考虑报表页面访问次数
报告使用情况	每日报表查看者数	查看报表的唯一身份用户总数（以 Azure AD 用户为依据）
报告使用情况	分发方法	用户访问报表的方式，例如，成为工作区的成员、与用户共享报表，或者安装应用
报告使用情况	"平台"切片器	用于表示是通过 Power BI 服务（powerbi.com）、Power BI Embedded，还是通过移动设备访问报表
报告使用情况	查看过报表的用户	显示打开按查看计数排序的报表的用户列表
报告使用情况	页数	如果报表有多个页面，则按已查看的一个或多个报表页面对报表进行切片。"空白"表示报表页面是在切片器列表中显示新页后 24 小时内添加的，或者表示报表页面已被删除
报表性能	典型的打开时间	报表性能页还可以按使用方法和浏览器类型细分典型报表打开时间。目前，在评估初始报表加载和首次页面查看的性能时，评估以请求报表为开始，并以最后一个视觉对象完成呈现为结束。报表交互（如切片、筛选或更改页面）不包括在性能指标中
报表性能	打开时间趋势	打开时间趋势反映在一段时间内的打开报表性能变化。它将所选时间段的前半部分报表的打开时间与后半部分报表的打开时间进行比较
报表性能	"日期"切片器	可以更改报表性能页上的时间段。例如，计算每周或每两周的趋势。在报表性能页面的左下角，可以确定所选报表可用的使用情况数据的最早和最晚日期

续表

类别	指标	说明
报表性能	每日性能	针对每一天计算的25%、50%和75%的打开报表操作的性能
报表性能	7天性能	在过去7天内针对每个日期计算的25%、50%和75%的打开报表操作的性能
报表性能	使用方法	用户打开报表的方式，如通过Power BI 服务（powerbi.com）、Power BI Embedded 或移动设备
报表性能	浏览器	用户用于打开报表的浏览器，如Firefox、Microsoft Edge 和Chrome

7.7.3 创建使用情况指标报表

根据"使用指标报表"数据集，可以在Power BI Desktop 中创建使用情况指标报表。如果要建立与"使用情况指标报表"数据集的连接，并创建自己的报表，则必须登录Power BI Desktop 中的Power BI 服务，具体操作如下。

（1）打开Power BI Desktop。

（2）如果未登录Power BI 服务，选择"文件"→"登录"选项。

（3）如果需要连接到"使用指标报表"数据集，则在"主页"选项卡中选择"获取数据"→"更多"选项。

（4）在"获取数据"对话框中，选择"Power Platform"→"Power BI 数据集"选项，并单击"连接"按钮，如图7-46所示。

图7-46 选择连接Power BI 数据集

（5）滚动找到所需数据集，或者在搜索框中输入"使用指标"。

（6）在"工作区"列确认已选择了正确数据集，单击"创建"按钮，如图7-47所示。

（7）在Power BI Desktop 中选择"可视化"→"字段"列表，该列表提供了对所选数据集中的表、列和度量值的访问权限。

（8）创建和共享自定义使用报表。

图 7-47　选择数据集

7.8　脱机工作与注意事项

在无网络连接的情况下使用 Power BI Desktop 和 App Source Power BI 视觉对象打开一个报表，如果之前在 Power BI Desktop 联机时未保存该报表，则报表中的视觉对象不会呈现。如果要解决此问题，请执行下列步骤。

（1）确保联机工作。

（2）在 Power BI Desktop 中打开报表。如果在打开报表后重新建立连接，请关闭报表并重新打开它。

（3）保存报表。在保存报表后，可以在无网络连接的情况下再次打开它，Power BI 视觉对象将正常工作。

其他注意事项，主要如下。

（1）在打开下载的文件时，始终使用最新版本的 Power BI Desktop。在 Power BI Desktop 的非当前版本中可能无法打开下载的扩展名为"pbix"的文件。例如，无法在不支持信息保护的 Power BI Desktop 版本中打开下载的扩展名为"pbix"的文件。

（2）如果管理员已关闭数据下载功能，则此功能在 Power BI 服务中将不可见。

（3）如果多次下载相同的扩展名为"pbix"的文件，则扩展名为"pbix"的文件中的 Security Bindings 文件部分每次都会被更改。

7.9　思考题

（1）按钮的状态有哪几种？请自行完成页面导航按钮示例，并采用按钮自定义设置。

（2）切片器通常在哪些场合下使用比较合适？请自行完成切片器的示例。

（3）请自行采集一家企业的 3 年财务数据，并制作一个完整的数据看板，需要包含但不限于偿债能力分析、盈利能力分析、营运能力分析和发展能力分析等，对该公司进行综合分析与业绩评价，帮助企业管理者了解企业管理中的问题与趋势。

第 8 章
数据可视化之 Matplotlib 篇

本章介绍 Matplotlib 的安装与使用，包括通过 Matplotlib 绘制线形图、散点图、等高线图、三维图等。

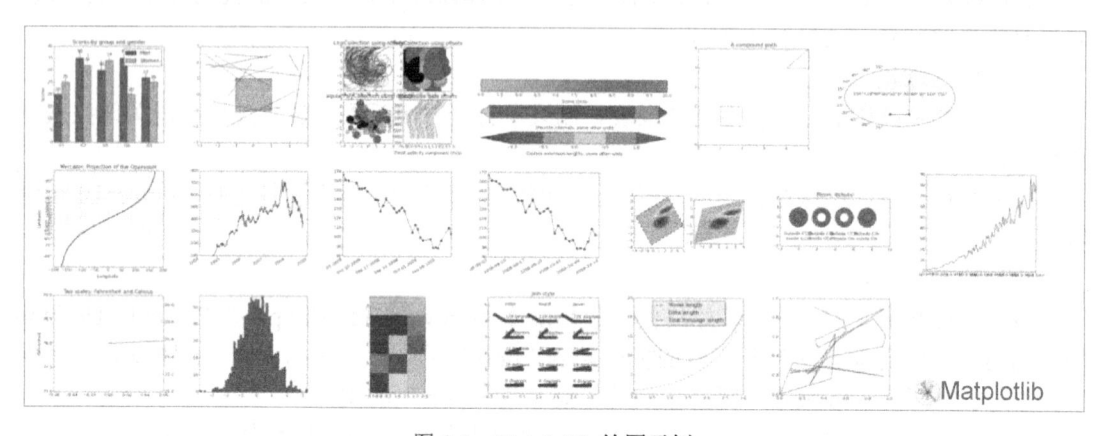

8.1 Matplotlib 概述

Matplotlib 是一个基于 Python 的 2D 绘图库工具包，其提供了丰富的数据绘图工具，主要用于绘制一些统计图形，如图 8-1 所示。

图 8-1 Matplotlib 绘图示例

8.2 Matplotlib 安装与使用

1．安装

执行 Matplotlib 安装的指令行代码如下。

```
# 安装包
$ pip install matplotlib
```

2．缩写与导入必要的库

为了简化代码，常用一些缩写设置，例如，使用"np"来表示"NumPy"，使用"pd"来表示"Pandas"。在 Matplotlib 中也采用一些缩写，如"mpl""plt"等，示例代码如下。

```
!pip install numpy==1.16.0
!pip install pandas==0.25.0
!pip install matplotlib==3.1
import numpy as np
import matplotlib as mpl
import matplotlib.pyplot as plt
```

3．设置样式

使用"plt.style"命令可为图形选择合适的美学风格。例如，设置 classic 的风格，能确保创建的图形使用经典的 Matplotlib 风格，示例代码如下。

```
# 设置 classic 的风格
plt.style.use('classic')
```

需要注意的是，这里使用的样式表是 Matplotlib 版本 1.5 以上支持的；如果使用的是较早的 Matplotlib 版本，则只支持使用默认样式。

4．展示图像

Matplotlib 的最佳使用场景取决于如何使用它，包括以下三个使用的场景，分别是在脚本中使用 Matplotlib、在 IPython Shell 中使用 Matplotlib，以及在 IPython notebook 中使用 Matplotlib。

5．在脚本中绘图

如果使用的是脚本中的 Matplotlib，则使用"plt.show"命令非常适用。使用"plt.show"命令可启动一个事件循环，查找所有当前活动的图形对象，并打开一个或多个显示的图形或图形的交互式对话框。

例如，myplot.py 文件包含以下代码。

```
# ------- file: myplot.py ------
import matplotlib.pyplot as plt
import numpy as np
x = np.linspace(0, 10, 100)
plt.plot(x, np.sin(x))
plt.plot(x, np.cos(x))
plt.show()
```

在指令行中执行"$ python myplot.py"命令，运行以上代码，将打开一个对话框并显示图形，如图 8-2 所示。

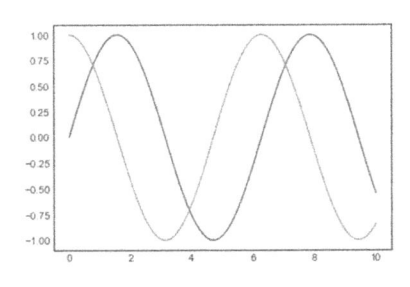

图 8-2　运行代码后的图形

6. 在 IPython shell 中绘图

在 IPython shell 中交互式使用 Matplotlib 是非常方便的。如果指定 Matplotlib 模式，则指定 IPython 与 Matplotlib 一起工作。要启用此模式，可以在启动 Ipython 之后使用"%matplotlib"命令，示例代码如下。

```
In [1]: %matplotlib
Using matplotlib backend: TkAgg
In [2]: import matplotlib.pyplot as plt
```

7. 在 IPython notebook 中绘图

IPython notebook 是一种基于浏览器的交互式数据分析工具，可以将叙事、代码、图形、HTML 元素和更多的内容结合到一个可执行文档中。

可以使用"%matplotlib"命令在 IPython notebook 中交互绘图，并以类似 IPython shell 的方式工作。在 IPython notebook 中，可以选择直接在 IPython notebook 中嵌入图形，有以下两种命令。

- %matplotlib notebook：将会在 IPython notebook 中嵌入互动的图像。
- %matplotlib inline：将会在 IPython notebook 中嵌入静态的图像。

通常使用"%matplotlib inline"命令，示例代码如下。

```
%matplotlib inline
x = np.linspace(0, 10, 100)
fig = plt.figure()
plt.plot(x, np.sin(x), '-')
plt.plot(x, np.cos(x), '--')
```

8. 保存图形到文件中

Matplotlib 使用 savefig() 函数来保存图形，示例代码如下。

```
# 保存图形
fig.savefig('my_figure.png')
```

8.3 Matplotlib 绘制线形图

对于所有的 Matplotlib 图，在引入 Matplotlib 库之后，往往先创建一个图形和一个坐标轴，示例代码如下。

```
# 绘制简单的线形图
%matplotlib inline
import matplotlib.pyplot as plt
plt.style.use('seaborn-whitegrid')
import numpy as np
fig = plt.figure()
ax = plt.axes()
x = np.linspace(0, 10, 1000)
ax.plot(x, np.sin(x));
```

运行上述代码后得到的线形图如图 8-3 所示。

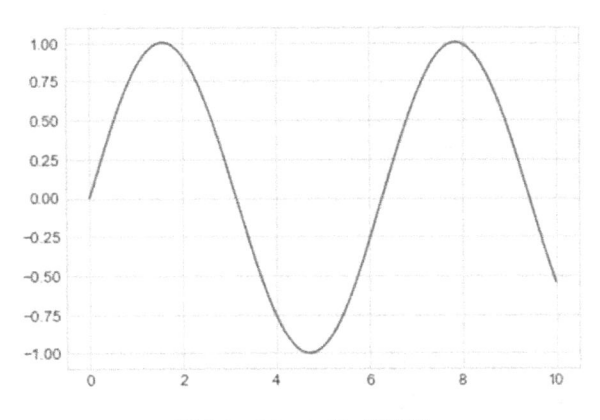

图 8-3　Matplotlib 线形图

在 Matplotlib 使用过程中，需要用到一系列的对象和属性，下面将对其进行介绍。

1．figure 对象

在 Matplotlib 中，图被认为是一个包含所有表示轴、图形、文本和标签的对象的容器。

figure 对象是最外层的绘图单位，默认从 1 开始进行编号，可以使用 plt.figure()函数绘制一幅图像，除了默认参数，还可以指定如下的参数。

- num：编号。
- figsize：图像大小。
- dpi：分辨率。
- facecolor：背景色。
- edgecolor：边界颜色。
- frameon：边框。

以上操作也可以通过 figure 对象的 set_xxx()方法来实现。

2．Axes 轴域

示例代码中的 axes 是轴域，它是一个带有刻度和标签的边界框，可以理解成一些轴（Axis，具体的坐标系）的集合，这个集合还有很多轴属性、标注等。在创建坐标轴后，可以使用 ax.plot()函数来绘制一些数据，示例代码如下。

```
fig = plt.figure() # 返回 Figure 对象
ax1 = fig.add_axes([0.1, 0.3, 0.7, 0.7]) # 添加一个轴域
ax2 = fig.add_axes([0.3, 0.5, 0.3, 0.3]) # 从 Figure 对象的 (0.3, 0.5) 的位置开始，宽和
高取该 Figure 对象的 30%
plt.plot(np.arange(3)) # 在该画布区域中绘图，就近原则
plt.show()
```

3．调整图形：线条的颜色和风格

为了调整颜色，可以使用 color 这个关键字，它接受一个代表任何颜色的字符串参数。颜色可以通过多种方式来指定，示例代码如下。

```
# 通过颜色名称来指定颜色
plt.plot(x, np.sin(x - 0), color='blue')
# 简称 (rgbcmyk)
```

```
plt.plot(x, np.sin(x - 1), color='g')
# 0和1之间的灰度
plt.plot(x, np.sin(x - 2), color='0.75')
# Hex 代码 (RRGGBB from 00 to FF)
plt.plot(x, np.sin(x - 3), color='#FFDD44')
# 取值从 0 到 1 的 RGB tuple
plt.plot(x, np.sin(x - 4), color=(1.0,0.2,0.3))
# 支持的所有 HTML 颜色名称
plt.plot(x, np.sin(x - 5), color='chartreuse');
```

如果没有指定颜色，Matplotlib 将自动循环通过一组默认颜色来完成。同样地，线条风格也可以通过使用 linestyle 关键字来调整，示例代码如下。

```
plt.plot(x, x + 0, linestyle='solid')
plt.plot(x, x + 1, linestyle='dashed')
plt.plot(x, x + 2, linestyle='dashdot')
plt.plot(x, x + 3, linestyle='dotted');
plt.plot(x, x + 4, linestyle='-')  # 实线
plt.plot(x, x + 5, linestyle='--') # 虚线
plt.plot(x, x + 6, linestyle='-.') # 虚线、点线
plt.plot(x, x + 7, linestyle=':'); # 点线
```

4．设定坐标轴的范围

Matplotlib 在为图形选择默认的坐标轴上做得很好。有时用户仍然有更改坐标轴的需要，最基本的调整轴线的方法是使用 plt.xlim()和 plt.ylim()，示例代码如下。

```
x = np.linspace(-5* np.pi,5 * np.pi)
y, z = np.sin(x), np.cos(x)
plt.plot(x, y, linewidth=2.0, color='r')
plt.plot(x, z, linewidth=3.0, color='b', linestyle='--')
plt.show()
x = np.linspace(-5* np.pi,5 * np.pi, 200)
y, z = np.sin(x), np.cos(x)
plt.plot(x, y, linewidth=2.0, color='r')
```

5．图形的标签

标题和轴标签是最简单的标签，有一些方法可以对其进行快速设置，示例代码如下。

```
import numpy as np
t = np.arange(0., 5., 0.2)
plt.plot(t, t, 'r--', label='y=t')
plt.plot(t, t ** 2, 'bs', label='y=t^2')
plt.plot(t, t ** 3, 'g^', label='y=t^3')
plt.xlabel("X values")
plt.ylabel("Y values")
plt.legend()
plt.show()
```

运行上述代码后得到的图形如图 8-4 所示。

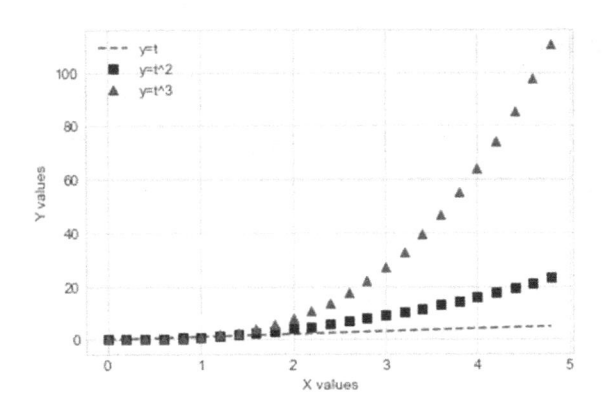

图 8-4 设置 Matplotlib 标签

可以使用可选参数来调整标签的位置、大小和样式。当在单个轴中显示多行时，创建一个标签对于每种类型的图形来说是很有用的。Matplotlib 可以通过 plt.plot()函数来完成标签的设置，示例代码如下。

```
plt.plot(x, np.sin(x), '-g', label='sin(x)')
plt.plot(x, np.cos(x), ':b', label='cos(x)')
plt.axis('equal')
plt.legend()
```

运行上述代码后得到的图形如图 8-5 所示。

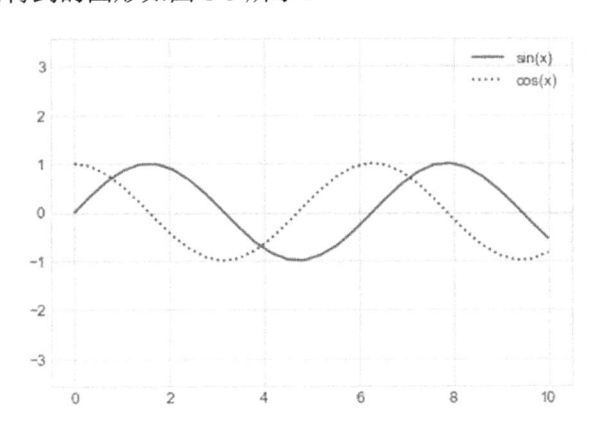

图 8-5　Matplotlib 使用 plt.plot()函数

其中，plt.legend()函数可以用于跟踪线条样式和颜色，并与正确的标签匹配。

8.4　Matplotlib 绘制散点图

散点图又称 X-Y 图，它将所有的数据以点的形式展现在直角坐标系上，用来显示变量之间的相互影响程度，点的位置由变量的数值决定。

通过观察散点图上数据点的分布情况，可以推断出变量间的相关性。如果变量之间不存在相关性，则在散点图上就会表现为随机分布的离散的点；如果存在某种相关性，则大部分的数据点就会相对密集并以某种趋势呈现。数据的主要相关性如下。

145

1. 变量之间的数量关联趋势

变量之间的数量关联趋势包括正相关（两个变量值同时增长）、负相关（一个变量值增长，另一个变量值下降）、不相关。如果存在关联趋势，则还需要判断变量之间是线性相关还是曲线相关的，或者是指数相关的。

2. 离群值（点）

如果有某一个点或某几个点偏离大多数点，即离群值、离群点或异常点，则可以通过散点图被直接发现，从而可以进一步分析这些离群值是否可能在建模分析中对总体造成很大的影响。

散点图的适用范围如下。

（1）散点图通常用于显示和比较数值，不仅可以显示趋势，还可以显示数据集群的形状，以及在数据云团中各数据点的关系。

（2）即使自变量为连续性变量，仍然可以使用散点图。也就是说，散点图通过散点的疏密程度和变化趋势来表示两个连续变量的数量关系。

（3）如果有三个变量，并且自变量为分类变量，则散点图通过对点的形状或者点的颜色进行区分，从而表示这些变量之间的关系。

（4）如果所有的变量为连续性变量，则可以在许多统计软件中绘制高维散点图。如果将一些个案也就是同一个自变量的点连接起来，则成为了线图，可以表示因变量指标是上升还是下降的。

使用 Matplotlib 绘制简单的散点图，示例代码如下。

```
#以 notebook 为例:
%matplotlib inline
import matplotlib.pyplot as plt
plt.style.use('seaborn-whitegrid')
import numpy as np
```

步骤 1：引入必要的库，示例代码如下。

```
x = np.linspace(0, 10, 30)
y = np.sin(x)
plt.plot(x, y, 'o', color='black')
```

步骤 2：使用 plt.plot()函数来绘制散点图。

上述代码运行后绘制的散点图如图 8-6 所示。

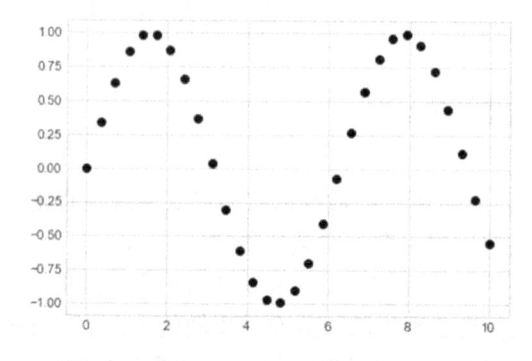

图 8-6　使用 plt.plot()函数绘制的散点图

函数调用中的第三个参数是一个字符，它表示用于绘图的符号类型。正如"-""--"这样的选项来控制线条样式一样，标记风格也有自己的字符串，示例代码如下。

```
rng = np.random.RandomState(0)
for marker in
    ['o', '.', ',', 'x', '+', 'v', '^', '<', '>', 's', 'd']:
    plt.plot(rng.rand(5), rng.rand(5), marker,
             label="marker='{0}'".format(marker))
plt.legend(numpoints=1)
plt.xlim(0, 1.8)
```

上述定义字符的代码可以与定义线和颜色的代码一起使用，并与连接它们的线一起使用，示例代码如下。

```
# plt.plot()指定了线条和标记的广泛属性
plt.plot(x, y, '-p', color='gray',
         markersize=15, linewidth=4,
         markerfacecolor='white',
         markeredgecolor='gray',
         markeredgewidth=2)
plt.ylim(-1.2, 1.2)
```

步骤3：使用plt.scatter()函数来绘制散点图。

plt.scatter()函数的使用方法和plt.plot()函数的使用方法非常类似，该函数原型如下。

```
plt.scatter(x, y, s=None, c=None, marker=None, cmap=None,
    norm=None, alpha=None,
    linewidths=None, edgecolors=None)
```

其中，"x,y"是 x 轴和 y 轴的数据，可选值"s"表示散点的大小；"c"表示散点的填充颜色，默认为蓝色；"marker"表示散点的形状，为可选值，默认为None；"cmap"表示特定颜色图，为可选值，默认为None；"norm"表示归一化，为可选值，默认为None；"alpha"表示散点的透明度，为可选值，默认为None；"linewidths"表示散点边框的宽度，为可选值，默认为None；"edgecolors"表示散点边框的颜色，为可选值，默认为None。

plt.scatter()函数的使用示例代码如下。

```
plt.scatter(x, y, marker='o')
```

上述代码运行后绘制的散点图如图8-7所示。

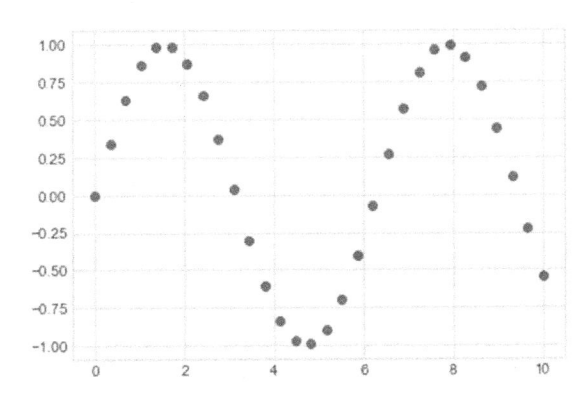

图8-7 使用plt.scatter()函数绘制的散点图

plt.scatter()函数与 plt.plot()函数的主要区别是，它可以用来创建散点图，其中每个点的属性（大小、颜色、边缘颜色等）可以单独控制或映射到数据。

下面通过创建一个带有许多颜色和大小的点的随机散点图来介绍。为了更好地看到重叠的结果，可以使用 Alpha 关键字来调整透明度级别，示例代码如下。

```
rng = np.random.RandomState(0)
x = rng.randn(100)
y = rng.randn(100)
colors = rng.rand(100)
sizes = 1000 * rng.rand(100)
plt.scatter(x, y, c=colors
            , s=sizes
            , alpha=0.3
            , cmap='viridis')
plt.colorbar(); # show color scale
```

需要注意的是，颜色参数可以自动映射到一个颜色表，并且参数以像素为单位。

通过这种方式，点的颜色和大小可以用来在可视化中传递信息，以便可视化多维数据。例如，可以使用 Python 中 Scikitt-learn 的 Iris（鸢尾花）数据，其中每个样本是三种类型的花，它们的花瓣和萼片的大小是经过仔细测量的，示例代码如下。

```
from sklearn.datasets import load_iris
iris = load_iris()
features = iris.data.T
plt.scatter(features[0]
            , features[1]
            , alpha=0.2
            , s=100*features[3]
            , c=iris.target
            , cmap='viridis')
plt.xlabel(iris.feature_names[0])
plt.ylabel(iris.feature_names[1])
```

上述代码运行后绘制的 Iris 数据散点图如图 8-8 所示。

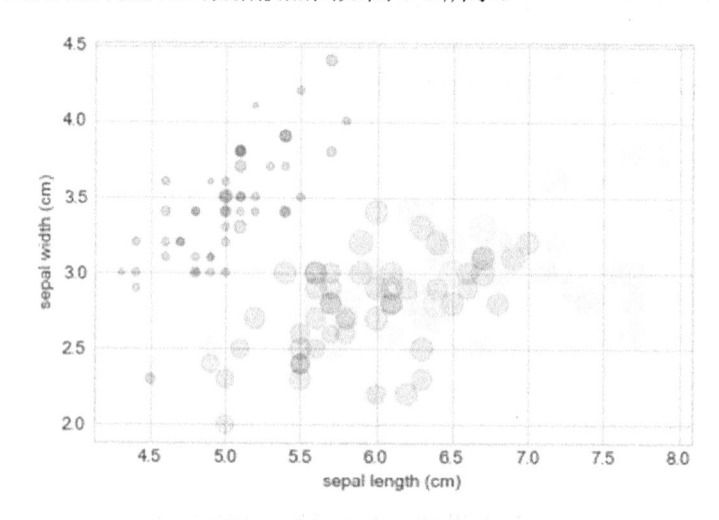

图 8-8 绘制的 Iris 数据散点图

以上散点图从四个维度上同时表现了数据的不同能力，每个点的位置对应鸢尾花萼片的长度和宽度，点的大小对应花瓣的宽度，颜色对应花的特定种类。像这样的多色和多特征散点图对数据的探测和显示来说是非常有用的。

3．plot()函数对比 scatter()函数的效率

plt.plot()函数比 plt.scatter()函数更有效率。一方面，plt.scatter()函数有能力使每个点呈现不同的大小或颜色，因此渲染器必须单独完成每一点的构造。另一方面，这些点本质上都是彼此的复制值，因此在确定这些点的外观的工作时只对整个数据集使用一次 plt.scatter()函数。对于大型数据集，这两者之间的差异会导致截然不同的性能，因此，plt.plot()函数在大型数据集中的效率优于 plt.scatter()函数。

8.5　Matplotlib 绘制等高线图

使用轮廓或颜色编码的区域可以在二维空间中显示三维数据，在 Matplotlib 中可以通过使用一些函数来完成。具体为使用 plt.contour()函数绘制等高线图，使用 plt.contourf()函数填充等高线图，以及使用 plt.imshow()函数展示图像，步骤如下。

1．引入必要的库

示例代码如下。

```
%matplotlib inline
import matplotlib.pyplot as plt
plt.style.use('seaborn-white')
import numpy as np
```

2．绘制等高线图

下面给出一个使用函数"$Z=f(X,Y)$"定义的等高线图，示例代码如下。

```
def f(X, Y):
    return np.sin(x) ** 10 + np.cos(10 + Y * X) * np.cos(X)
```

接着可以使用 plt.contour()函数来创建等高线图。它需要三个参数：一个表示 X 值的网格，一个表示 Y 值的网格，以及一个表示 Z 值的网格。X 值和 Y 值使用图上的位置表示，Z 值使用等值线表示。

准备这些数据最直接的方法就是使用 np.meshgrid()函数，在一维数组中构建二维网格，示例代码如下。

```
x = np.linspace(0, 5, 50)
y = np.linspace(0, 5, 40)
X, Y = np.meshgrid(X, Y)
Z = f(X, Y)
plt.contour(X, Y, Z, colors='black')
```

上述代码运行后绘制的等高线图如图 8-9 所示。

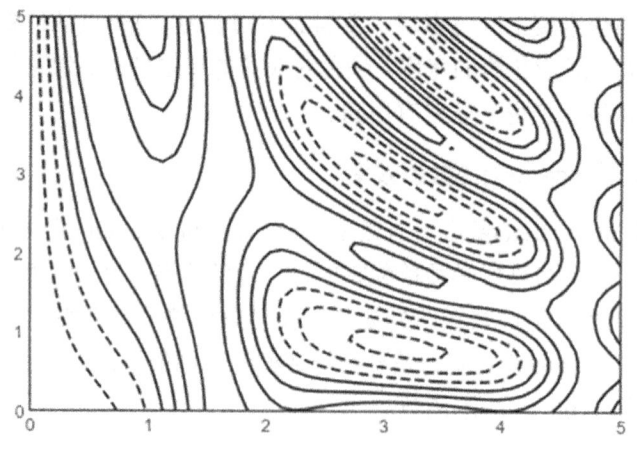

图 8-9 绘制的等高线图

值得注意的是，当使用单一颜色时，负值使用虚线表示，正值使用实线表示。或者通过使用 cmap 参数来对行进行颜色编码。在此，指定以同样间隔增加更多的行，示例代码如下。

```
plt.contour(X, Y, Z, 20, cmap='RdGy');
```

上述代码运行后得到的图形如图 8-10 所示。

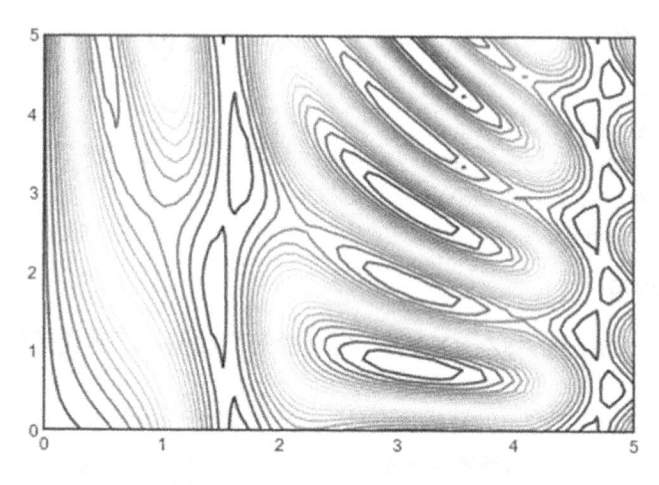

图 8-10 使用 cmap 参数增加行

Matplotlib 有各种各样的可使用的 colormaps，通过在"plt"上设置一个标签可以轻松浏览 IPython，示例代码如下。

```
plt.cm.<TAB>
```

此外，使用 plt.colorbar()函数，会自动创建一个带有标签颜色信息的附加轴，示例代码如下。

```
plt.contourf(X, Y, Z, 20, cmap='RdGy')
plt.colorbar();
```

上述代码运行后附加的颜色轴如图 8-11 所示。

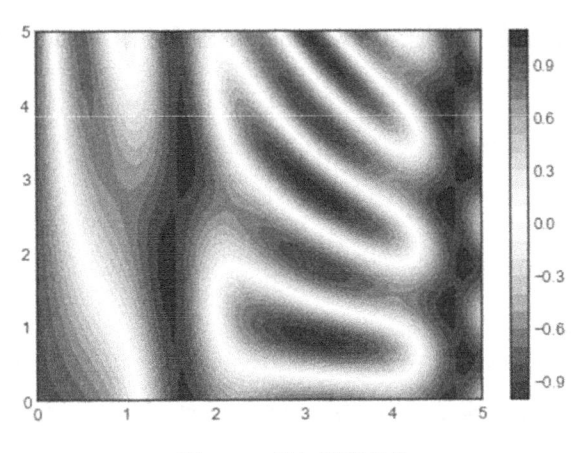

图 8-11　附加的颜色轴

colorbar 指定的颜色轴可以清楚地表明黑色区域是"峰值"，红色区域是"山谷"。然而有个潜在问题，就是存在"污点"。颜色步骤是离散的而不是连续的，效果并不理想。这可以通过设置一个非常高的数字来弥补，但导致了一个相当低效的过程——Matplotlib 必须在每个级别上呈现一个新的多边形。

这里有一个更好的处理方法，就是使用 plt.imshow()函数，它将一个二维的数据网格解释为一个图像，示例代码如下。

```
plt.imshow(Z, extent=[0, 5, 0, 5]
           , origin='lower'
           , cmap='RdGy')
plt.colorbar()
```

上述代码运行后绘制的数据网格如图 8-12 所示。

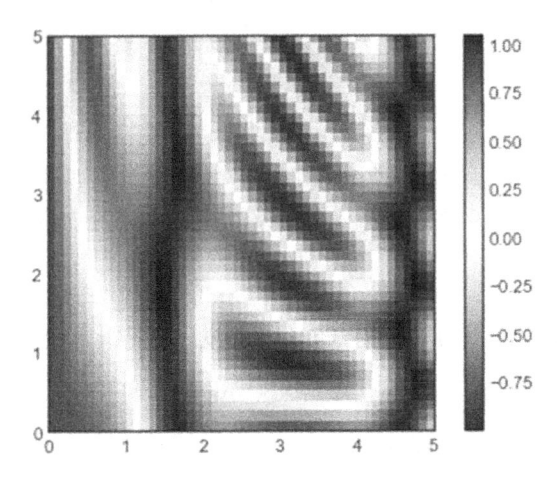

图 8-12　绘制的数据网格

8.6　Matplotlib 绘制三维图

Matplotlib 在最初设计时只考虑二维图像。在 1.0 版本发布时，一些三维绘图工具构建在

Matplotlib 的二维图形显示之上。通过导入 mplot3d 工具包,可以启用三维绘图,具体的实现步骤如下。

1. 导入必要的库

示例代码如下。

```
# 导入 mplot3d 工具包
from mpl_toolkits import mplot3d
%matplotlib inline
import numpy as np
import matplotlib.pyplot as plt
```

导入该工具包后,就可以通过使用关键字 projection='3d' 来创建三维的坐标轴,示例代码如下。

```
fig = plt.figure()
ax = plt.axes(projection='3d')
```

上述代码运行后绘制的三维图,如图 8-13 所示。

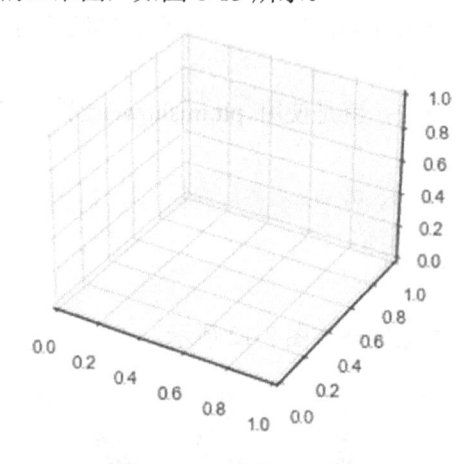

图 8-13 绘制的三维图

有了三维图中的轴,可以绘制出各种类型三维的图形。需要注意的是,如果要使用交互式数据,则可以在运行此代码时使用"%matplotlib notebook",而不是"%matplotlib inline"。

2. 三维的点和线

最基本的三维图是散点图的线或集合创建的(x,y,z)三元组。绘制一个三角螺旋及一些点附近随机的线,示例代码如下。

```
ax = plt.axes(projection='3d')
# Data for a three-dimensional line
zline = np.linspace(0, 15, 1000)
xline = np.sin(zline)
yline = np.cos(zline)
ax.plot3D(xline, yline, zline, 'gray')
# Data for three-dimensional scattered points
zdata = 15 * np.random.random(100)
xdata = np.sin(zdata) + 0.1 * np.random.randn(100)
ydata = np.cos(zdata) + 0.1 * np.random.randn(100)
```

```
ax.scatter3D(xdata, ydata, zdata, c=zdata, cmap='Greens');
```

上述代码运行后绘制的 Iris 数据图如图 8-14 所示。

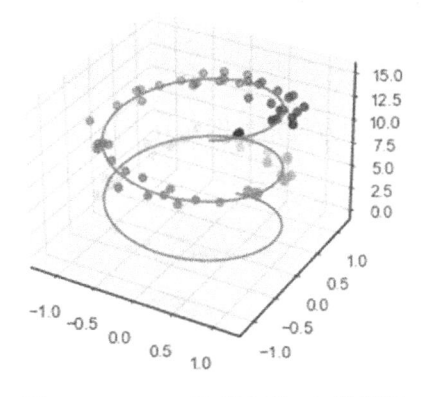

图 8-14　Matplotlib 绘制的 Iris 数据图

值得注意的是，在默认情况下，散点会调整其透明度，从而为页面提供深度感。虽然三维效果有时很难在静态图像中看到，但是一个交互的视图会为用户带来好的观感。

3．三维轮廓图

绘制三维正弦函数的三维轮廓图，示例代码如下。

```
def f(x, y):
return np.sin(np.sqrt(x ** 2 + y ** 2))
x = np.linspace(-6, 6, 30)
y = np.linspace(-6, 6, 30)
X, Y = np.meshgrid(x, y)
Z = f(X, Y)
fig = plt.figure()
ax = plt.axes(projection='3d')
ax.contour3D(X, Y, Z, 50, cmap='binary')
ax.set_xlabel('x')
ax.set_ylabel('y')
ax.set_zlabel('z');
```

上述代码运行后绘制的三维轮廓图如图 8-15 所示。

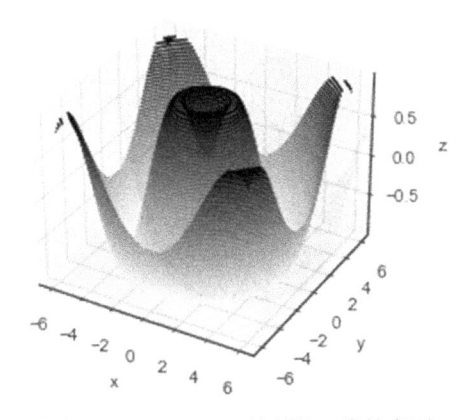

图 8-15　Matplotlib 绘制的三维轮廓图

153

有时默认的视角不是最优的,可以使用 view_init() 函数来设置高程和方位角。在下面的例子中,使用 60°的仰角(即在 x-y 平面以上的 60°)和 35°的方位角(即 z 轴逆时针旋转 35°),示例代码如下。

```
ax.view_init(60, 35)
fig
```

上述代码运行后设置的仰角和方位角如图 8-16 所示。

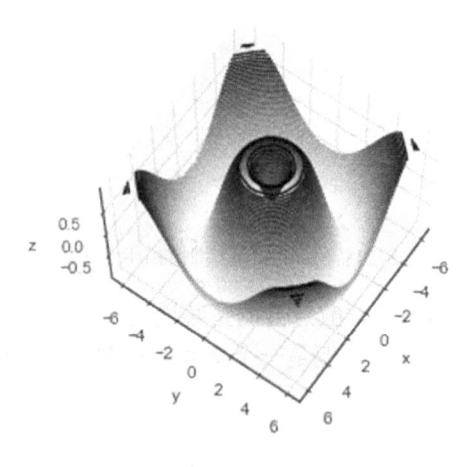

图 8-16 设置的仰角和方位角

值得注意的是,在使用 Matplotlib 的交互式后端时,可以通过单击和拖曳来实现这种类型的旋转。

4. 线框图和曲面图

另外两种处理网格数据的三维图是线框图和曲面图。绘制线框图的示例代码如下。

```
fig = plt.figure()
ax = plt.axes(projection='3d')
ax.plot_wireframe(X, Y, Z, color='black')
ax.set_title('wireframe');
```

上述代码运行后绘制的线框图如图 8-17 所示。

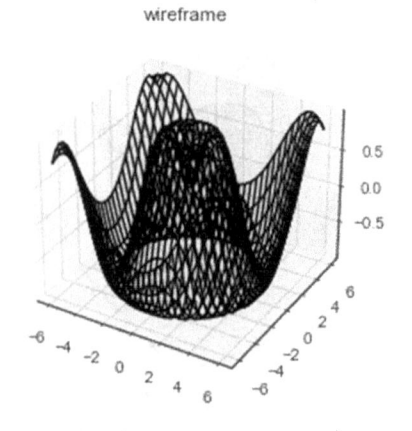

图 8-17 绘制的线框图

曲面图就像线框图，但线框图的每个面都是一个填充的多边形。在填充的多边形中添加一个 cmap 可以帮助感知曲面的拓扑结构，示例代码如下。

```
ax = plt.axes(projection='3d')
ax.plot_surface(X, Y, Z
                , rstride=1
                , cstride=1
                , cmap='viridis'
                , edgecolor='none')
ax.set_title('surface');
```

上述代码运行后绘制的曲面图如图 8-18 所示。

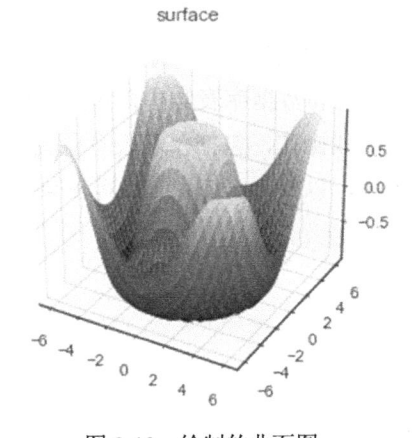

图 8-18　绘制的曲面图

需要注意的是，虽然曲面图的网格值需要是二维的，但不需要呈现直线状态。

8.7　思考题

（1）在 Matplotlib 中，散点图的适用范围是什么？
（2）通过 Matplotlib，绘制线形图。
（3）通过 Matplotlib，绘制三维图。

第 9 章

数据可视化分析之实战篇

本章以餐饮店运营系统所产生的数据为例,介绍数据可视化分析的实战。首先对系统进行简要概述;然后分析业务用例图和数据库表结构,并给出数据加载与建模操作步骤;最后对数据可视化设计与呈现进行实战操作,包括仪表板背景设计、标题区搭建、切片区搭建、数据展示区搭建、导航区搭建等,以及 DAX 函数及其在卡片图中的应用。

9.1 系统概述与分析

9.1.1 系统概述

餐饮店运营系统是一套对餐饮店进行管理的系统,该系统基于信息化技术为餐厅管理提供方便,自动实现日营业额统计报表、月营业额统计报表、菜品销售统计等餐饮店重要数据的统计,并以数据可视化的方式来呈现结果,便于直观地看到结果。系统的主要功能模块如图 9-1 所示。

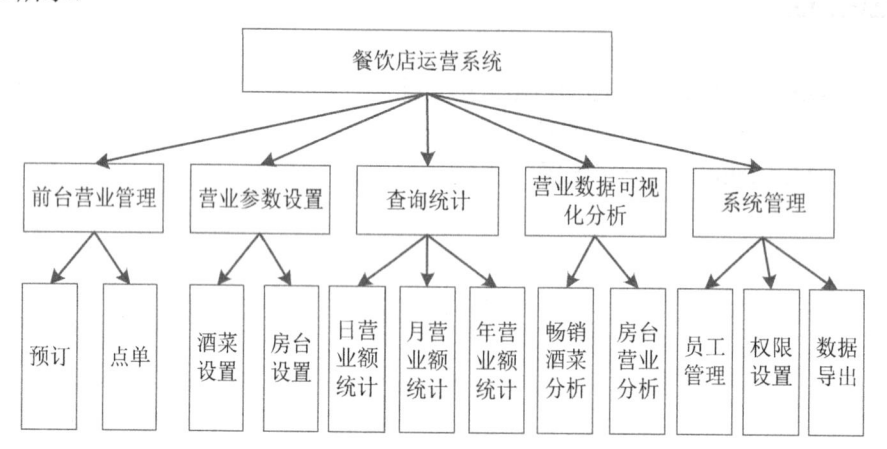

图 9-1 餐饮店运营系统的主要功能模块

前台营业管理:主要包括预订、点单等功能。
营业参数设置:主要包括酒菜设置、房台设置等功能。
查询统计:主要包括日营业统计、月营业统计、年营业统计等功能。

营业数据可视化分析：主要包括畅销酒菜分析、房台营业分析等功能。
系统管理：主要包括员工管理、权限设置、数据导出等功能。

9.1.2 业务用例图

餐饮店运营系统的角色主要包括顾客、营业员、台账员、系统管理员四类，其中顾客主要进行点单、退单、结账等操作；营业员在完成登录后，主要进行维护账单、打印账单等操作；台账员在完成登录后，主要进行查询统计报表的操作；系统管理员在完成登录后，主要进行维护操作员信息、维护菜单信息、维护房台信息、维护权限信息及查询统计报表等操作。上述角色所对应的业务用例图如图9-2所示。

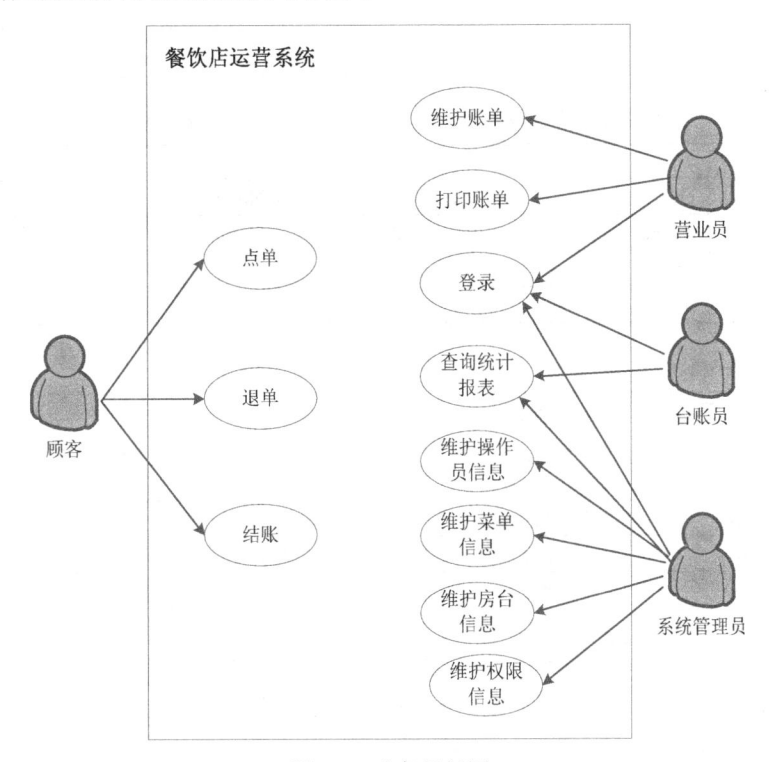

图9-2 业务用例图

9.1.3 数据库表结构

餐饮店运营系统数据库中的表较多，如营业员表、顾客预定表、顾客单位表、菜单大类表等。在此主要介绍与业务数据分析密切相关的表，主要有顾客表、餐桌表、餐桌类别表、菜单信息表和账单表，上述表的结构设计如表9-1至表9-5所示。

表9-1 顾客表（表名：tb_Custom，主键：bh）

序号	字段名	类型	约束	字段说明
1	bh	Varchar(6)	Not Null	顾客编号
2	lb	Char(1)	Null	顾客类别：0-无卡，1-金卡，2-银卡
3	bz	Varchar(60)	Null	备注

表 9-2 餐桌表（表名：tb_Desk，主键：bh）

序号	字段名	类型	约束	字段说明
1	bh	Varchar(4)	Not Null	餐桌编号
2	zt	Char(1)	Null	餐桌状态：0-未开桌，1-已开桌
3	ydbz	Char(1)	Null	预定标志：0-未预定，1-已预定
4	kzsj	Datetime	Null	开桌时间
5	lb	Varchar(60)	Null	类别

表 9-3 餐桌类别表（表名：tb_DeskType，主键：bh）

序号	字段名	类型	约束	字段说明
1	bh	Varchar(5)	Not Null	编号
2	lb	Varchar(60)	Null	餐桌类别：VIP 包厢、普通包厢、大厅桌、宴会厅桌

表 9-4 菜单信息表（表名：tb_DishList，主键：bh）

序号	字段名	类型	约束	字段说明
1	bh	VarChar(5)	Not Null	菜编号
2	ssdlbh	Varchar(2)	Not Null	所属大类编号
3	cm	VarChar(40)	Null	菜名
4	dj	Numeric(7,2)	Null	单价

表 9-5 账单表（表名：tb_Bill，主键：zdh）

序号	字段名	类型	约束	字段说明
1	zdh	Char(19)	Null	账单号：由桌号和开桌时间组成
2	bh	Varchar(6)	Null	顾客编号
3	cm	VarChar(40)	Null	菜名
4	sl	Numeric(7,2)	Null	数量
5	dw	Char(4)	Null	单位
6	dj	Numeric(7,2)	Null	单价
7	sb	Char(6)	Null	市别：早市、中市、晚市
8	czbh	Varchar(4)	Null	餐桌编号
9	jzbz	Char(1)	Null	结账标志：0-未结账，1-已结账
10	rq	Datetime	Null	日期

9.2 数据加载与布局设计

9.2.1 数据加载与建模

打开 Power BI Desktop，依次选择"获取数据"→"Excel 工作簿"→"9.2.1_data.xlsx"选项，将配套素导入后可以看到界面里显示 5 张表，分别为菜单大类表、菜单信息表、餐桌表、餐桌类别表和账单表，勾选上述 5 张表的复选框，并单击"加载"按钮，完成本章实战所需数据的加载，如图 9-3 所示。

图9-3 数据加载

数据加载完成后，需要建立数据模型，具体是通过模型视图来完成。在模型视图里，建立各表之间的关联，具体各表之间需要建立的关联如下。

- 菜单大类表通过"编号"字段与菜单信息表中的"大类编号"字段建立联系，具体操作是在模型视图中，选中菜单大类表里的"类别"字段并直接拖放至菜单信息表的"大类编号"字段上，此时两张表之间将出现连接线。
- 账单表通过"菜编号"字段与菜单信息表中的"菜编号"字段建立联系，具体操作是在模型视图中，选中账单表里的"菜编号"字段并直接拖放至菜单信息表的"菜编号"字段上，此时两张表之间将出现连接线。
- 账单表通过"桌号"字段与餐桌表中的"编号"字段建立联系，具体操作是在模型视图中，选中账单表里的"桌号"字段并直接拖放至餐桌表的"编号"字段上，此时两张表之间将出现连接线。
- 餐桌表通过"类别"字段与餐桌类别表中的"类别"字段建立联系，具体操作是在模型视图中，选中餐桌表里的"类别"字段并直接拖放至餐桌类别表的"类别"字段上，此时两张表之间将出现连接线。

上述各表之间建立的关联，数据模型视图如图9-4所示。

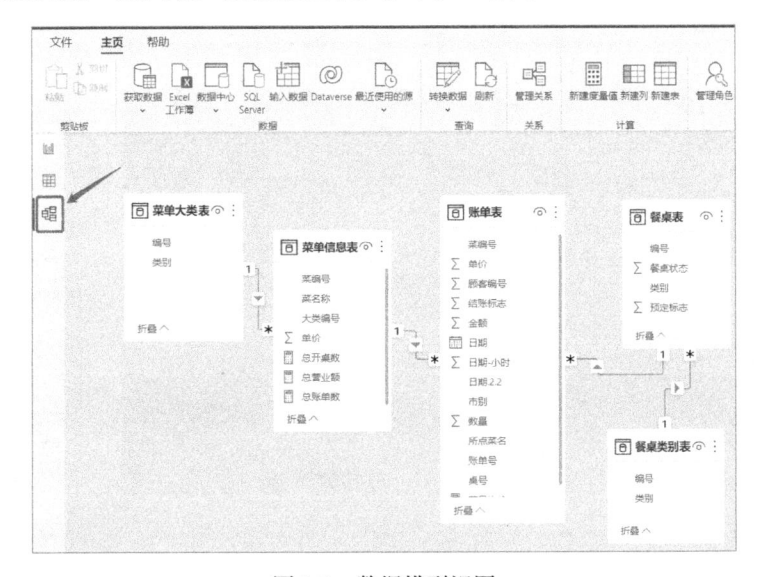

图9-4 数据模型视图

9.2.2 仪表板布局设计

仪表板布局设计主要是对页面区域和元素进行设计，包括标题区、切片器区、数据展示区和导航区的排列和控件对象的放置，仪表板布局设计如图9-5所示。

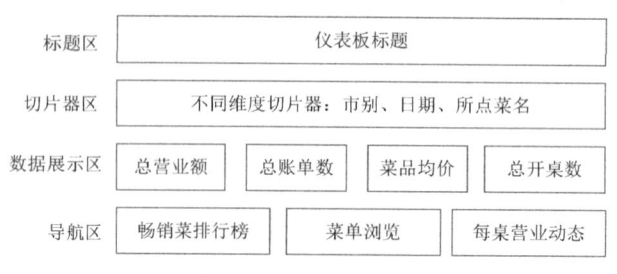

图 9-5 仪表板布局设计

9.3 数据可视化设计与呈现

完成数据加载和仪表板布局设计之后，将进入数据可视化设计与呈现阶段。此阶段的主要工作内容包括仪表板背景设计、标题区搭建、切片器区搭建、数据展示区搭建、导航区搭建等。

9.3.1 仪表板背景设计

仪表板页面的背景图可以通过修改"画布背景"的图像来完成，具体操作为选择"可视化"→"设置报表页的格式"→"画布背景"选项，设置"图像"为"背景.PNG"。修改完背景图像后，还需拖曳"透明度"的滚动条，将其值修改为"30"，如图9-6所示。

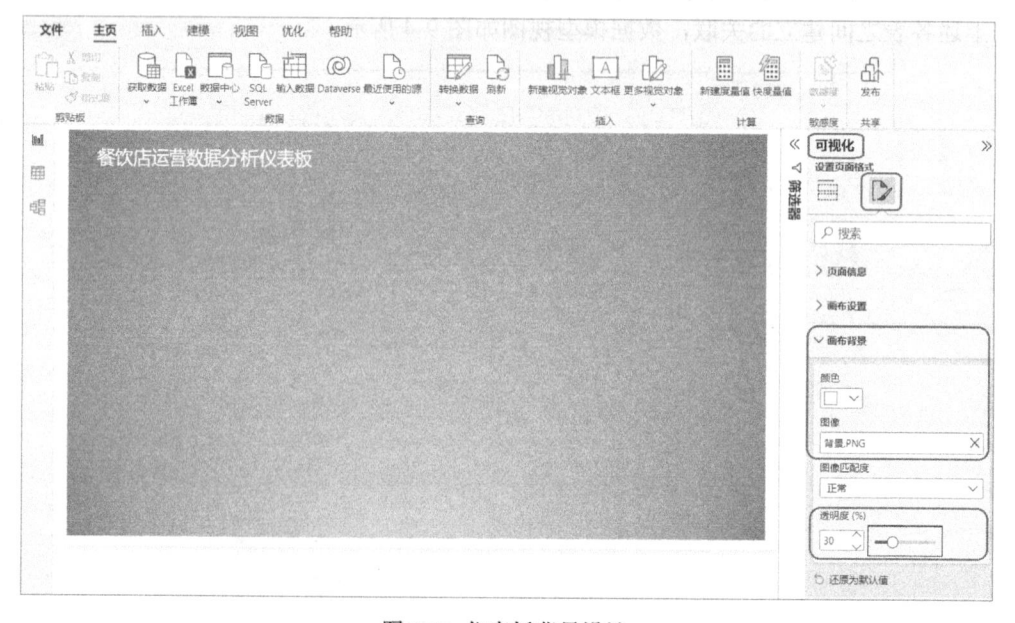

图 9-6 仪表板背景设计

9.3.2 标题区搭建

在 PowerBI Desktop 主界面中，单击"插入"→"文本框"按钮，在画面中添加一个文本框，在文本框中输入文本"餐饮店运营数据分析仪表板"，并调整字号、颜色、对齐方式，设置背景透明度为"100%"等，如图 9-7 所示。

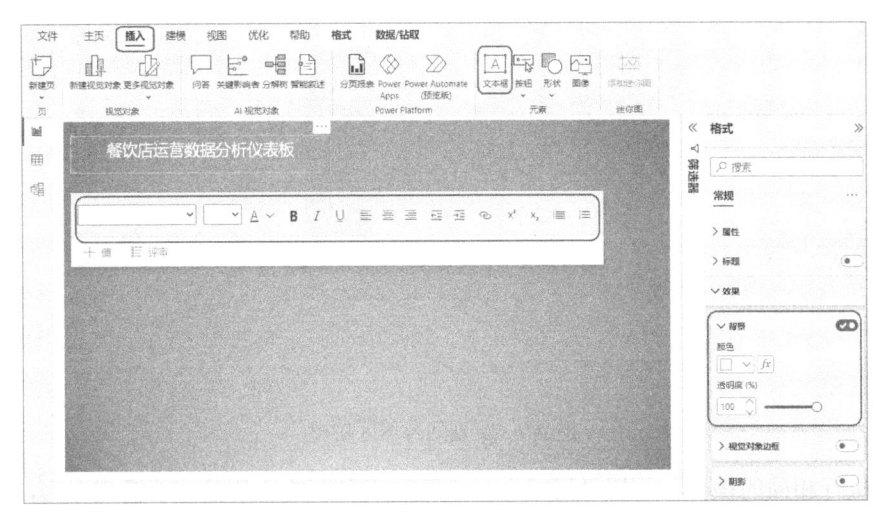

图 9-7　标题区搭建

9.3.3 切片器区搭建

切片器区搭建是根据之前的设计进行的，切片器的维度为市别、日期和所点菜名。由于所点菜名以词云图的方式展现，因此在搭建该切片器时，需要建立对应的词云图，以账单表中的"所点菜名"和"菜编号"字段为例，单击"可视化"→"WordCloud"按钮，然后将账单表中的"所点菜名"字段拖放至"类别"字段，"菜编号"字段拖放至"值"字段，并设置"聚合类型"为"合计"，即可得到所点菜名的词云图，如图 9-8 所示。

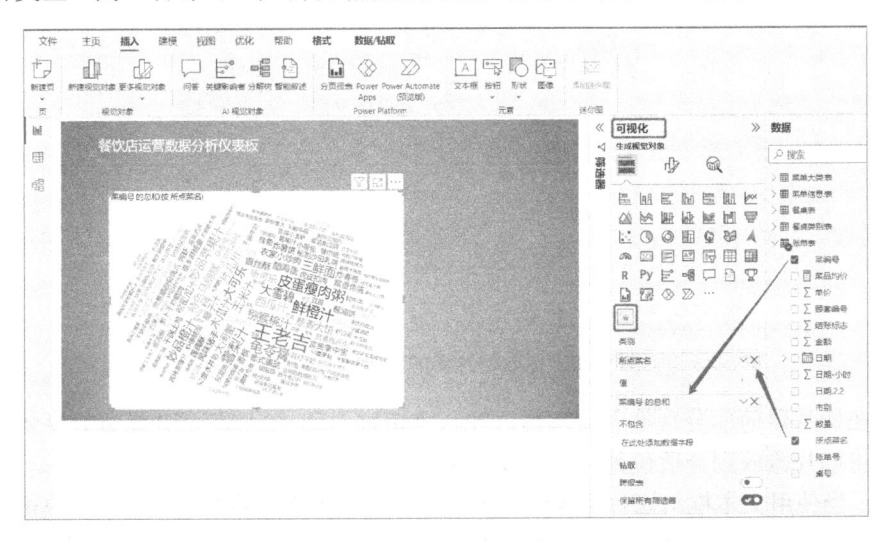

图 9-8　所点菜名的词云图

首先单击"可视化"→"切片器"按钮,将账单表里的"市别"字段拖放至切片器,在仪表板页面中勾选"早市"复选框,就可以看到词云中的文字也改变了,如图9-9所示。

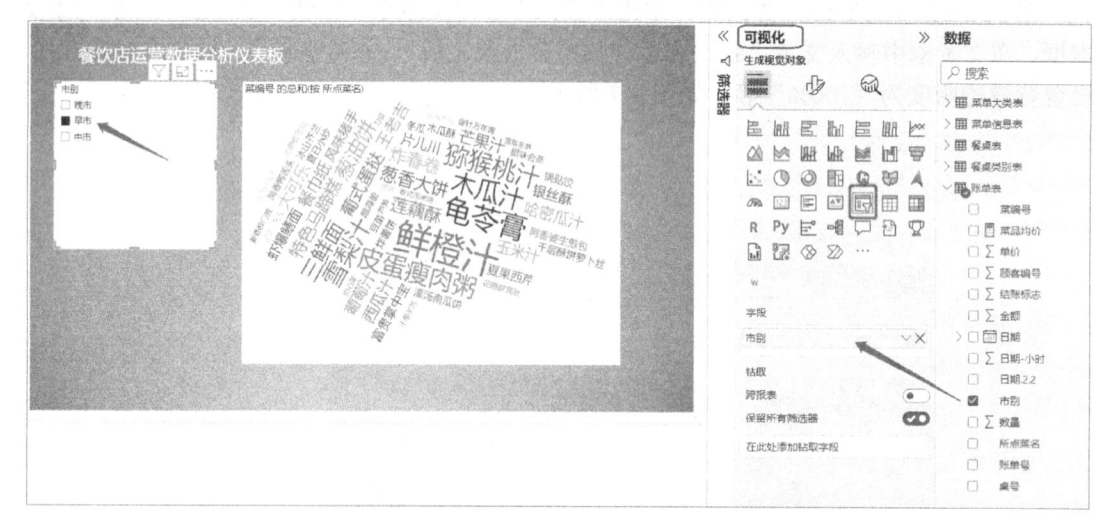

图9-9 市别切片器区搭建

接着执行相同的操作,放置"日期"和"所点菜名"的切片器。放置完之后,将三个切片器的样式设置为"下拉",具体操作为选择"可视化"→"视觉对象"→"切片器设置"→"样式"→"下拉"选项,并关闭切片器标头,如图9-10所示。

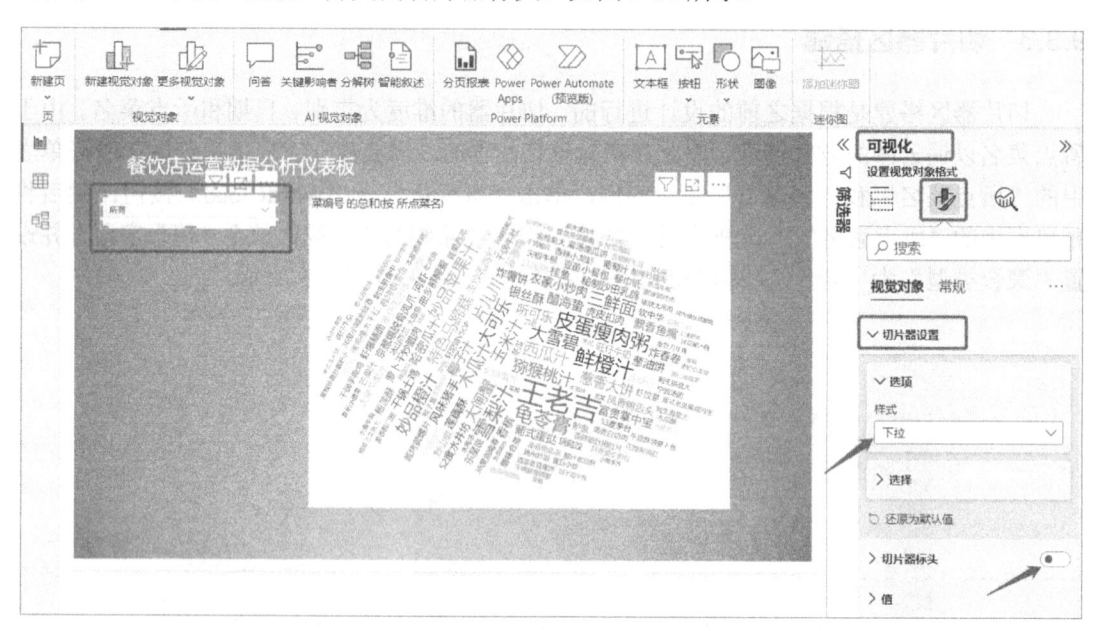

图9-10 更改切片器的样式为"下拉"

然后在切片器前面分别插入文本框,输入"市别"和"日期",并设置好字体颜色和字号,最后将切片器放到合适位置,如图9-11所示。

注意:当使用文本框与切片器相组合时,切片器应置于文本框之上,否则单击切片器时就会进入文本编辑状态。当出现这种情况时,解决方法如下:首先选中需要调整的文本框,然后单击"格式"→"选择"按钮,接着在右侧"分层顺序"区域中单击"下移一层"按钮,即可调整控件的层次,如图9-12所示。

图 9-11 切片器区搭建

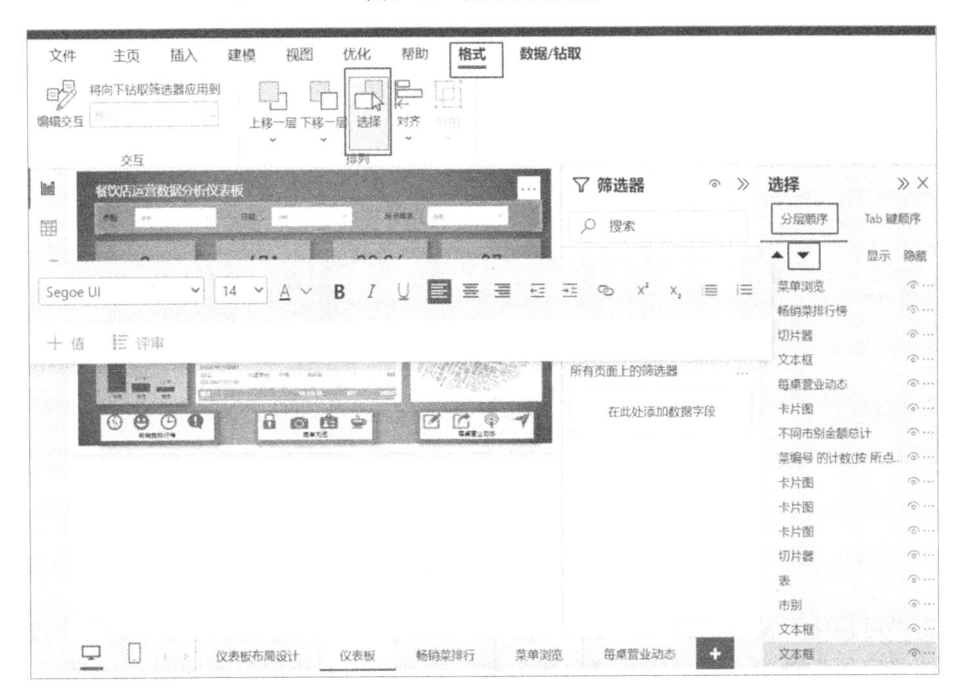

图 9-12 调整控件的层次

9.3.4 数据展示区搭建

1. 数据卡片图呈现

在完成数据导入后,呈现的是初始的数据值。为了对数据进行更好的归纳与展示,首先可以采用 DAX 函数对数据进行运算,然后根据需求来建立新的度量值,并制作关键指标的卡片图予以呈现。例如,总营业额(单位:元)、总账单数、总开桌数、菜品均价(单位:元)计算的 DAX 函数如下。

(1)总营业额 = SUM('账单表'[金额])

(2)总账单数 = SUM('账单表'[数量])

(3)总开桌数 =DISTINCTCOUNT('账单表'[桌号])

(4)菜品均价 = SUM('账单表'[金额])/SUM('账单表'[数量])

建立了 DAX 函数后,需要创建度量值才能显示。具体操作为单击"数据"→"菜单信息"→"新建度量值"按钮,然后输入"总账单数=SUM('账单表'[数量]),如图9-13、图9-14所示。

163

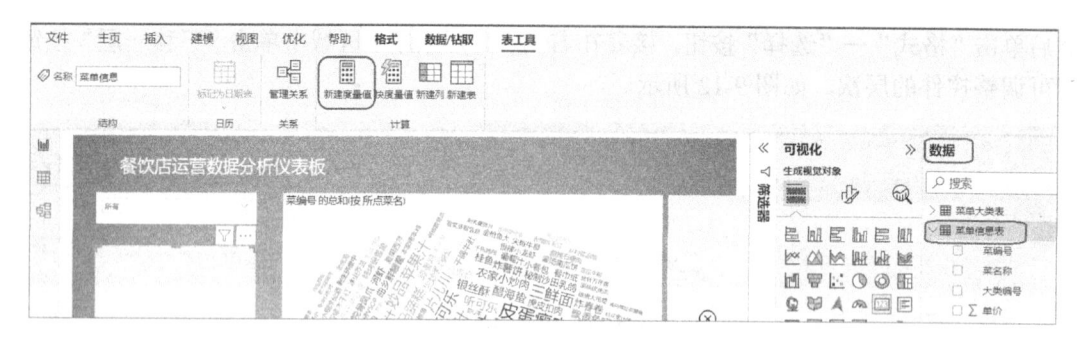

图 9-13 新建度量值

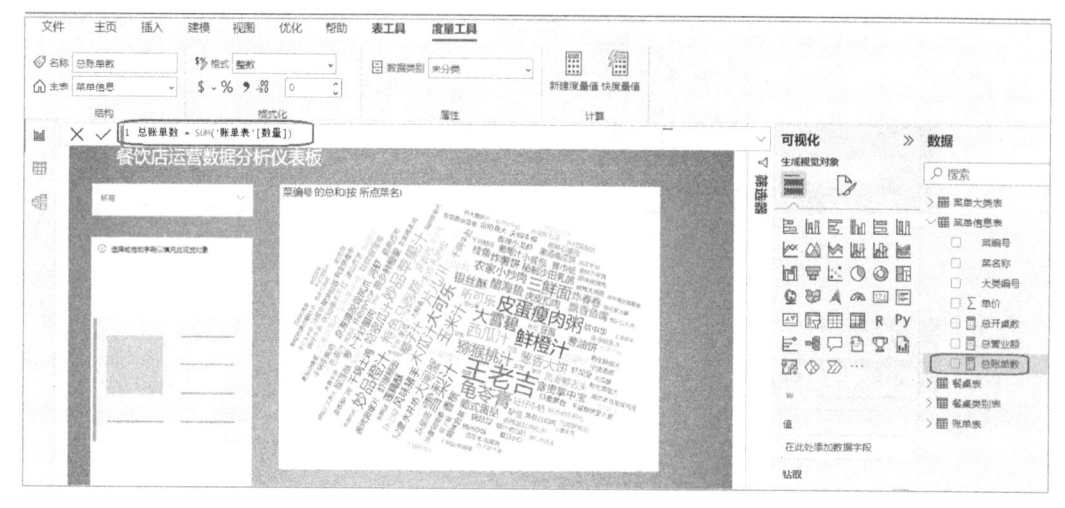

图 9-14 总账单数函数

单击"可视化"窗格中的"卡片图"按钮,并将创建的度量值"总账单数"字段拖动至该卡片图"字段"框中,即可完成"总账单数"的呈现。卡片图应用如图 9-15 所示。

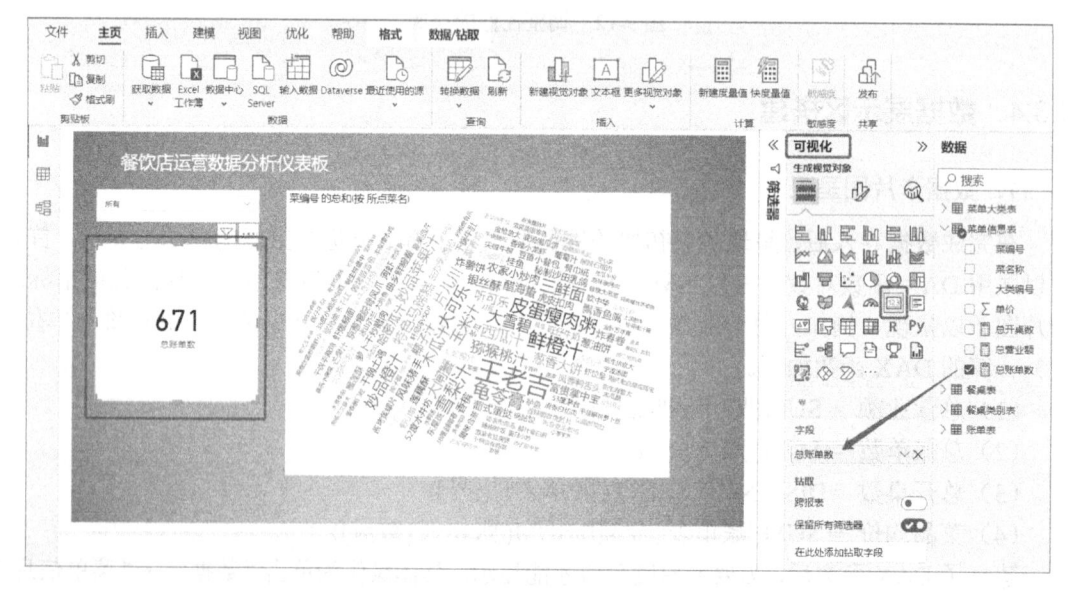

图 9-15 卡片图应用

重复上述操作，依次新建度量值：总营业额、总开桌数、菜品均价，并在仪表板里添加对应的"卡片图"，然后对它们的字体、字号、排列进行调整。完成上述操作，数据展示区的搭建就基本完成了，关键指标展示如图9-16所示。

图9-16　关键指标展示

然而，图中的总营业额显示数据为"20千"，这与日常生活习惯中的计数"2万"不同，这是因为Power BI Desktop的显示单位是"千"、"百万"、"十亿"和"万亿"，而没有"万"和"亿"。那该如何解决这个问题呢？此时可以借助聚合函数SUM来解决此问题。

具体操作是将"总营业额"的度量值的函数表达式设为：

总营业额=SUM('账单表'[金额])/10000

然后选择"数据"→"菜单信息表"→"总营业额"选项，在"度量工具"选项卡中设置"逗号"的小数位数为2，此时原来的数值"20千"就变为"2.01"了，如图9-17所示。

图9-17　设置度量值格式

然后在页面里插入文本框"万"，并调整文本大小，调整单位后的关键指标如图9-18所示。

图9-18　调整单位后的关键指标

在调整完计量单位后，可以对卡片图的格式进行美化，使之与页面背景相匹配，具体操作为选择"可视化"→"格式"→"常规"→"效果"选项，设置"透明度"的值。例如：修改"透明度"为"70%"，并设置阴影，如图9-19所示。

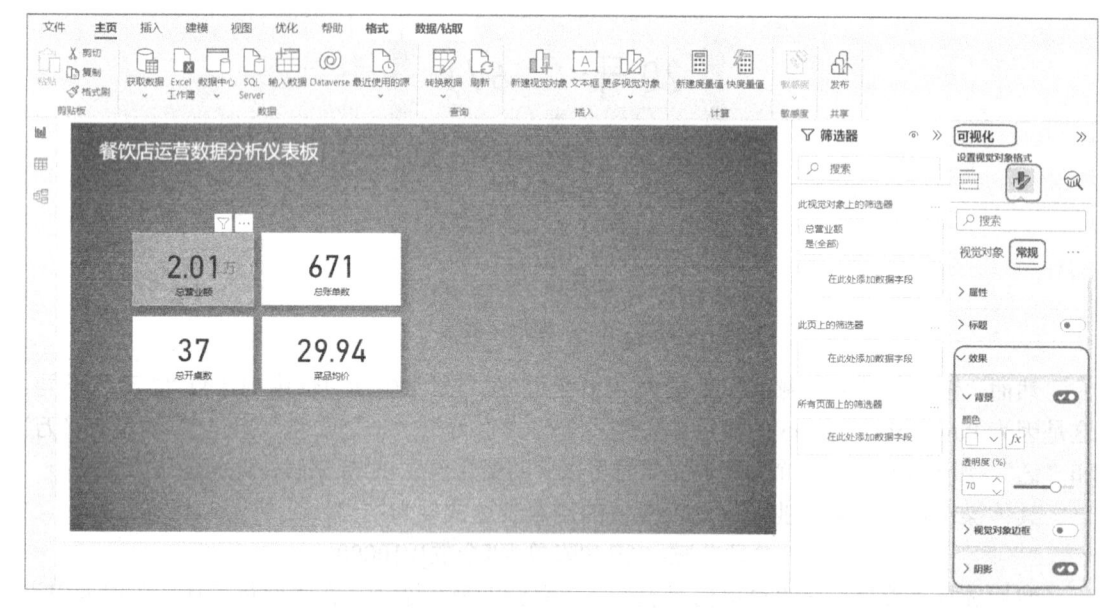

图9-19　卡片图的美化

完成总营业额的卡片图美化后，仪表板其余卡片图的格式则可以直接使用"格式刷"来快速完成，得到最终效果如图9-20所示。

图9-20　仪表板的卡片图美化

2. 条形图设计

为了让仪表板最后搭建效果更加直观丰富，可以添加相关分析图形，如柱形图、条形图、饼图等。在此，以条形图为例进行实战操作。在制作条形图时，首先选择"可视化"→"堆积柱形图"选项，然后将账单表中的"市别"和"金额"字段分别拖动至 X 轴和 Y 轴，即可得到不同市别的金额总计条形图，如图9-21所示。

在制作完条形图后，可以对其继续进行美化。例如，可以单击"可视化"→"格式"按钮来进行属性设置，具体操作如下：打开"X 轴"，关闭其轴标题，设置字体颜色为黑色；打开"Y 轴"，关闭其轴标题；单击"常规"选项，修改标题文本为"不同市别的金融总计"；选择"效果"→"背景"选项，修改背景"透明度"为"50%"，美化后的条形图如图9-22所示。

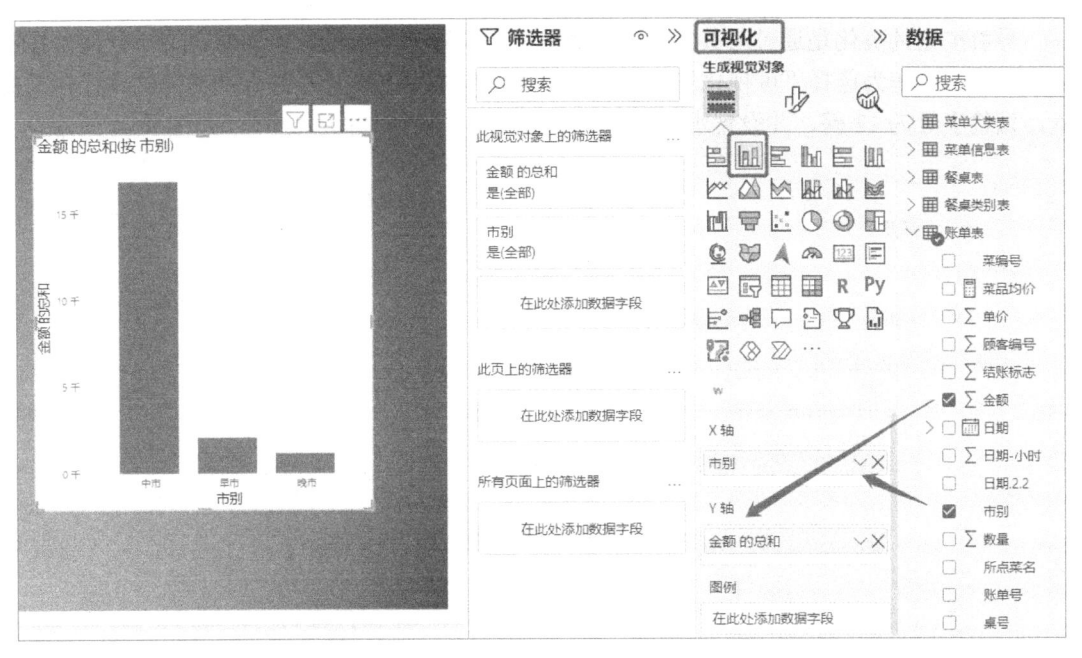

图 9-21　条形图制作

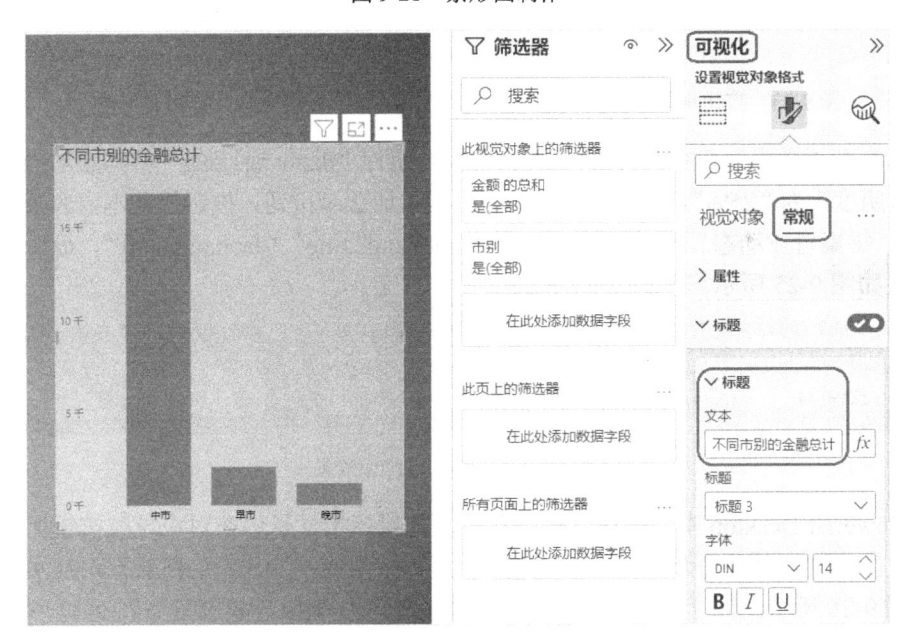

图 9-22　美化后的条形图

9.3.5　导航区搭建

1. 导航按钮设计

为了实现页面导航的功能，可以添加页面导航按钮或页面导航书签来完成。具体操作如下：选择"插入"→"按钮"选项，打开按钮的操作格式，并设置类型为"页导航"，目标选择对应报表页面，如畅销菜排行，如图 9-23 所示。

导航按钮的美化是通过对其"样式"属性进行设置来完成的，以"畅销菜排行榜"按钮为例，具体操作为选择"可视化"→"样式"选项，将文本打开并输入"畅销菜排行榜"文本，调整字号为 12 磅，并设置水平对齐为"居中"、垂直对齐为"下"，如图 9-24 所示。

图 9-23　按钮相关设置　　　　　　　　图 9-24　按钮文本设计

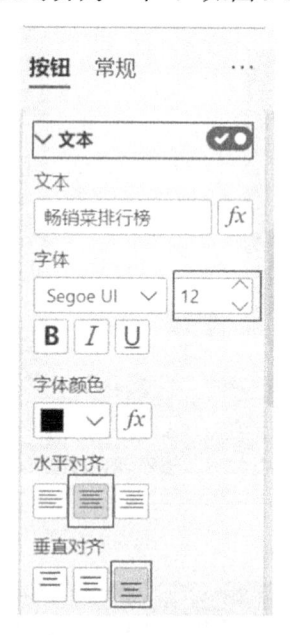

然后打开"样式"下的"填充"，浏览查找到图片"daohang1.png"将其添加为背景，并设置"透明度"为"25%"。完成上述操作后，再添加 2 个按钮，按钮的文本内容分别为"菜单浏览""每桌营业动态"，背景图片分别为"daohang2.png""daohang3.png"，最后全部导航按钮效果如图 9-25 所示。

图 9-25　导航按钮设计效果

在 PowerBI Desktop 中，完成上述设置后，把鼠标指针悬停在对应导航按钮上时，便会出现"按住 CTRL 并单击此处以跟踪链接"提示，按照提示操作就会跳转至对应页面，跳转链接如图 9-26 所示。以"畅销菜排行榜"按钮为例，仪表板导航书签如图 9-27 所示。

图 9-26　跳转链接

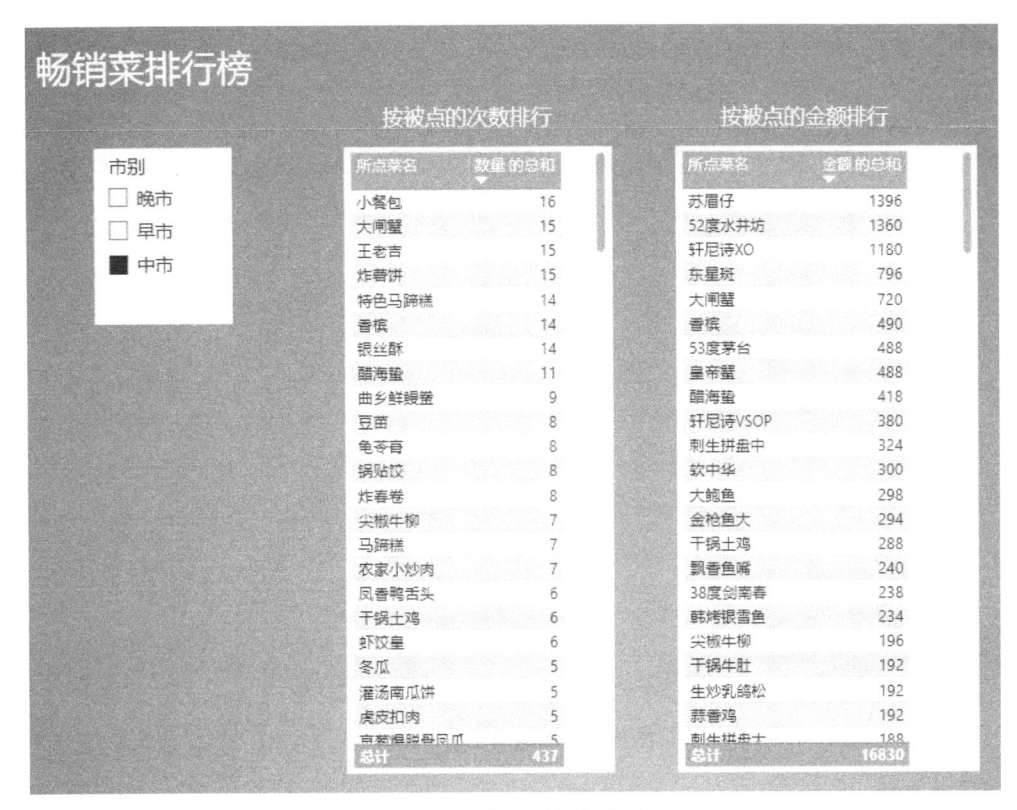

图 9-27　仪表板导航书签

这里有两点需要注意。

（1）按钮的形状、格式的设置，要与仪表板背景与文本框对应，不能遮挡图标。通常选用按钮中的"空白"作为导航跳转，在必要时可将"填充""边框"关闭，如图 9-28 所示。

图 9-28　按钮设置

（2）在使用导航按钮跳转到对应页面后，还需要有一个"返回主页"按钮，因此就需要在相应的主题分析页中添加一个"主页"图标，并设置按钮进行页面导航，如图 9-29 所示。

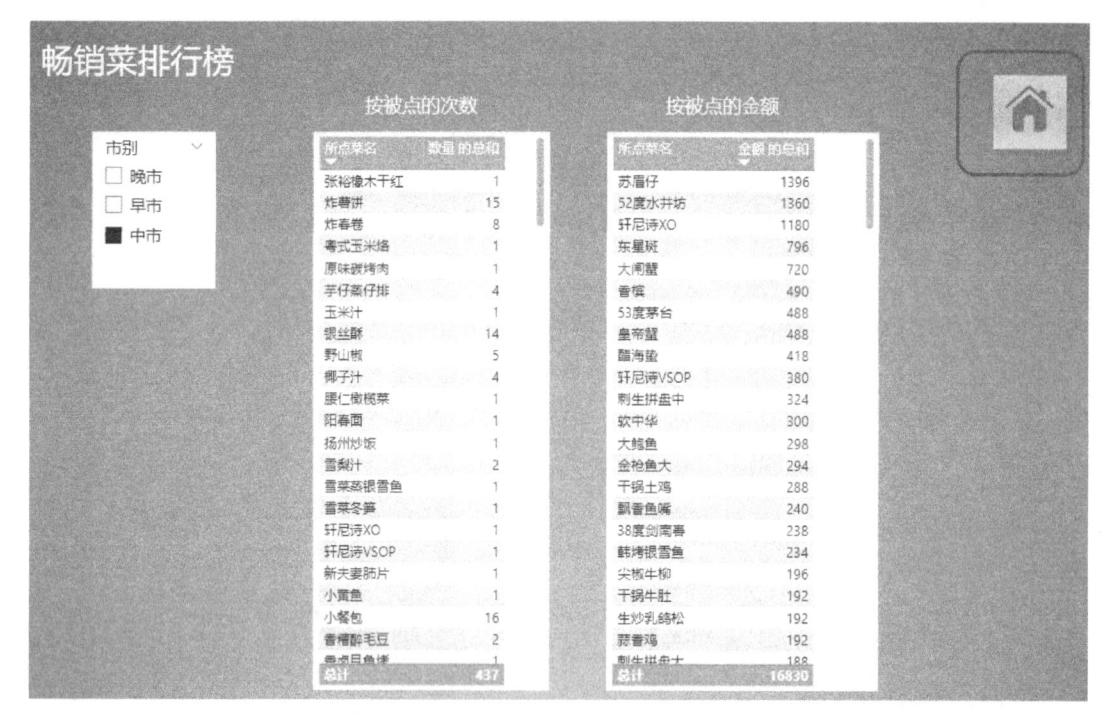

图 9-29 "返回主页"按钮

2. 每桌营业动态

每桌营业动态展示页显示的主要内容有桌号、菜编号、所点菜名、数量的总和、单价的总和及金额的总和，上述内容都显示在页面的左侧。页面右侧则放置一个时间切片器，并使用柱形图和折线图分别展示结账金额时间的分布和菜品数量及均价的变化情况，如图 9-30 所示。

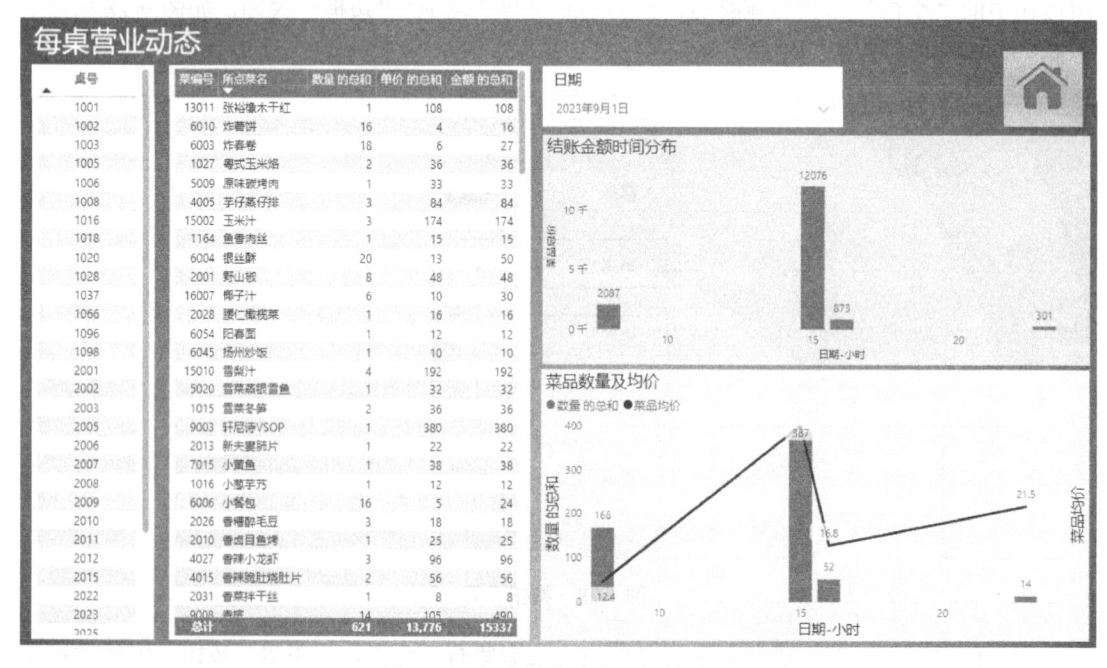

图 9-30 每桌营业动态可视化展示

（1）表格展示每桌营业动态整体情况。

表格是展示数据的良好视觉对象，在此使用表格来展示每桌菜编号、所点菜名、数量的总和、单价的总和及金额的总和。具体设置方法如下：首先在"可视化"选项卡中找到视觉对象"表"，然后分别将账单表里的"菜编号""所点菜名""数量""单价""金额"字段拖放至表的"列"字段中，如图9-31所示。

使用表格展示数据通常较为直观，如果不对其进行美化，可视化的效果较为一般，因而在使用表格展示数据时，往往需要考虑其与仪表板主题是否符合，从而有针对性地进行美化。例如，设置字体大小及颜色，设置值、列标题、总计为"10"；设置列标题的文本颜色为白色，背景色为蓝色，并保持值的背景色、文本颜色为黑色不变；设置总计的文本颜色为白色，背景色为蓝色，表格美化后的展示效果如图9-32所示。

图 9-31　表格展示可视化设计

菜编号	所点菜名	数量 的总和	单价 的总和	金额 的总和
13011	张裕橡木干红	1	108	108
6010	炸薯饼	16	4	16
6003	炸春卷	18	6	27
1027	粤式玉米烙	2	36	36
5009	原味碳烤肉	1	33	33
4005	芋仔蒸仔排	3	84	84
15002	玉米汁	3	174	174
1164	鱼香肉丝	1	15	15
6004	银丝酥	20	13	50
2001	野山椒	8	48	48
16007	椰子汁	6	10	30
2028	腰仁橄榄菜	1	16	16
6054	阳春面	1	12	12
6045	扬州炒饭	1	10	10
15010	雪梨汁	4	192	192
5020	雪菜蒸银雪鱼	1	32	32
1015	雪菜冬笋	2	36	36
9003	轩尼诗VSOP	1	380	380
2013	新夫妻肺片	1	22	22
7015	小黄鱼	1	38	38
1016	小葱芋艿	1	12	12
6006	小餐包	16	5	24
2026	香槽醉毛豆	3	18	18
2010	香卤目鱼烤	1	25	25
4027	香辣小龙虾	3	96	96
4015	香辣脆肚烧肚片	2	56	56
2031	香菜拌干丝	1	8	8
9008	香槟	14	105	490
总计		621	13,776	15337

图 9-32　表格美化后的展示效果

（2）菜品均价的时间趋势分析。

折线图比较适合展示数据随着时间的变化呈现一定的趋势的数据。具体操作为选择"可视化"→"折线和堆积柱形图"选项，然后将账单表中的"日期-小时"字段拖放至"X 轴"字段，将"菜品均价"字段拖放至"行 y 轴"字段，"数量的总和"字段拖放至"列 y 轴"字段，并将标题文本改为"菜品数量及均价"，数据标签打开，制作的折线和堆积柱形图如图 9-33 所示。

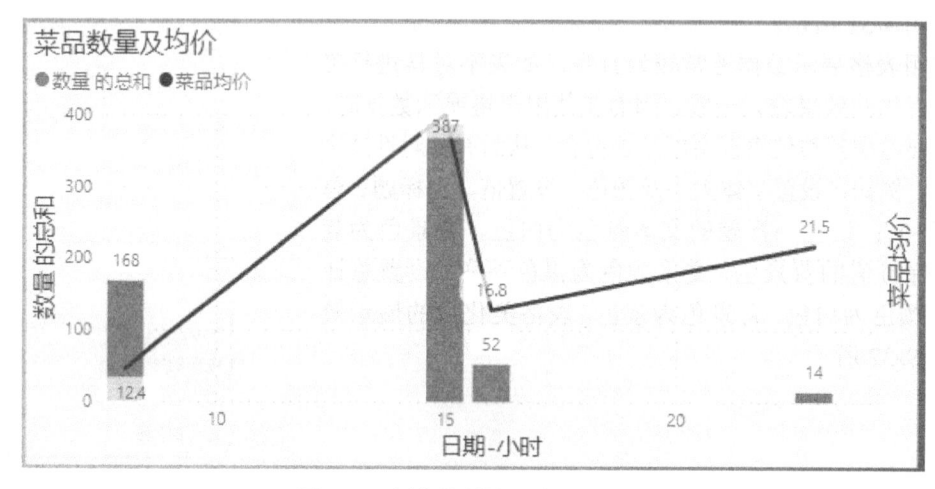

图 9-33　制作的折线和堆积柱形图

由于"畅销菜排行榜"页面、"菜单浏览"页面与"每桌营业动态"页面的整体设计思路类似，因此不再赘述，只给出展示效果，如图 9-34、图 9-35 所示。

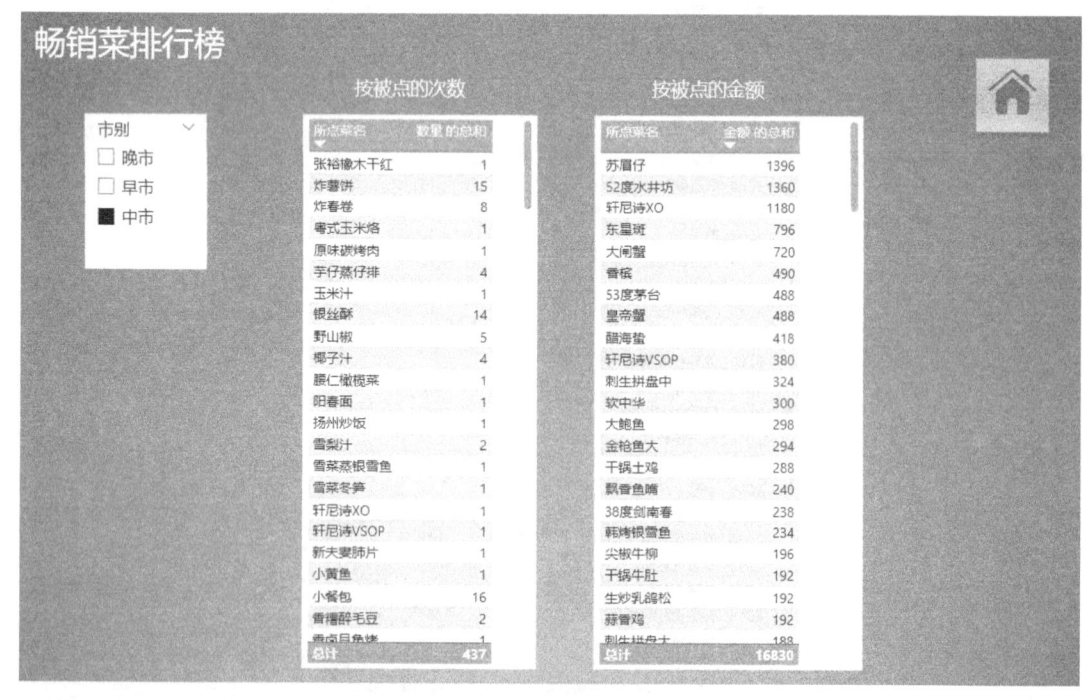

图 9-34　"畅销菜排行榜"页面

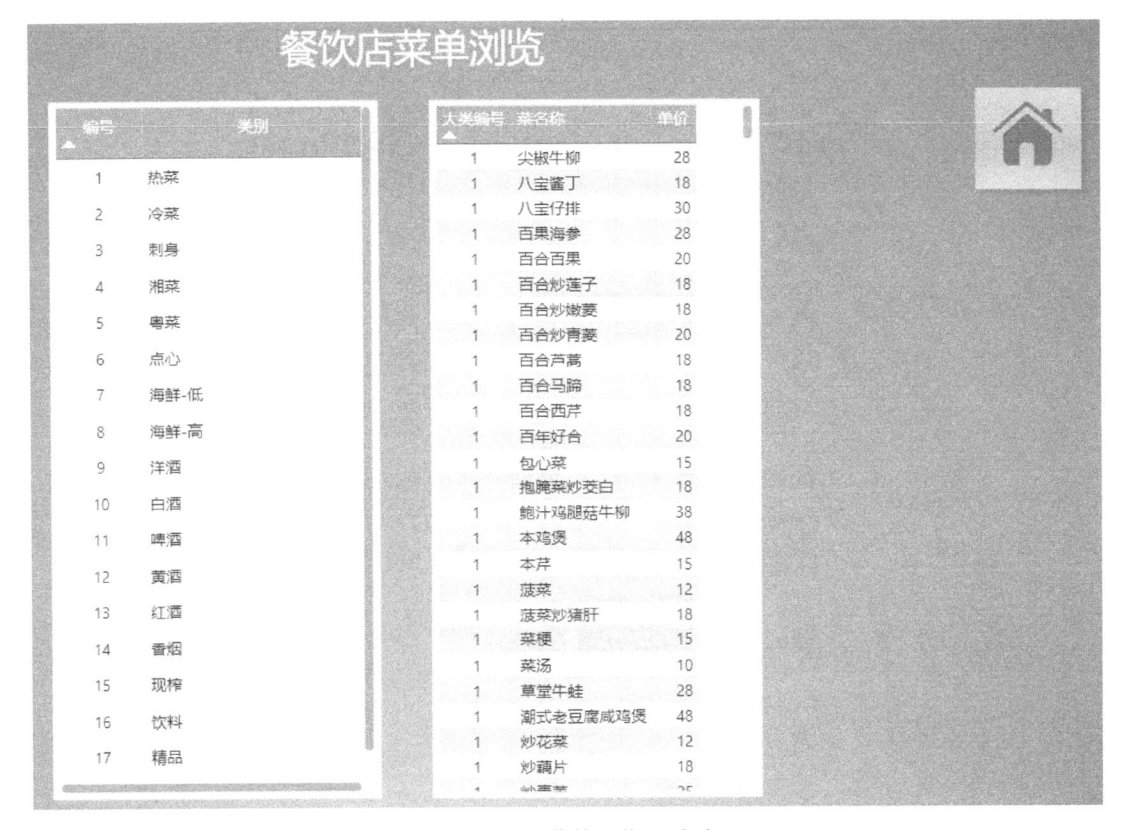

图 9-35 "菜单浏览"页面

9.3.6 仪表板最终呈现

仪表板的首页充当了网站的"门面",因此首页的设计应该尽量整洁美观,主题颜色与背景色相匹配。其可以通过设置主页的视图来切换配色方案,内置主题如图 9-36 所示。

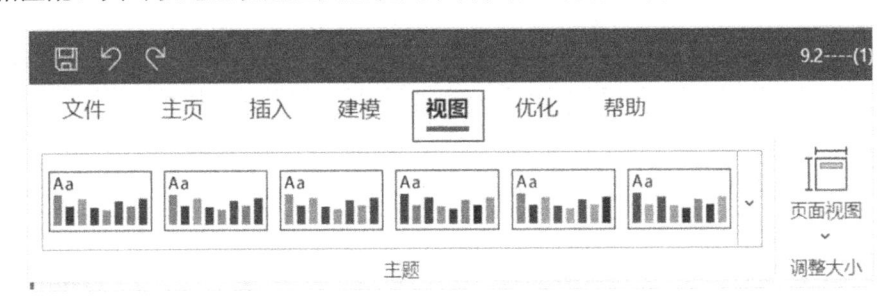

图 9-36 内置主题

如果没有合适的主题,则可以自定义主题,即单击"主题"选项卡右侧的下拉按钮,并在下拉列表中选择"自定义当前主题"选项,就可以自定义主题了,如图 9-37 所示。

在完成上述所有操作后,仪表板搭建工作算是完成了,最终成品如图 9-38 所示。可以将其发布到 Web,从而实现不受空间限制、随时随地都可以查看的效果。

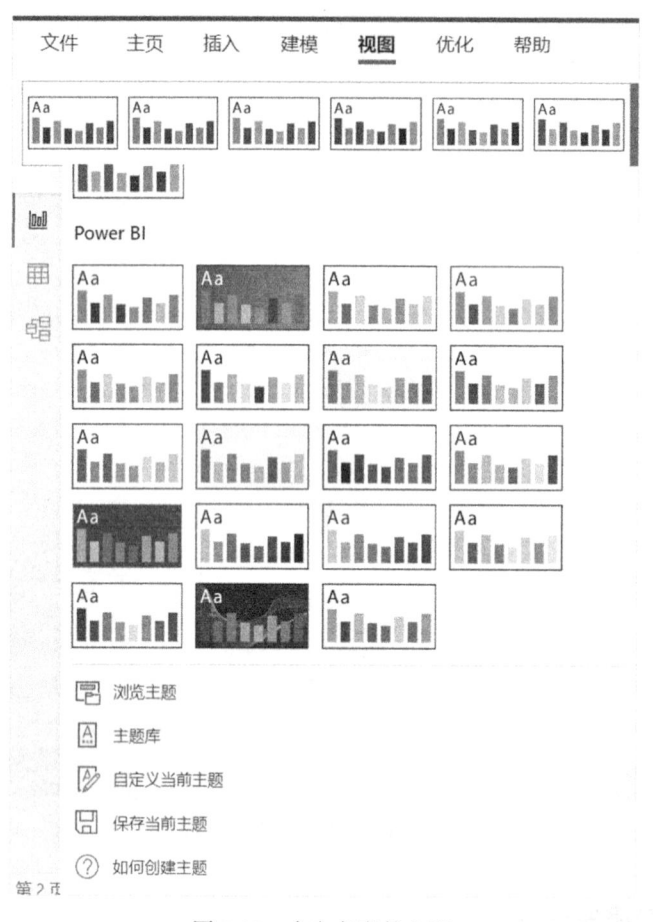

图 9-37　自定义当前主题

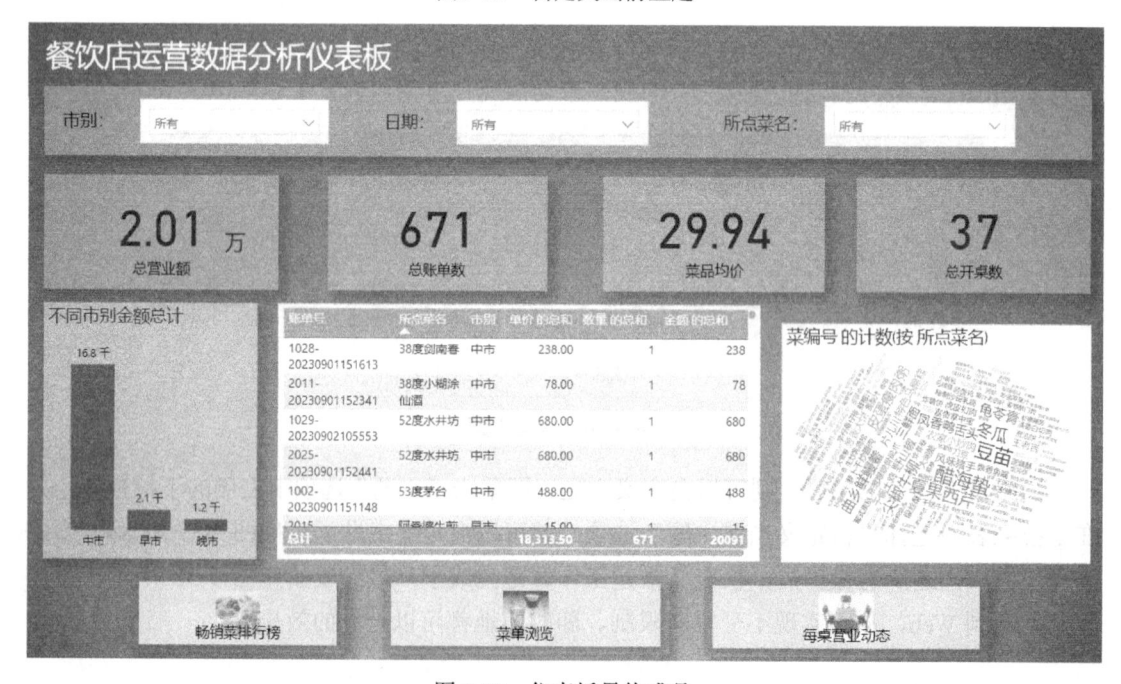

图 9-38　仪表板最终成品

9.4 思考题

（1）在 Power BI Desktop 中如何对数据进行建模？如何建立表之间的联系？请给出实例。

（2）仪表板的搭建涉及的内容较多，练习使用切片器、按钮导航、折线图，请给出实例。

（3）在 Power BI Desktop 中练习使用度量值、DAX 函数，并通过卡片图进行展示。请给出实例。

（4）自行收集数据，制作一个仪表板，该仪表板需要展示导航、图形和交互效果。

附录 A
Power BI 常见问题解答

1. Microsoft Power BI 产品系列

Microsoft Power BI 产品包括 Power BI Desktop、Power BI Service、Power BI Mobile。

Power BI Desktop 也被称为 Power BI 桌面版，它是一款免费应用程序，可以安装在本地计算机上，主要用于建立数据模型和报表，适合个人使用。PowerBI Desktop 创建的报表可以发布到 PowerBI Service。

Power BI Service 也被称为 Power BI 服务或 Power BI 在线版。用户在通过浏览器登录账户后，可以在线创建自助式仪表盘、报表、数据集和可视化，并可以与其他人共享所创建的报表和仪表板。

Power BI Mobile 也被称为 Power BI 移动版，它是为各种移动终端准备的 Power BI 移动应用，让用户可以随时随地查看 PowerBI 报表。

2. Power BI Desktop 支持的操作系统

Power BI Desktop 不支持 Windows 7 操作系统。推荐在 Windows 10、Windows Server 2016 或以上的操作系统上安装 Power BI Desktop。

Power BI Desktop 无支持 Mac 操作系统的版本。

3. 数据刷新时的报错问题

导致这个问题的发生往往是因为数据源的数据有更改的地方。例如，如果是 Excel 数据源，则需要检查是否在数据之外的地方有变动，可以尝试清空或删除数据之外的地方来解决。

导致这个问题的发生还可能是因为字段的值存在非法的属性。例如，在时间类型的字段中出现了字符串等。

4. 新建关系表之间没有起到筛选功能的问题

发生这个问题后，应检查一对多的关系是否正确，字段值是否有对应关系。维度表里面不能有重复值，否则不能建立一对多的对应关系。

如果表之间的关系过多，在建立新关系时出现了虚线关系，说明已经有其他表控制了它，建议重新复制一张表来建立新关系。

5. 新创建的度量值不显示（或没有值，为空白）的问题

发生这个问题后，应考虑页面上是否有时间筛选器或其他筛选关系对度量产生了影响。

如果值确实是 0 但显示为空白，则请在度量的书写后面加上"0"，让其显示为"0"。

6．关于排序的问题

有时，图表生成的日期或渠道类别不是按照自己想要的方式排序，或者排序错乱，可以先在该字段对应表中新建字段，然后让想要排序的字段根据新建的字段按列排序。

7．关于字体的问题

在 Power BI Desktop 中没有自带的微软雅黑字体，如果需要将可视化都变成微软雅黑字体，则需要修改主题 JSON 文件的格式。

8．关于画布大小设置及字体选择的问题

Power BI Desktop 的画布大小是可以通过页面设置的，可以将画布设计为适合手机宽度的大小或长屏幕。除了将标题设置为大号字体，其他内容建议设置为 8 号字体，如果在 PC 端打开的话是可以被看清楚的。

9．字段别名

直接单击可视化图中的值、度量或图例的名字，可以修改单个图片上的名字。在设置书签和选择窗格时，可以为对应的可视化组件设置别名以区别需要隐藏或显示的图表和按钮。

10．关于页面背景设置的建议

可以在 PPT 中设置和设计背景样式，相关元素可以在觅元素等网站上下载。一些细节的设置也能通过 Photoshop 或微软自带的画图编辑器抠图。

11．提高打开速度的建议

减少模型关系中的计算列，使用度量代替；减少使用非系统自带的可视化对象；避免过多使用交互设置；避免直接展示明细数据，可以选择前 10 或前 20 的数据进行展示；在筛选器里面把不必要展示的数据去掉。

12．关于设置书签跳转以后保留筛选的设置

在书签设置的选项中去掉数据的勾选。

13．动态背景图的设置

把图片换成是 GIF 格式的动态背景图即可。

14．"无法登录"的问题

你可能会看到类似于以下错误的消息："无法登录。抱歉，我们在尝试解决你登录时遇到的错误。详细信息:已关闭基础连接：无法为 SSL/TLS 安全通道建立信任关系。"

解决方案：选择"选项和设置"→"选项"→"安全性"→"证书吊销"选项来禁用证书吊销检查。

参考文献

[1] 赵卫东. 商务智能[M]. 5版. 北京：清华大学出版社，2020.
[2] 戴小廷，王雪艳，央吉. 商务智能原理、技术及应用[M]. 北京：机械工业出版社，2022.
[3] 朱敏. 数据分析与可视化实践[M]. 3版. 上海：华东师范大学出版社，2022.
[4] 朝乐门. 数据科学理论与实践[M]. 北京：清华大学出版社，2017.
[5] 陈红波，刘顺祥等. 数据分析从入门到进阶[M]. 北京：机械工业出版社，2019.
[6] 顾生宝. 数据决策：企业数据的管理、分析与应用[M]. 北京：电子工业出版社，2020.
[7] 袁佳林. Power BI 数据可视化从入门到实战[M]. 北京：电子工业出版社，2022.
[8] 雷元. 数据可视化原理与实战 基于 Power BI[M]. 北京：清华大学出版社，2022.

反侵权盗版声明

电子工业出版社依法对本作品享有专有出版权。任何未经权利人书面许可，复制、销售或通过信息网络传播本作品的行为；歪曲、篡改、剽窃本作品的行为，均违反《中华人民共和国著作权法》，其行为人应承担相应的民事责任和行政责任，构成犯罪的，将被依法追究刑事责任。

为了维护市场秩序，保护权利人的合法权益，我社将依法查处和打击侵权盗版的单位和个人。欢迎社会各界人士积极举报侵权盗版行为，本社将奖励举报有功人员，并保证举报人的信息不被泄露。

举报电话：（010）88254396；（010）88258888
传　　真：（010）88254397
E-mail： dbqq@phei.com.cn
通信地址：北京市海淀区万寿路 173 信箱
　　　　　电子工业出版社总编办公室
邮　　编：100036